O Cajado do Camaleão

Albert Paul Dahoui

O Cajado do Camaleão

A Saga dos Capelinos

Série 2

Volume 3

Copyright © 2012

Programação visual da capa:
Andrei Polessi

Revisão
Cristina da Costa Pereira

Instituto Lachâtre
Caixa Postal 164 – CEP 12914-970
Bragança Paulista – SP
Telefone: 11 3181-6676
Site: www.lachatre.com.br
E-mail: editora@lachatre.org.br

2ª edição – Novembro de 2016

A reprodução parcial ou total desta obra, por qualquer meio,
somente será permitida com a autorização por escrito da
editora.
(Lei n° 9.610 de 19.02.1998)

Impresso no Brasil
Presita en Brazilo

CIP-Brasil. Catalogação na fonte

D139t   Dahoui, Albert Paul, 1947 – 2008
        O cajado do camaleão / Albert Paul Dahoui. Bragança Paulista, SP
: Heresis, 2013

        ISBN: 978-85-65518-63-5
        256 p.

        1.Espiritismo. 2.Drama Épico. 3.Orixás. I.Título. II.Coleção Saga
dos Capelinos. III.Série 2

    CDD 133.9   CDU 133.7

PRÓLOGO

Por volta do ano 3.700 a.C., quase 40 milhões de espíritos foram trazidos de um planeta distante 42 anos-luz. Esses espíritos foram exilados devido a desvios de ordem espiritual só recuperável em longo prazo. Eram pessoas provenientes de um planeta tecnologicamente evoluído, num estágio similar ao da Terra no final do século XX, chamado Ahtilantê.

Um processo de expurgo espiritual em massa é um evento natural, longamente planejado e conhecido da alta espiritualidade. Trata-se de um processo pelos quais os planetas atravessam rotineiramente quando alcançam determinado estágio. Enquanto a sociedade de um planeta se situa em níveis primitivos ou medianos, os habitantes são equivalentes. Os processos de evolução social-econômicos se reproduzem de modo similar em todos os planetas habitáveis, apenas variando os personagens e suas motivações pessoais.

Ao alcançar níveis tecnológicos superiores, possibilitando uma aceleração da evolução espiritual, há um grupo minoritário tão díspar dos demais que não pode permanecer no mesmo planeta. É nesse momento, quando uma minoria põe em risco a evolução da maioria, que o expurgo é encetado.

Uma parte desses expurgáveis convive fisicamente com os espíritos de boa vontade, mas há uma quantidade significativa chafurdando nos planos mais baixos da espiritualidade. O expurgo contemplou a possibilidade de redenção por meio de reencarnações em condições severas. Alguns optaram por esse processo, contudo, a maioria preferiu renunciar a essa possibilidade, receando as agruras a serem vivenciadas.

Entre os espíritos de vibração densa, homiziados nas trevas, dimensão espiritual caracterizada por um aspecto lúgubre, havia os alambaques – grandes dragões. Esses espíritos de inegável poder mental dominavam extensas legiões de seguidores tão tenebrosos quanto eles próprios, mas com menos domínio mental sobre os elementos do plano.

Houve uma cisão entre os alambaques. Mais de dois terços, vendo no expurgo uma determinação inelutável dos espíritos superiores, comandantes do planeta, não resistiram e aliaram-se a Varuna, o coordenador espiritual do expurgo. Tornaram-se artífices de um processo de mudança, tanto no planeta de origem como, principalmente, no planeta Terra, para onde foram trazidos. Houve, entretanto, um grupo de alambaques reticentes.

Esses revoltosos foram derrotados por armas psicotrônicas próprias do plano espiritual. Venderam caro sua derrota. Provocaram uma guerra mundial de proporções catastróficas. O final da guerra foi determinado por artefatos de poder destrutivo nunca visto. Por seu lado, os últimos revoltosos foram capturados em estado lastimável por meio de uma gigantesca nave semelhante a uma lua negra.

Durante os anos negros do expurgo, destacaram-se, como principais ajudantes de Varuna, o comandante das forças de segurança, chamado Indra Vartraghan, e seus assistentes, Vayu e Rudra, dois titânicos guardiões. Além desses importantes membros da equipe, outros foram de importância capital, entre eles Uriel, a segundo-em-comando, uma especialista em espíritos ensandecidos, e um casal muito amigo de Varuna, Sraosa e sua esposa, Mkara. Não só se destacavam pela nobreza de espírito, mas por algo terrível acontecido em remoto passado envolvendo outros espíritos expurgados.

Entre as várias funções de um expurgo dessa magnitude reside uma de superior importância para o desenvolvimento dos

O Cajado do Camaleão

espíritos. Essa função passa a ser bem compreendida quando se entende a importância da evolução social e econômica em conjunção com a própria evolução espiritual. Para não se delongar sobre este importante ponto, é suficiente mencionar o fato de as duas evoluções acontecerem simultaneamente. Não é cabível a espíritos altamente evoluídos em conhecimento e em sentimentos depurados conviver em sociedades primitivas semelhantes às dos indígenas. Pode-se até imaginar uma missão de sacrifício a fim de ajudar uma tribo a evoluir, todavia, espíritos esclarecidos necessitam de sociedades igualmente evoluídas a fim de manifestarem todo o potencial do qual já são possuidores.

Desse modo, a vinda desses verdadeiros depravados significou um salto evolutivo para a Terra. Naqueles tempos, o planeta era povoado por uma humanidade primitiva, repetindo incessantemente o modo de vida dos antepassados, como se tudo fosse imutável. A chegada dos exilados revolucionou os costumes, possibilitando a introdução de uma tecnologia inexistente. Essas novas técnicas modificaram a face do planeta, alterando as relações sociais. A matemática, a escrita, a invenção da roda, do arado e outros utensílios alteraram a agricultura, concentraram as pessoas em cidades, originando a civilização propriamente dita.

Como era de se esperar, esses espíritos também introduziram práticas estranhas e perturbadoras, tais como sacrifícios humanos, parte do ritual de uma religião de deuses sanguinários e atemorizantes. A divisão de atividades propiciou o aparecimento de uma elite dominante. Esses elementos usaram a religião para dominar os menos favorecidos e viviam à larga em detrimento dos seus semelhantes. Mas, mesmo tendo introduzido a escravidão, as guerras de conquista, os massacres de populações inteiras, houve um salto qualitativo impossível de existir sem a presença desses expurgados.

Três milênios se passaram e os espíritos superiores resolveram estimular a implantação da civilização na África negra. Até então aquelas populações viviam de forma primitiva sem algumas benesses da civilização. Os avanços tecnológicos haviam sido parcos e uma sociedade só se modifica com o avanço da tecnologia. Entre os negros daquela região não se utilizava nem o cobre, nem o bronze, assim como a agricultura era de subsistência. Era preciso trazer novas técnicas e novas ideias, e, para isto, foi destacado um espírito luminar, alguém de nobilíssima procedência espiritual. Esta é sua história.

O Cajado do Camaleão

1
Nigéria – Civilização Nok, 450 a.C.

No ano de 450 a.C., o planalto de Jos, na atual Nigéria, enfrentava uma seca de cinco anos. Com seus dois mil habitantes, a pequena aldeia de Okeorá estava à beira da ruína. O riacho que passava ao lado da aldeia e sempre fora dadivoso em termos de água clara e límpida tornara-se um filete de água barrenta que mal suportava as necessidades dos sobreviventes.

Numa manhã de verão, reuniu-se mais uma vez, debaixo da grande árvore no centro da aldeia, em meio aos redemoinhos de nuvens de poeira que vinham dos campos, o conselho de Okeorá. A expressão cansada de todos mostrava que já não esperavam nenhum milagre dos céus.

– Só temos uma chance: levantarmos acampamento e nos dirigirmos para o Odo Oyá (rio Níger) – disse Urasange, o obeso *oba*[1] da aldeia egba.[2]

– Com todo respeito, meu pai, mas a maioria não teria força para chegar até lá – respondeu Olabissanje, o primogênito do rei, um guerrei-

---

[1] *Oba* – rei.
[2] *Egba* – nome da tribo que futuramente viria a constituir a nação ioruba.

10   A SAGA DOS CAPELINOS

ro alto de dezoito anos, que já fora bem mais forte do que o era naquele momento.

– De fato, Olabissanje tem razão – disse Agbosu, o *ajé*[3] mais importante da tribo dos egbas. – Eu só vejo uma saída.

Os demais homens se entreolharam enquanto Agbosu fazia uma pausa criando um inquietante suspense. O *oba* perguntou com a cabeça do que se tratava.

– Um sacrifício ao nosso deus Arawê.

– Que seja então. Matemos um cabrito.

– Não – atalhou o feiticeiro –, é muito pouco. Nesse caso, temos que sacrificar um homem, alguém de real importância que possa comover Arawê.

Sacrifícios humanos não eram incomuns; faziam parte da tradição. Porém, há mais de vinte anos não se tinham feito tais práticas, pois Urasange as proibira. Agbosu se perguntava se não seria por este fato – por não terem sacrificado nenhum ser humano a Arawê – que o deus os estava punindo com tamanha seca.

Os demais homens menearam a cabeça em concordância com o *ajé*.

– Teremos que organizar uma expedição de captura e tentar pegar algum guerreiro...

– Isso não vai adiantar – interrompeu mais uma vez Agbosu. – Tem que ser alguém com quem a tribo se importe, uma pessoa a quem nós damos grande valor. É preciso mostrar a Arawê que nós estamos lhe dando um presente de inegável importância, e não um qualquer, desconhecido, que nada represente para Okeorá.

– Teremos que sacrificar um dos nossos? – perguntou o herdeiro Olabissanje horrorizado.

– É a única forma de comovermos Arawê, pois ele está, sem dúvida, com muita raiva de nós – respondeu Agbosu, baixando a cabeça, com ar visivelmente acabrunhado.

– E quem você sugere, Agbosu? – perguntou-lhe o *oba*, já com uma voz embargada de emoção.

Durante angustiantes segundos, o feiticeiro parecia estar pensando, quando finalmente respondeu:

– Adjalá.

Uma expressão de horror estampou-se nas faces de todos os presentes, inclusive do rei Urasange, que chegou a gaguejar, sem conseguir falar

---

[3] *Ajé* – feiticeiro.

direito. Qualquer um, menos Adjalá, seu filho mais novo, um simples rapazola de doze anos, de beleza ímpar, doce e meigo como uma donzela, inteligente, prestativo e obediente; o mais amado da tribo. Urasange sentiu uma vertigem, uma falta de ar e, com dificuldade, perguntou com a voz trêmula e sumida:

– Mas por que Adjalá?

– E quem é mais amado do que Adjalá? Quem é mais mimado, mais adulado e mais belo do que ele? E não pensem que eu não o ame. Pelo contrário, amo-o tanto quanto ao meu próprio filho Awolejê. Mas é por essas razões que tenho certeza de que Adjalá é o mais amado de Arawê, e será por este motivo que nosso deus há de se comprazer em receber em seu reino o seu favorito.

Houve um silêncio entre os membros da assembleia. Se Agbosu dissera que era a única forma de a chuva voltar a cair e salvar a tribo da extinção, então a joia rara da aldeia teria que ser sacrificada. Urasange quis discutir, mas pensou que havia a tribo, sua própria família e sua posição de rei. Sim, era um sacrifício necessário, pensou o *oba*, tentando se convencer da absoluta necessidade de tal gesto.

Após discutirem os detalhes de como e quando Agbosu iria pôr fim à vida de Adjalá, o *oba* ficou incumbido de notificar a tribo, não sem antes falar com o rapazola.

Se havia algo de desagradável a ser resolvido, Urasange entrava logo em ação; não era de procrastinar nada. Resolveu falar com seu filho, mesmo antes de falar com a mãe do moço; temia uma choradeira interminável. Além do natural amor maternal, ele era o seu único rebento, o que dificultava ainda mais a aceitação de uma perda iminente. Pensou até que seria melhor que sua primeira esposa lhe contasse; as duas se davam bem; assim evitaria presenciar uma cena que previa lastimável.

Tomado de uma tristeza infinita, foi falar com o menino, que brincava com seus colegas. Chamou-o e observou quando o moço veio correndo sorridente, atendendo o chamado paterno. Era esguio, não muito alto para idade, e seus olhos grandes e meigos destacavam-se em seu rosto fino, quase feminil.

Com o coração apertado, Urasange o abraçou e o conduziu suavemente até a grande árvore, agora sem os membros do conselho. Sentaram-se frente a frente, mas Urasange não conseguiu fitar os olhos do moço. O pai historiou a seca e entrou direto no assunto, explicando que precisavam fazer um sacrifício para Arawê a fim de que ele mandasse chuva e salvasse a aldeia. Já com os olhos marejados de lágrimas, explicou que ele fora o eleito do deus e que teria que ser sacrificado para o bem da tribo.

Sem interromper, Adjalá escutou toda a história que o pai lhe contou e, por fim, perguntou-lhe com uma voz doce e um olhar de extrema candura:

– Com minha morte a nossa aldeia irá se salvar?

Desconcertado com tamanha tranquilidade, o pai meneou a cabeça em concordância e depois caiu num choro descontrolado. O homem arriou-se no chão e deixou que o choro tomasse conta de sua alma. Sentia-se o último dos homens; iria perder seu amado filho e achava-se culpado pela sua covardia. Devia ter reagido, dito que não cederia Adjalá, deveria ter se oferecido em seu lugar, mas não, um sentimento de pusilanimidade o vencera de modo vergonhoso.

Nunca Adjalá vira o pai chorar e, extremamente comovido, levantou-se da raiz da árvore onde estivera sentado, abraçou-o ternamente e afagou seu cabelo encarapinhado. Deixou que o pai chorasse e, depois que o viu acalmar-se, colocou sua mão direita espalmada debaixo do seu queixo e levantou seu rosto, como se ele fosse uma criança. Fitou-o nos olhos.

– Não chore mais, meu pai. Se for da vontade de Arawê que eu morra para salvar a tribo, então que seja.

A meiguice com que foram ditas tais palavras levou Urasange a chorar novamente. Seu filho parecia ser mais corajoso do que ele. O choro atraiu as duas das esposas de Urasange, que vieram em seu socorro, correndo apatetadas, sem saber do que se tratava. As duas mulheres o cobriram de mansuetude e o levaram embora. Advertiram-no gentilmente de que um rei não devia chorar perante seus súditos.

As duas esposas do rei haviam sido avisadas por uma das filhas de que o pai estava chorando copiosamente debaixo da árvore. Enquanto as esposas levavam o soluçante rei para casa, a mãe de Adjalá olhou para trás e viu seu filho sentado debaixo da árvore como se falasse consigo mesmo ou com alguém invisível. "Estranho e doce rapaz" – comentou a mãe consigo, cheia de curiosidade e apreensão para saber em que falta grave o rapazola incorrera para gerar tamanha reação paterna.

A tribo soube do sacrifício a que Adjalá seria submetido e todos lastimaram perder um moço tão amável. Todavia, a sua reação foi tão imprevisível que todos se admiraram e comentaram o fato. Como é que aquele moço, sabendo que vai morrer, aparentava estar tão feliz? Será que seu sorriso era verdadeiro ou apenas uma forma de tentar enganar a morte?

Quando soube que o filho seria sacrificado, sua mãe teve um ataque de nervos. O próprio Adjalá tentou confortá-la, mas nada que dizia fazia o menor sentido para a histérica mulher. A primeira esposa do pai mandou-o embora gentilmente, dizendo que tomaria conta dela, enquanto a mãe batia no próprio rosto, lanhando-se e beliscando-se.

No dia marcado, cerca de uma semana após a decisão de sacrificá-lo, no fim da tarde, Agbosu e duas moças o levaram para o riacho e banharam-no no filete de água, preparando-o para a cerimônia. O *ajé* Agbosu fitava-o surpreso. Como poderia estar tão calmo, tão senhor de si? Tinham destacado dois parrudos egbas para dominar o jovem no caso de ele tentar fugir. Os dois homens ficaram observando o rapaz ser banhado pelas moças. Todos se questionavam se tinha enlouquecido e se ele achava que não seria morto. Será que não tinha noção do que estava para lhe acontecer? Ou tinha uma visão diferente da morte. A tranquilidade do moço, sua deferência para com as moças e Agbosu, e com a própria cerimônia de limpeza os deixaram confusos.

Levaram-no para o centro da aldeia. Todos estavam reunidos em contrito silêncio. Adjalá entrou com passo firme e um sorriso tímido em seus lábios. As duas mulheres que o haviam banhado ladeavam-no, chorosas. Agbosu, no vigor dos seus quarenta anos, vinha trazendo uma faca de sílex, a mais afiada que encontrara, pedindo aos seus ancestrais que lhe dessem força para fazer algo que nunca fizera antes.

Estava previsto que quatro homens segurariam o moço sobre uma pedra – um altar dedicado a Arawê – e Agbosu daria um talho na jugular do moço, procurando matá-lo o mais rápido possível. Esse detalhe havia sido poupado ao jovem, que, por sua vez, não perguntara nada.

Sem coragem para enfrentar seu olhar doce, os homens o seguraram. Agbosu, então, iniciou sua prece, com uma voz trêmula:

– Ó grande Arawê, estamos lhe oferecendo a joia mais preciosa de nossa aldeia. O moço chama-se Adjalá e é o filho de nosso amado chefe Urasange. Queira recebê-lo no *orun*[4] e, junto com sua amada esposa Ajasê, cuide para que se torne um *imolé*.[5] Mas nos mande chuva, ó poderoso

---

[4] *Orun* – céu – mundo espiritual.

[5] *Imolé* – luz brilhante; um espírito de um antepassado que se tornou divinizado

Arawê. Não nos faça perecer de fome e de sede. Entregaremos nosso tesouro e, em retribuição pelo nosso imenso sacrifício, envie-nos chuva, a providencial água que há de salvar a nossa tribo.

Assim que terminou sua oração, Agbosu olhou para os homens e meneou a cabeça em sinal de que deviam deitar o moço sobre a pedra que representava o deus Arawê. Os homens obedeceram e seguraram Adjalá, que não reagiu. Levaram-no para o local do sacrifício e, quando iam deitá-lo na pedra, ouviram um estrondo formidável.

Um raio caíra a poucos metros da aldeia. O barulho assustou a todos, e um segundo corisco se seguiu imediatamente ao primeiro, um terceiro e, depois, um quarto estampido, cada vez mais perto e mais alto. O céu começou a ser riscado com raios faiscantes, com tamanha violência que os adultos da aldeia ficaram aturdidos. Agbosu levara um tal susto que largara a faca e, à medida que os relâmpagos cercaram a aldeia, ajoelhou-se, tremendo de pavor.

Um terror medonho apossou-se de todos. Uns correram, outros se jogaram no chão e alguns ficaram estáticos olhando o belo, mesmo que terrível espetáculo da natureza. Quando o último de uma série de raios parou de cair, uma chuva torrencial desabou dos céus. Agora era a natureza que parecia estar em fúria e deixava livre toda a água que estivera represada por todos esses anos. O morro vizinho recebeu a torrente e, em poucos minutos, a água entrou pela aldeia em enxurrada, levando alguns dos seus pobres casebres redondos de sapé, especialmente aqueles que estavam mais próximos do riacho. Do magro fio de água a um turbulento rio foi apenas uma questão de minutos.

Enquanto tudo isso acontecia, os quatro homens que deviam segurar o moço haviam corrido para se abrigarem da tempestade. Mas Adjalá não correu. Ficou em pé, apreciando o raro espetáculo da chuva, apenas sorrindo, com lágrimas nos olhos. Com uma expressão beatífica no rosto, parecia fitar um ponto no céu, como se estivesse tendo uma visão. Durante os trinta minutos – o tempo que durou a tempestade – ficou ali em pé, alegre a observar o espetáculo da natureza em revolta. Agbosu e vários dos homens que não correram, mas que tremiam de pavor, observaram que o rapaz parecia estar em transe.

Quando a tempestade amainou e a chuva começou a cair serena, Agbosu recuperou-se do susto, virou-se para seu filho e ordenou-lhe:

– Awolejê, corra lá em casa e me traga a noz de cola. Vá, menino.

O Cajado do Camaleão

O jovem de quinze anos correu e voltou num átimo, trazendo o que o pai lhe pedira. Era uma noz que havia sido cortada em quatro gomos; Agbosu tomou-os da mão do filho e, tremendo, perguntou alto:

– Poderoso Arawê, não aceitastes este presente?

Acocorou-se, esfregou os quatro gomos da noz de cola entre as duas mãos e os jogou ao chão. Caíram virados para baixo, numa clara indicação de que Arawê não aceitara o presente.

– Vós não o quereis?

Mais uma vez Arawê respondeu, por meio das nozes, que não desejava a morte de ninguém.

– Quereis outra oferenda?

O deus nada desejava.

– Estais satisfeito conosco, ó grande *imolé*?

Dessa vez, os quatro gomos caíram virados para cima, numa afirmativa inquestionável de que Arawê estava contente com seu povo.

– Posso poupar Adjalá?

A clareza da resposta deu certeza a Agbosu de que Arawê escolhera Adjalá como seu protegido, seu intocável, seu presente sagrado, porém desejava-o vivo.

Com a última resposta, Agbosu caiu num pranto convulsivo. Aproximou-se de Adjalá e ajoelhou-se aos seus pés. Segurou uma de suas mãos e beijou-a sofregamente. O rapazola o levantou e o *ajé* acariciou a face do rapaz, repetindo a mesma coisa enquanto soluçava.

– Obrigado, ó magnânimo Arawê. Obrigado.

Nesse momento, Adjalá olhou para cima e viu novamente a mesma visão que lhe aparecera logo depois que o pai o informara de que seria sacrificado. Apareceu-lhe o mesmo homem negro, forte e maduro, que dissera se chamar Elessin-Orun – Cavaleiro do Céu. Naquele dia, ele lhe dissera que confiasse em Olorun (Deus), pois não iria morrer. A visão fora tão magnífica que acreditara firmemente que nada lhe aconteceria.

Agora, no final da tenebrosa tempestade, Elessin-Orun parecia estar flutuando entre as nuvens. Adjalá sorriu de volta para o amigo espiritual e escutou-o dizer:

– Não lhe disse que nada lhe aconteceria? Confie sempre em Olorun!

2

10 anos depois – Cartago (atual Tunísia)

A varanda de Gisgo, o maior armador de Cartago, era famosa na cidade pela sua maravilhosa vista sobre o Mediterrâneo, o porto e grande parte da metrópole de duzentos mil habitantes. Aliás, toda a sua mansão de doze quartos era considerada de extremo bom-gosto, com jardins internos, fontes refrescantes com estátuas e afrescos cobrindo as paredes. Todos diziam que ele sabia viver bem e aproveitava cada moeda que seus vinte e oito navios lhe proporcionavam. Eles singravam o Mediterrâneo, comercializando um pouco de tudo nos portos da região, com exceção dos enclaves gregos – aqueles imprestáveis –, como Gisgo gostava de rotulá-los. Cartagineses e gregos continuavam inimigos, mesmo que, em 440 a.C., tivessem conseguido uma trégua instável.

No final da tarde, Gisgo gostava de se reunir com amigos, beber do gostoso vinho grego – nisso eles eram bons –, beliscar uns quitutes que seus servos lhe preparavam com esmero e conversar sobre política e mulheres. Naquela tarde, no entanto, preferiu a presença de seus dois filhos: Jahimilk e Elischa.

Tendo em vista um negócio importante, Jahimilk, o mais velho, pedira um encontro reservado com o pai.

– Ouro? Que história é esta, Jahimilk? – perguntou Gisgo atônito.

– Bom! Essa é a história que Ahmed está contando. Ele me disse que quando esteve em Gao...

– Aonde?

18 A Saga dos Capelinos

– É um vilarejo na terra dos negros, além do Saara – respondeu Jahimilk e logo retomou a narrativa. – Em Gao, Ahmed encontrou um negro que lhe vendeu uma pepita de ouro, dizendo que de onde veio aquela existiam muitas outras.

– Conversa. Esses tuaregues são todos uns mentirosos. E quem é este Ahmed afinal?

– É o sobrinho de Abdulah – respondeu Jahimilk, procurando controlar sua crescente irritação.

– Quem? O chefe da caravana? Logo ele que é o maior salafrário da região! – comentou Gisgo, rindo de sua própria mordacidade.

– Não exagere, papai. Temos feito excelentes negócios com ele e não temos motivos de queixas.

O pai meneou a cabeça como quem concorda contrariado, mas Jahimilk conhecia o velho e sabia que era esse o seu jeito de negociar: sempre depreciando a mercadoria.

– E esse tal de Ahmed? Como ele é?

– Conheço-o pouco, mas parece ingênuo.

– Ah!

– É, ele me contou mais do que seria necessário. Disse-me que faz dois anos que tenta encontrar um sócio para essa empreitada e que só tem recebido negativas e gozações. Mas o que me convenceu da autenticidade é o fato de ele ser exatamente assim: um ingênuo.

– E quer o quê? Dinheiro, creio eu!

O rosto de Gisgo demonstrava seu mais completo desprezo pelos tuaregues.

– Não. Ele quer reunir um grupo de homens que possa lavrar o rio onde encontraram ouro e receber sua parte. Pelo jeito de falar, imagino que queira montar sua própria caravana e ficar livre do tio.

– Pois vai ter que continuar procurando, pois não vou mandar ninguém procurar ouro em... como é mesmo o nome do lugar?

– É Gao, papai, Gao. E por que não? – Jahimilk respirou fundo; o pai sabia ser uma peste quando lhe convinha.

– Ora, Jahimilk, estou estranhando você. Seja quem for, aquele tuaregue irá nos enganar. Descobrirá ouro e dirá que nada encontrou. Depois, sumirá e ficará com o ouro para si. Isso só poderia funcionar se fosse alguém de nossa inteira confiança. Alguém da nossa família, por exemplo. Você quer ir? – perguntou agressivamente, levantando a voz, enquanto segurava o cálice na mão para beber mais um pouco do delicioso vinho grego.

– Eu, não! – respondeu indignado Jahimilk.

– Nem eu! Então não gastarei um tostão para ser roubado.

Com isso, deu uma estrepitosa gargalhada; havia enganado o filho com suas próprias palavras. Nada como mostrar a sapiência da velhice a esses jovens metidos, pensou, enquanto degustava o vinho.

– Eu posso ir, meu pai.

A voz grave de Elischa interrompeu a reflexão que fazia sobre sua própria astúcia. Ainda segurando o copo de vinho na mão, Gisgo voltou-se para seu filho mais moço. Fitou-o com olhos severos; quase esquecera que estava na sala.

– Elischa, você não acha que já me arrumou problemas demais?

– Já discutimos o assunto do navio. Não tenho culpa se você escolhe capitães poltrões para seus navios.

– Poltrões, não; prudentes. Você queria que ele fosse para Massília sabendo muito bem que aqueles jônios são todos uns ladrões e assassinos.

– Que exagero. Os jônios podem ser tudo, mas são bons negociantes. Uma partida de bom vinho do Ródano não era de se desprezar – respondeu Elischa, levantando a voz e os dois braços acima da cabeça, num gesto típico de quem dramatiza uma situação.

– Pelo amor de Baal Hammon, não vamos recomeçar essa história – interrompeu Jahimilk.

Os dois menearam a cabeça em concordância. Gisgo dera razão ao capitão por não ter ido de Populonia, na Etrúria (norte da Itália), até o porto de Massília. Seu filho discutira com o capitão e o chamara de poltrão na frente da tripulação. Na volta da viagem, o capitão se queixara ao armador e solicitara – obrigara seria mais apropriado – que o jovem não pisasse mais no convés de seu navio.

– Não vejo por que Elischa não pode ir até Gao – comentou Jahimilk.

– É, não vejo por que não. Se você precisa de alguém de confiança, acho que sou digno disto, ou não? – retrucou Elischa agressivamente.

Sem lhe responder, Gisgo olhou para fora da varanda e sua vista passeou pelo porto, onde uma das suas embarcações estava ancorada. Claro que gostaria de encontrar ouro na terra dos negros, mas amava Elischa e não o queria morto ou ferido. Além disso, havia o dinheiro a ser considerado; uma excursão como essa custaria caro.

20 A Saga dos Capelinos

– Então, pai? Sou ou não digno de confiança? Ou você acha que vou roubá-lo?

O tom insolente de Elischa tirou Gisgo de seus devaneios financeiros. Que fedelho mais irritante!

– Confiar em você? Só se eu fosse louco! Você é um menino grande. Um homem de vinte e cinco anos que se comporta como um adolescente. Será possível que só me arruma problemas? Sua pretensa sinceridade, que você tanto alardeia, beira a petulância. Você já brigou com um dos meus capitães, esmurrou o capataz de minha fazenda, cansou de brigar nas tavernas e quebrou o braço do filho de um dos nobres do conselho, que me custou uma fortuna em reparações. O que se passa com você, Elischa?

– Bom, agora vamos discutir assuntos de dez anos atrás – respondeu Elischa, meneando a cabeça de um lado para o outro, enquanto coçava o nariz.

– Será que vocês não podem conversar calmamente e discutir o assunto com civilidade? – a voz de Jahimilk interrompeu a discussão. – Estamos falando de um negócio que envolve muito dinheiro e vocês dois ficam discutindo assuntos já ultrapassados. Se Elischa quer ir a Gao, que vá. Qual é o problema? Ele já é crescido e sabe se defender.

– Eu não quero gastar nada nessa empreitada. Se Elischa quer ir, que vá por sua conta.

– E vou mesmo – respondeu insolente, mas imediatamente se deu conta de que não tinha dinheiro.

Gisgo olhou-o com um misto de raiva pela sua insolência e admiração pela sua valentia: não é que o diabo do menino era igual a ele quando tinha a sua idade? Não fora com bons modos que conseguira a maior frota de navios de Cartago, mas por meio de muita luta, audácia e trabalho.

– Se você está mesmo decidido a ir, terá que levar Etuh.

– Que seja, então. Aquele armário ambulante bem que me poderá ser de alguma valia.

Imerso em súbita reflexão, Jahimilk entendeu que era ele que teria de financiar a viagem; o irmão não tinha dinheiro e o pai estava irredutível em não gastar nada. Podia valer a pena, entretanto. Não era só pelo ouro, mas também uma aventura dessa, sem dúvida, iria fazer seu irmão amadurecer. Amava Elischa, mas reconhecia que tinha um temperamento excessivamente impetuoso e, portanto, precisava de duas coisas para acalmá-lo: um pouco de sofrimento e, quiçá, um bom casamento.

O Cajado do Camaleão 21

– Com sua permissão, meu pai; irei financiar a ida de Elischa para procurar ouro.

Com um sorriso matreiro, Gisgo concordou meneando a cabeça. Sim, Jahimilk era a pessoa certa para sucedê-lo nos negócios quando morresse. Uma águia nos negócios, astuto e um pouco amoral, uma mistura perfeita para um comerciante. Pena que gostava de comer e beber demais, o que se notava pela sua pronunciada pança e sua precoce obesidade. Já Elischa era seu amado, o filho querido que lhe dava prazer em admirar seu corpo alto, esguio e musculoso, o rosto anguloso, seus olhos cor de mel que podiam ir do mais doce ao mais feroz olhar em segundos, e os bastos cabelos pretos anelados que lhe suavizam os traços másculos. Era um deleite para seus olhos ter um filho assim tão belo, mas também era uma pontada em seu coração; temia pelo seu futuro.

3

– Pode falar, Sileno.

O homem levantou o rosto dos papiros, onde estivera mergulhado, cheio de símbolos e números tão usuais a quem tem que controlar estoques de mercadoria. Tinha um ar cansado e envelhecido, como se tivesse vivido em dobro cada dia dos seus sessenta anos.

– Perdoe a interrupção, mestre Vulca, mas estão aqui os dois druidas ferreiros. Insistem em serem atendidos somente pelo senhor.

Vulca, um rico negociante etrusco, morava em Populonia, na Etrúria, norte da península Itálica, e negociava um pouco de tudo, mas o que dava realmente dinheiro era o comércio de ferro, especialmente armas. Comprava dos boianos, uma tribo de gauleses, e os revendia para o exército etrusco com um lucro astronômico.

– Como sempre! – e com um meneio de cabeça, Vulca mandou-os entrar.

Em instantes, ele viu adentrar sua sala os dois gigantescos irmãos. Não se cansava de admirá-los. Korc, o mais velho, devia ter por volta dos vinte e três anos e, mesmo sendo alto, não o era tanto quanto seu irmão Cathbad, que de tão gigantesco era obrigado a baixar a cabeça quando passava pela soleira da porta. Ambos tinham longos bigodes e cabelos louros com laivos de ruivo que desciam até quase a metade das costas. Gostavam de raspar a barba e tonsuravam a cabeça de acordo com sua posição na complexa sociedade druida. No caso deles, haviam raspado os cabelos, começando pela testa e terminando numa linha logo após as orelhas.

Depois dos cumprimentos de praxe, o assistente Sileno informou a quantidade de espadas, pontas de lança e adagas que os boianos trouxeram. Fizeram as contas e Vulca deu ordem para que lhes pagassem em mercadorias o valor combinado.

– Acho o seu preço exorbitante, mas o exército faz questão de ter suas espadas, sabe-se lá por quê.

– São mais resistentes – respondeu Korc, com um sorriso franco.

– Não sei como conseguem fazer espadas tão poderosas. Há alguma magia?

Inflando o peito de soberba, Cathbad respondeu:

– É que as mergulhamos no...

– Mergulhamos na magia de Govannon – interrompeu rapidamente Korc a indiscrição do irmão mais moço, sempre com seu indefectível sorriso nos lábios. Depois o fitou com um olhar fulminante, que Cathbad entendeu e calou-se amuado.

– Quem?

– Govannon, nosso deus-ferreiro, aquele que transforma o ferro em armas – respondeu Korc.

– Ah, sei! – exclamou Vulca com indiferença, sentindo que não era desta vez que iria aprender o segredo dos ferreiros boianos. Quem sabe se na próxima vez o grandalhão não deixava escapar o segredo e, dessa forma, poderia mandar seus próprios ferreiros fazerem as espadas e não ter que pagar aquela fortuna aos boianos.

– Diga-me uma coisa, ó Cathbad. Vocês não gostariam de ensinar sua arte aos meus ferreiros? Eu pagaria um bom preço.

Antes que o malcriado do Cathbad pudesse retrucar com algum desaforo, Korc respondeu à indagação do etrusco:

– É uma proposta tentadora, mestre Vulca, mas teríamos que falar com nosso pai Elwyd. É ele que, na realidade, conhece a magia do ferro. Nós somos apenas ajudantes e não conhecemos tudo ainda.

– Entendo! Mas pensem com carinho na minha proposta. Vocês poderiam ficar alojados numa linda casa que tenho. Vocês sabem que o futuro é imprevisível e depende dos deuses. Eu já lhes contei o que me aconteceu quando visitei Cartago?

O Cajado do Camaleão

– Tenho certeza de que deve ser uma história emocionante, mas infelizmente temos que retornar à nossa aldeia, e o senhor sabe que temos um longo caminho pela frente – interrompeu Korc, antes que o etrusco se lançasse a mais um conto que misturava verdades e exageros.

– É verdade, é verdade. Fica para outro dia – respondeu Vulca, decepcionado por não poder contar pela enésima vez sua grande e única aventura.

Assim que saíram da sala de Vulca e subiram na carroça, Korc repreendeu o irmão:

– Você com esta sua boca grande quase ia revelando nossos segredos. Quer o quê? Que ele pare de comprar de nós? Não sabe que somos ferreiros druidas e temos que manter nossa arte entre nós? Nem mesmo os demais membros de nossa tribo conhecem nosso segredo. Qual é o seu problema?

– Ô – resmungou o irmão, gesticulando a mão direita, como se dissesse: chega, já entendi.

Levaram pouco mais de três horas de volta à sua *oppida*[6] Dirigiram-se à casa paterna e encontraram-no em plena atividade. Pela desarrumação que provocara na casa, parecia estar empacotando suas coisas como se fosse viajar.

– Ainda bem que chegaram. Preparem-se, pois amanhã vamos partir – a voz do homem não escondia certa emoção quase infantil.

– Por Taranis! – exclamou Korc. – Para onde vamos?

– Karnak, na Gália. Fomos convidados para um *omphalo*[7] – respondeu o maduro Elwyd. – Teremos que viajar em comitiva com os demais boianos e alguns arvernos que vieram nos buscar.

– Um *omphalo*, não é? Será algo de grandioso, não é, pai? – perguntou Korc, vibrando de excitação. Que maravilha, um *omphalo*, uma reunião de druidas, uma verdadeira congregação de grandes magos. Que oportunidade rara de trocarem impressões, fórmulas mágicas e conhecerem novos *deiwos*[8] – deuses. E logo em Karnak, a mítica Karnak.

– Sim. Dizem que teremos a presença de Rhonabwy, o *merlin*[9] da Britônia.

A voz de Elwyd também não escondia a emoção de se encontrar face a face com o arquidruida de todos os druidas para um *omphalo* que se prenunciava memorável.

---

[6] *Oppida* – aldeia.
[7] *Omphalo* – reunião de druidas presidida pelo arquidruida.
[8] *Deiwos* – deuses em celta (gaulês).
[9] *Merlin* – Não se trata de um nome próprio, e sim da denominação do arquidruida em celta da Britônia (Inglaterra).

4

– Como morto? – perguntou atônito Elischa.

– Pois é. O homem que me vendeu a pepita está morto. Acabo de falar com sua mulher e ele morreu há mais de um ano – respondeu-lhe Ahmed, o tuaregue, com a expressão mais desolada que pôde talhar em seu rosto negro.

– E o que você pretende fazer a respeito?

– Não sei. Acho que teremos que desistir da ideia.

– Você está completamente louco. Eu não atravessei esse maldito deserto para voltar para casa de mãos abanando.

Era mais do que óbvio que jamais enfrentaria seu pai com uma derrota, mas achou prudente não se expor demais àquele homem pequeno e magro, todo enrolado na sua roupa azul-escura.

– Você e eu vamos falar com todo mundo neste buraco horroroso até encontrarmos alguém que sabe onde há ouro – e, fazendo uma pequena pausa, Elischa, irritado, mudou para um tom ameaçador: – Ou nós encontramos ouro ou não vamos sair daqui.

Com uma certa lividez no rosto, Ahmed meneou a cabeça. Entendera a ameaça velada de morte nas palavras de Elischa. Suspirou fundo e respondeu-lhe:

– Então só nós resta falar com cada um dos habitantes desta cidade até encontrarmos alguém que saiba onde existe ouro.

Chamar Gao de cidade era um exagero; para Elischa, aquilo não passava de uma aldeia suja que fedia horrivelmente a bosta de camelo. Ainda por cima, as pessoas lhe pareciam primitivas – a maioria andava quase nua com apenas um pano cobrindo as partes pudendas.

Ahmed ia se afastando de Elischa, quando ele lhe perguntou:

– Aonde você vai?

– Ora, pensei em falar com as pessoas da aldeia.

– Faremos isso juntos.

Que seja então, expressou-se silente Ahmed, alteando os ombros; o gigantesco Etuh, que acompanhara toda conversa, também não parecia estar nada satisfeito.

Os três homens começaram a perguntar sobre ouro. A maioria das pessoas do local não tinha sequer ideia do que era aquilo. À medida que

Ahmed perguntava a um ou a outro se sabia onde encontrar ouro, mostrava sua pepita e recebia uma negativa, Elischa pensava sobre aquela até agora malfadada aventura.

Relembrava que havia saído de Cartago há quatro meses e enfrentara enormes dificuldades para se adaptar à travessia do deserto. O lombo do camelo havia assado suas nádegas a ponto de preferir andar a montar. O calor se tornara insuportável à proporção que adentrava mais o deserto e só melhorou quando Ahmed lhe vendeu a preço escorchante uma roupa de tuaregue. As várias paradas nos grandes oásis eram um refrigério para sua alma, mas também um perigo constante; várias caravanas se misturavam, e o risco de serem roubados e mortos era enorme. Finalmente, quando avistou Gao, ficou decepcionado; imaginara uma cidade e não uma aldeia com trezentas choupanas redondas de sapé.

No final do segundo dia, Ahmed e Elischa, sempre acompanhado de Etuh, haviam falado com quase todo mundo e, ao se reunirem de noite, o jovem estava frustrado e rancoroso. Sua vontade era matar aquele tuaregue idiota, mas, no fundo, sabia que Ahmed não fora o culpado. Sua mente divagava sobre a possibilidade de ficar de vez naquele lugar, ou quem sabe explorar aquelas terras à procura de alguma outra forma de riqueza; era óbvio que não havia ouro nas redondezas. Voltar para casa, olhar o seu pai de frente e dizer-lhe que não encontrara nada era uma opção insuportável. Sabia que, mesmo sendo filho de um homem rico, era um pobretão. Pela lei fenícia, só o primogênito herdava, e Jahimilk, mesmo sendo um bom irmão, se muito, lhe daria um cargo de confiança em algumas das fazendas paternas ou o manteria como supervisor de algum depósito.

– Este homem diz que sabe onde existe ouro.

A frase de Ahmed o tirou de seus pensamentos sombrios.

– Como assim?

– Ele diz que era amigo do falecido e que ele lhe afirmara que existia ouro num dos rios menores da região. Ele está disposto a nos levar até lá em troca de algumas bugigangas.

Imerso em seus pensamentos, Elischa não observara que um negro havia se aproximado da fogueira e entabulara uma conversação com Ahmed. Agora, com ânimo redobrado, Elischa respondeu-lhe:

– Dê-lhe o que quiser, mas vamos encontrar este bendito ouro.

26 A SAGA DOS CAPELINOS

Numa língua incompreensível para os dois cartagineses, Ahmed voltou a conversar com o negro, que se chamava Akejá. Pelo sorriso que arrancou de Akejá, chegaram a bom termo.

No outro dia, Elischa, Etuh e Ahmed, acompanhados de Akejá, partiram a pé de Gao à procura de ouro. Como a aldeia ficava às margens do rio Níger, Elischa quis saber como chamavam aquele rio. Ahmed perguntou a Akejá e ele respondeu que era o Djoliba – grande rio.

Durante várias semanas, os homens escarafuncharam os riachos, córregos e cursos d'água à procura do precioso metal. A não ser por uma ou outra pepita, nada encontraram de significante.

No final do primeiro mês, Akejá partiu de madrugada, levando parte da comida e algumas facas. Elischa resolveu que continuariam, mesmo que Ahmed já não parecesse mais tão interessado em conseguir ouro e preferisse voltar.

Os homens beiraram o grande rio, sempre acompanhando seu movimento descendente. Após vários dias de marcha, encontraram o rio Kaduna, um largo afluente do Níger. Ultrapassaram-no com dificuldade e continuaram descendo o Níger até encontrar o rio Gunara, outro afluente. Resolveram, então, subi-lo. Notaram que era por demais perigoso atravessá-lo naquele lugar, já que quase tinham sucumbido ao cruzar o Kaduna. Teriam que encontrar um remanso por onde pudessem vadeá-lo.

Enquanto caminhavam, os homens ficavam agrupados, vivendo apenas daquilo com que a terra pudesse presenteá-los, além das eventuais caçadas. Haviam visto animais selvagens de todas as espécies, sendo alguns de porte considerável, como elefantes, rinocerontes e crocodilos. Eles só tinham arcos e flechas primitivos, conseguidos em Gao. Aos poucos, alimentando-se de raízes cozidas, de frutas silvestres e alguns legumes, foram emagrecendo. Para piorar a situação, bebiam água dos rios, quase sempre barrenta, o que lhes soltava os intestinos, enfraquecendo-os ainda mais. O calor e os mosquitos estavam se tornando insuportáveis e uma febre ou um rápido mal-estar costumava visitar os homens, um por vez ou, subitamente, a todos de uma única tacada, sugando suas forças vitais. Além disso, o insucesso estava criando uma completa falta de ânimo.

Ahmed via seu sonho de se tornar dono de uma caravana e libertar-se do jugo tirânico do tio esvair-se cada dia mais, e começava a se arrepender de ter se aventurado em terras distantes do seu amado deserto.

Elischa, no entanto, tomado por um estado mental positivo, achava que deviam prosseguir um pouco mais. Etuh piorava de humor à medida que emagrecia, ficava febril e não via resultados palpáveis.

Continuaram a subir o rio, sem mesmo procurar ouro. Era óbvio que aquele rio largo não tinha lugar para que as bateias pudessem procurar o metal. O que procuravam, então? Nem mesmo eles sabiam, mas uma força febril os impulsionava sempre adiante.

Após terem subido o Kaduna, conseguiram atravessá-lo num lugar aparentemente menos largo, mas acabaram vendo que ali a correnteza era traiçoeira. Quase se afogaram e perderam os arcos, as flechas e as bateias. Ficaram apenas com as armas pessoais, alguns utensílios e uma pequena panela de ferro, que fora bem amarrada na cintura de Etuh. Continuaram a subir a margem oriental do Kaduna, na tentativa de encontrar um pequeno afluente, pois Elischa cismara que poderia haver ouro naquela região.

Após mais duas semanas de andanças, encontraram uma mata fechada, difícil de atravessar. Ficaram na dúvida se deviam adentrar a floresta ou contornar o denso matagal e, depois, reencontrar o Gunara mais acima. Mesmo contrariando o bom-senso, Elischa resolveu que deviam contornar a floresta em direção ao interior para depois retornar às margens do Gunara, quando a vegetação ficasse menos densa. Etuh nem sequer se deu ao trabalho de discutir; naquele dia, a diarreia havia minado suas forças.

Dando sinais de impaciência, Ahmed esboçou uma certa contrariedade, mas, vendo que Elisha havia decidido o caminho, resolveu se calar. O que lhe restava fazer senão obedecer e seguir aqueles homens? A sua outra opção seria voltar sozinho e provavelmente ser devorado pelos leões e outros animais que viviam rondando o acampamento. À noite, eles só não os atacavam porque eram espantados pelo fogo do acampamento.

Para Elischa, o que começara como uma aventura emocionante havia se transformado num pesadelo crescente. Começaram a passar fome, já que não tinham mais como caçar. O terreno começou a se tornar mais íngreme e rochoso, o que oferecia poucas alternativas de catar frutas e raízes. No movimento de contornar a floresta que margeava o Gunara, embrenharam-se mais e mais em direção a um platô, afastando-se do rio, o que começou a causar novo problema: a sede.

Encontraram um pequeno riacho, onde mitigaram a sede e resolveram descansar por alguns dias. Estavam todos exaustos. Etuh apresentava febre alta e uma fraqueza que lhe dificultava andar por terreno escarpado. O riacho oferecia não só a possibilidade de água pura, mas também vários animais de pequeno e médio porte que vinham beber em suas águas. Sem arco e flecha, os homens prepararam algumas armadilhas que, na maioria das vezes, falhavam, porém, quando conseguiam aprisionar algum animal de pequeno porte, passavam a ter carne fresca.

Naquele dia, Etuh estava particularmente azedo.

– Não vejo motivo para continuarmos. Tudo isto está nos levando cada vez mais longe de Gao. Quanto mais nos afastarmos, maior será o caminho da volta. Acho que deveríamos retornar já.

– Façamos assim – respondeu-lhe Elischa, após refletir por alguns instantes –, se não encontrarmos ouro em três dias, voltaremos.

– Três dias e só, não é, Elischa? Após três dias, se não encontrarmos ouro, voltaremos para casa, não é, Elischa?

– Palavra de honra. Só mais três dias.

Quase não conseguiram dormir naquela noite; começou a chover e a ventar, e fazia um frio cortante de enregelar os ossos. Estavam no ponto máximo da resistência física. Se continuassem, provavelmente não teriam forças sequer para voltar.

A semana que viveram à beira do córrego os retemperou e os preparou para nova etapa da jornada. Suas mentes, todavia, estavam em rebuliço. Um desespero se apossara deles, desde Ahmed até mesmo ao calado Etuh. Davam-se conta de que a cada dia que transcorria estavam se afastando mais e mais de seu objetivo. Ahmed não encontrara ouro que o pudesse satisfazer; as poucas e pequenas pepitas eram insignificantes em vista de seu projeto maior. Elischa também via que nada os levava ao ouro, e agora não poderia voltar a Cartago de mãos vazias.

No segundo dia, encontraram outro riacho e resolveram subi-lo, pois aquele que vinham seguindo não tinha nada a oferecer. Subiram-no por algumas centenas de metros, com cuidado, para ver se descobriam ouro e chegaram a um pequeno vale incrustado entre dois pequenos morros. A chuva havia erodido a encosta, mostrando a rocha nua. Algumas delas haviam ruído, tendo caído no riacho, formando um pequeno vau, obstruindo levemente a passagem da água. Morto de sede, Etuh apanhou um pouco d'água em suas mãos, fazendo uma pequena concha com elas. Levou-as à boca e bebeu. Fez uma cara feia e cuspiu fora a água que ainda não engolira.

O Cajado do Camaleão

— O que foi que houve? — perguntou Ahmed.

— Tem um gosto horrível — respondeu Etuh, fazendo uma careta de desgosto.

Ahmed também bebeu e, com a mais comum das expressões, disse:

— Não é nada. É apenas gosto de ferro.

— Ferro? Você disse ferro, Ahmed? — perguntou Elischa, sobressaltado.

Ahmed meneou a cabeça displicentemente.

— É ferro! O lugar está cheio de ferro! — disse Elischa, após provar da água. Olhou para os morros laterais, de onde haviam vindo as pedras, e complementou entusiasmado: — O morro está cheio de ferro!

— E daí? Viemos procurar ouro. O que adianta ferro? — perguntou Etuh.

— Adianta tudo. Cartago tem necessidade de ferro. Pode não valer tanto quanto o ouro, mas estamos ricos — respondeu-lhe Elischa, histérico de felicidade.

Ahmed e Etuh entreolharam-se, gradualmente tomando ciência de sua descoberta, enquanto um sorriso tímido se esboçava em seus rostos. Começaram a comentar o fato um com o outro, aumentando sua satisfação rapidamente, até que aquilo virar uma algazarra. A satisfação era tanta que pulavam e se abraçavam como crianças. No meio da alegria incontida, eles ouviram a ordem de Elischa:

— Calem-se. Fiquem quietos. Mantenham a calma.

Foi com dificuldade que os dois homens foram se calando e passaram a notar que estavam cercados por trinta guerreiros. Elischa, que os havia visto antes de estarem cercados, notara que eram homens negros, altos, robustos e com roupas estranhas. Suas vestimentas apenas cobriam o baixo-ventre. Usavam colares de contas de sementes coloridas em torno do pescoço, alguns adereços nos braços e uns capacetes feitos de cipós trançados salpicado de miçangas.

Os negros notaram que haviam sido vistos e continuaram se aproximando lentamente. Chegaram a menos de dez metros deles. Os homens já seguravam o cabo de suas espadas, preparando-se para uma luta inglória.

Um deles, que parecia ser o chefe do grupo, falou qualquer coisa para os demais. Elischa levantou os braços e falou com um sorriso forçado nos lábios:

— Amigos. Nós amigos.

O chefe do grupo entendeu o gesto e começou a se aproximar, junto com os demais guerreiros. Passou a falar rápido, e Elischa, respondeu-lhe:

— Não falo sua língua.

30 A Saga dos Capelinos

Falou em fenício, mas fazendo gestos para denotar que não entendia o que o chefe guerreiro estava falando.

O chefe chegou a alguns metros dele e todos pararam. Havia uma tensão insuportável no ar: uma palavra equivocada bem como um gesto mal interpretado poderiam fazer os homens entrarem num conflito mortal.

– Sou Elischa. Amigo! Somos amigos. Paz.

O cartaginês, sempre sorrindo, falava alto, achando que assim o entenderiam. O chefe pareceu compreender os gestos que Elischa fazia. Sua figura risonha, mesmo que estivesse maltrapilha e desgrenhada, com os dois braços levantados, parecia inspirar confiança. O chefe voltou a falar e Elischa teve a ideia de que devia mudar a linha da comunicação e, começou a fazer cara de dor, colocando a mão no estômago, e depois juntando os dedos e levando-os à boca.

– Fome. Fome. Tem comida? Muita fome.

O caminho para a paz estava aberto. Guerreiros sabem que a fome aproxima as pessoas. Quem quer lutar com fome? O chefe começou a confabular com seus subordinados e concordaram com seus argumentos. Após a rápida conversa, o que aumentava a tensão, o chefe, falando e fazendo gestos, tirou alguns nacos de uma carne quase negra e deu-lhes de comer. Mostrou com a mão que deviam segui-los.

Cuidadosamente, Elischa e seus dois companheiros começaram a andar, com os negros os cercando; após pouco mais de quinze minutos, avistaram uma aldeia. Observaram que, grosso modo, o vilarejo devia ter cerca de quinhentos casebres redondos de cobertura de sapé que se concentravam em torno de um centro vazio, onde se destacava uma imponente árvore, num dos cantos da praça. Já de longe os cachorros começaram a dar o alarme de sua chegada.

– É sua aldeia? – perguntou Elischa ao chefe dos negros, apontando para o vilarejo.

O negro olhou-o com surpresa como se todos tivessem a obrigação de conhecer a sua aldeia, e lhe respondeu:

– Okeorá!

5

Um *omphalo* era assunto sério, pensava Elwyd. Os druidas reuniam-se em grandes assembleias, que certas vezes chegavam a ter mil e duzentos participantes, e discutiam os mais variados assuntos. Trocavam entre si fórmulas de magia como se fossem confeiteiros discutindo receitas. Mas, além desses assuntos nem tão prosaicos para eles, examinavam questões legais, mediando disputas entre tribos, legislando sobre assuntos políticos e se aconselhando com os *deiwos* sobre assuntos obscuros. Mas Elwyd sabia que, longe de ser uma assembleia de notáveis que iam para se empanturrar e se divertir, todas as cerimônias, fossem de assuntos profanos ou de matéria sagrada, eram tratadas como santificadas e os druidas eram não só o repositório das grandes verdades e tradições, mas também os intermediários entre os *deiwos* e os homens comuns.

A ida até o *omphalo* de Karnak exigia uma longa e perigosa viagem. Desse modo, sessenta guerreiros boianos e arvernos juntaram-se aos doze druidas, entre eles Elwyd e seus dois filhos. Partiram de suas aldeias, atravessaram os Alpes pelas passagens perto do Mediterrâneo, alcançaram o sul das Gálias e adentraram Massilia. Lá estacionaram por três dias e trocaram artefatos de ferro por comida, vinho e roupas. Subiram o rio Ródano em quatro barcaças dos biturírgios, outra tribo gaulesa, até a altura de Lugdunum.

Elwyd ficou impressionado com o tamanho de Lugdunum[10] – a fortaleza do deus Lugh, o bem-dotado – que tinha cerca de dez mil habitantes, umas cinco vezes mais do que sua aldeia. Um dos biturírgios lhe informou que sua cidade era o entroncamento de caminhos pelas densas florestas e também de alguns afluentes do rio Ródano. Esse cruzamento favorecia o comércio e era nisso que residia a pujança daquela cidade.

Pouco acima de Lugdunum, tomaram barcaças menores e subiram outros rios, até alcançarem o Atlântico Norte, de onde foram a pé até Karnak.

A chegada a este lugar deixou os boianos boquiabertos. Passaram por uma larga avenida ladeada por incontáveis monolitos, que variavam de tamanho, desde os menores de sessenta centímetros até os maiores de quase quatro metros de altura. Essas pedras estavam dispostas em longa fila e, à medida que alcançavam o fim da avenida, os monolitos eram

---

[10] Lugdunum – atual Lyon, na França.

32 A Saga dos Capelinos

maiores. A avenida de monolitos tinha quase um quilômetro de comprimento e pouco mais de cem metros de largura.

Com uma visão espiritual aguçada por anos de treinamento como druida, Elwyd viu um enorme grupo de espíritos seguido por seres estranhos. Alguns desses espíritos extravagantes eram bem altos, outros do tamanho de anões, alguns apresentavam estranhas deformações, enquanto outros pareciam ser uma escabrosa mescla de animal e gente. Estavam ligados a espíritos iluminados que os controlavam, mantendo-os presos por laços fluídicos.[11]

Já as pedras brilhavam, umas mais do que outras, enquanto umas lançavam chispas luminosas que atravessavam a avenida, indo de um lado para outro em incrível velocidade. Algumas dessas chispas passaram por dentro do corpo de Elwyd, dando-lhe a impressão de ter sido atingido por um pequeno raio, mas foi uma sensação agradável.

Conduzindo seu grupo até certo ponto, Elwyd então mandou sua escolta ir para a direita, acampar com os demais guerreiros. Os acompanhantes armados dos druidas não podiam participar do *omphalo* e estavam acampados num bosque perto dali, onde haviam feito fogueiras e levantado tendas.

Observando de longe um palanque que havia sido construído, Elwyd dirigiu-se para lá. Tinham colocado sobre o estrado sete assentos sem encosto, três de cada lado da única poltrona de espaldar alto cuja madeira fora trabalhada com requinte. Nessa poltrona estava sentado o ancião Rhonabwy. Era um *merlin*, um arquidruida da terra dos britônios, que morava no País de Gales. Elwyd deduziu pela fisionomia do ancião que ele devia ter quase noventa anos.

Ao chegar em frente ao palanque, Elwyd apresentou-se ao *merlin*. Curvou sua cabeça levemente, elevou o braço direito e mostrou três dedos unidos, um símbolo da sagrada trindade dos druidas. Terminando sua apresentação pessoal, introduziu os demais druidas das aldeias dos boianos. Rhonabwy sorriu para todos, ficou quieto por um instante, como se o perscrutasse, e depois perguntou-lhe:

– Você não é o filho de Orgetórix dos boianos?

– Ao seu dispor, nobre *merlin*.

– Onde está seu pai?

---

[11] Eram espíritos elementais, ainda em fase primária de evolução. São utilizados como obreiros pelos espíritos mais evoluídos, mas podem ser usados como obsessores por espíritos trevosos.

O Cajado do Camaleão

33

– Terminou sua jornada na Terra e voltou para o *annoufn*.[12]

– Essa foi a vontade dos *deiwos* – respondeu Rhonabwy. Ficou a fitá-lo e, fechando o cenho, como se visse algo em torno de Elwyd, ordenou-lhe.

– Você se sentará ao meu lado, junto com meus conselheiros.

Assim falando, apontou para um lugar vazio à sua direita. Elwyd sentiu-se honrado e feliz com a deferência, mas um sentimento indefinido lhe assomou o peito. Era uma angústia aparentemente indecifrável, já que não havia razão para se preocupar. Os demais druidas olharam-no com uma pontada de despeito. Elwyd perguntou-se se fora convidado a sentar-se em lugar proeminente pelo fato de ser filho de Orgetórix ou por alguma outra misteriosa razão.

A cerimônia começaria assim que a noite caísse, o que não demorou muito a acontecer, e, quando o sol demonstrou estar se dirigindo ao ocaso, as fogueiras foram acesas. Iniciaram a cerimônia sufocando um galo negro a Esus[13] para que o *deiwo* ficasse feliz e propiciasse bons contatos com os demais *deiwos*, já que era o mensageiro entre os homens e os deuses. Depois disto, foram oferecidos comidas e presentes para Teutatis, Belenos, Arduina, Cernunnos, Cocidius, Rudiobus, Lenus, Corotiacus, Alator, Taranis, Lugh, Don, Dana, Math, Gilvaethy, Arianrhod, Alamathon, Hyveidd, Govannon, Anou, Brígida e mais uma dezena de outros *deiwos* do extenso panteão celta.[14]

O ritual de abertura dos trabalhos levou mais de duas horas entre animais sacrificados a cada *deiwos* e os cantos em seu louvor. Elwyd observou que todo aquele ritual só fazia cansar o já depauperado *merlin*, e era visível que seu estado físico era lastimável, como se ele tivesse enfrentado, nos últimos tempos, uma daquelas doenças que minam o organismo, mas teimam em não matar o doente.

Terminada as oferendas aos *deiwos*, Rhonabwy iniciou seu discurso, com uma voz trêmula.

– Meus irmãos, recebi uma mensagem dos grandes *deiwos*. Disseram-me que o mundo há de mudar de forma dramática e que devemos liderar nosso povo para uma nova etapa.

---

[12] *Annoufn* – mundo espiritual.

[13] Esus – um deus intermediário entre os homens e os demais deuses. Sendo um deus primevo, devia ser louvado primeiro. Na Índia, era conhecido como Vayu, o epítome do guerreiro, a força primitiva bruta, a força do vento.

[14] Os celtas (gauleses) tinham mais de 300 deuses e deusas, cada um com uma função específica na sociedade divina.

34 A Saga dos Capelinos

Como a sua voz fosse fraca demais para alcançar os mil e duzentos druidas que se espalhavam em longas fileiras, seus ministros, postados de trinta em trinta metros, repetiam suas palavras à medida que falava. Sua alocução era lenta, mas Elwyd, que estava ao seu lado, ouvia-o perfeitamente.

– Somos inúmeras tribos espalhadas por uma área enorme. Devemos nos unir num único povo. Devemos formar um único governo, uma única cultura, e estabelecermos uma confederação de nações.

Aquilo era espantoso. Os gauleses viviam há séculos da mesma forma e agora Rhonabwy, o *merlin* da Britônia, pedia que se mudasse tudo isso. Assim como a maioria, Elwyd não recebeu bem as ideias do ancião, mas nada disse para interrompê-lo.

– Os *deiwos* disseram-me que, se nós não nos unirmos, formando uma única nação forte e determinada, não resistiremos a um terrível inimigo. Quando ele despontar, varrerá o mundo como uma tempestade a que ninguém poderá resistir.

Tal afirmação estimulou Elwyd a vasculhar na sua memória que povo poderia ser aquele que ainda estaria nos primórdios e que tinha potencial para se tornar o inimigo poderoso que Rhonabwy previra. A princípio não lhe veio nada à mente.

– Nossa missão é convocarmos todos os chefes guerreiros e mostrar que devemos nos unir. Devemos parar com as guerras entre nossas tribos, que tantas vidas ceifam e trazem infelicidade a todos. Devemos nos concentrar em prosperar, cuidar de aumentar a criação de gado, incrementar as áreas de plantação, ampliar o comércio e fazermos uma frota de navios que possam levar nossos produtos a todos os lugares. Temos que ter um único e grande exército, disciplinado e bem treinado, que possa resistir a qualquer força inimiga.

Um burburinho já se manifestava aqui e ali na grande assembleia. Alguns druidas discutiam o assunto. Não parecia haver unanimidade e Rhonabwy levantou a destra, solicitando silêncio.

– Ouçam, ó druidas de todos os lugares, o inimigo que há de se levantar contra nós será impiedoso. Destruirá nossa cultura e nossa forma de viver. Introduzirá novos costumes e de nós nada restará. Ainda há tempo de prevenir isso.

Roma! O nome passou pela cabeça de Elwyd como um corisco, intuído pelo seu *deiwos*. Mas o boiano descartou a pequena cidade localizada no Lácio, no centro da península itálica, como uma futura ameaça. Como

O Cajado do Camaleão

poderiam dominar o mundo se estavam sob o jugo dos etruscos? Uma cidade de comerciantes que dava mais valor à administração das coisas públicas do que aos seus deuses. Elwyd rejeitou a ideia que considerou absurda. Sua atenção voltou-se para Rhonabwy, que continuava a falar.

– Devemos, portanto, unir nossas tribos sob o comando de um novo *merlin*. Ele é que deve ser o poder máximo para instituir a justiça. Não falo por mim, nem estou atrás de honras; estou no fim da vida. Os *deiwos* me disseram que morrerei em muito breve. Temos que eleger um novo sucessor. Um novo *merlin*, e temos que fazer isso agora, neste *omphalo*. Abrirei imediatamente mão de meu cargo em favor do novo *merlin*.

O burburinho cresceu; era contra as normas; um novo *merlin* só devia ser eleito três meses após a morte do anterior. Rhonabwy, já enfraquecido pela longa alocução, procurou por ar, e fez um esforço para arrematar seu discurso.

– Devemos cessar com as contendas entre nossas tribos e especialmente com os sacrifícios humanos. Estou convencido de que os *deiwos* não apreciam essa prática. Até mesmo a vida de um inimigo deve ser preservada; toda existência é sagrada.

O burburinho transformou-se numa balbúrdia de grandes proporções; ninguém mais se entendia. Rhonabwy calou-se e observou a confusão que suas palavras haviam provocado. Durante uns dois longos minutos, observou tristemente os druidas que se reuniam em pequenos grupos e discutiam acirradamente. Não era possível ouvir o que falavam, mas, pelas gesticulações, pareciam estar todos de acordo e contra o *merlin*; jamais cessariam os sacrifícios de seres humanos aos *deiwos*; eram o costume, a tradição e a própria essência de seu culto o que estava em jogo.

Assim que fez menção de se levantar, seus dois fortes e jovens assistentes o ajudaram, praticamente carregando-o para fora do ambiente. Num último esforço, virou-se para Elwyd e fez um gesto para que o acompanhasse.

Os dois assistentes o instalaram no interior de sua ampla tenda e deram-lhe água. Elwyd assistiu a tudo com preocupação; o velho estava lívido e fazia força para respirar. Rhonabwy fez um gesto para que se aproximasse e se sentasse perto dele. Elwyd obedeceu e o *merlin* tomou-lhe a mão. Elwyd sentiu sua mão ossuda, quase sem carne, apertar a sua; havia um sentido de urgência e desespero naquele gesto. Rhonabwy fechou os olhos, deu um longo suspiro e falou em seu galês que diferia um pouco da língua dos boianos, mas que era perfeitamente compreensível para Elwyd. Sua voz saiu fraca, quase um sussurro, e Elwyd escutou o que temia ouvir.

– Quando você se apresentou para mim, vi em seu redor uma luz forte e brilhante. Meu *deiwos* já tinha me avisado de que o eleito teria uma aura de força e paz ao seu redor. Assim, soube que você é talhado para uma grande missão. Todos os demais druidas se apresentaram opacos, enquanto você tem uma luz própria. Por isso, quero que seja o próximo *merlin* e que una as tribos numa grande nação. Em alguns séculos, Roma há de se tornar grande e nos destruirá. Só você pode unificar o que foi espalhado há milênios. Prometa-me, Elwyd, que há de fazer isso.

6

Elischa, Ahmed e Etuh haviam sido levados para a aldeia e alimentados. Alguns guerreiros os mantinham sob vigilância, mas nem sequer lhes haviam retirado as espadas.

– Devemos confiar nesses homens? – perguntou Urasange, o *oba* de Okeorá.

– Consultei as nozes e me disseram que eram confiáveis – respondeu Agbosu –, mas alertaram-me para o fato de que trarão muita confusão para nossas vidas.

– Sou de opinião que devíamos mandá-los embora assim que estiverem fortes – disse o herdeiro Olabissanje. Havia sido ele que os capturara, mas desconfiava dos estranhos.

Os guerreiros que faziam parte da assembleia concordaram com Olabissanje, mas outro jovem, que devia ter por volta dos vinte e dois anos e se mantivera calado até o momento, sem ser convidado, iniciou sua alocução.

– Permitam-me expressar minha opinião.

Todos se voltaram para Adjalá, aquele que fora poupado por Arawê.

– Os *imolés* e *eborás*[15] que governam nossas vidas não nos teriam mandado esses estranhos se não fosse para nosso bem. Nem sempre a tranquilidade é o melhor caminho para o homem; hão de existir conflito e turbulência na vida para transformá-lo num ser mais forte. Não podemos

---

[15] Eborá – deus. Normalmente representado por uma estela. Uma força da natureza.

O Cajado do Camaleão   37

desprezar qualquer oportunidade que nos é dada pelos nossos ancestrais para nosso progresso. Devemos falar com esses homens, aprender
sua língua, ensinar-lhes a nossa, saber os motivos que os fizeram vir tão
longe de suas casas e ver até que ponto o que têm para nos oferecer nos
convém. Se forem apenas vagabundos sem sabedoria, os mandaremos
embora em paz. Se forem dignos de nossa atenção, os escutaremos e
aprenderemos com eles, assim como hão de aprender conosco, se forem
sábios para nos reconhecer como tais.

Os dois homens mais velhos da tribo, Urasange e Agbosu, menearam
a cabeça em concordância.

– Como aprenderemos a língua desses homens? – perguntou-lhe Olabissanje, o irmão de Adjalá.

– Com boa vontade, conseguirei comunicar-me com eles.

E assim ficou estabelecido que Adjalá iria tomar conta pessoalmente
dos três homens.

7

Melancólico foi o retorno dos boianos de Karnak até sua *oppida*. Não
podiam estar mais acabrunhados com o trágico desfecho do *omphalo*.
Quem diria, perguntava-se Elwyd, que tanta coisa fosse acontecer e que,
no final, tudo desse tão errado. Recordava que ficara de dar uma resposta a Rhonabwy se aceitava a incumbência de ser o próximo *merlin*, o arquidruida de todos os gauleses, e de unir as tribos numa única poderosa
nação. Passara a noite em claro e consultara os seus oráculos, porém a
resposta fora inconclusiva; os *deiwos* recusavam-se a responder.

De manhã, a notícia se espalhou como fogo na floresta: Rhonabwy
estava morto. A cerimônia de sua cremação foi emocionante, mas, com
sua morte, tudo continuaria como estava. Um dos assistentes mais velhos
de Rhonabwy liderou os funerais e, depois, ordenou que todos voltassem
para suas casas. Nas despedidas, quando Elwyd aproximou-se para sau-
dá-lo, ele o olhou firmemente, com severidade, e cochichou para que só
Elwyd pudesse ouvi-lo.

– Você não acha que nós íamos deixar um velho senil instituí-lo como
o novo *merlin*, não é? E muito menos pôr em prática um plano insano de

reunir as tribos. – E, depois, abrindo um sorriso forçado, arrematou: – Desejo-lhe sorte, boiano.

Nesse instante, Elwyd entendeu que Rhonabwy fora assassinado. Olhou para o novo futuro *merlin* e respondeu-lhe, no mesmo tom:

– Seja o que os *deiwos* tenham em mente. Nunca foi minha intenção tornar-me *merlin* da Britônia. Desejo-lhe também toda a sorte do mundo; tenho a impressão de que irá precisar muito dela.

Deu as costas sem esperar qualquer resposta. Estava triste pela morte do ancião, mas feliz em não ter que assumir um cargo que só iria lhe trazer dissabores.

Outra surpresa os aguardava na aldeia. Assim que passaram a paliçada de troncos de madeira, Elwyd notou que o ambiente estava agitado. Um dos guerreiros dirigiu-se a ele e lhe disse:

– Chegaram na hora certa. Vamos à guerra.

O seu coração disparou com a notícia e o sangue lhe fugiu do rosto. Por Teutatis, contra quem, perguntou-se, enquanto procurava ar para se recompor. O guerreiro respondeu-lhe a indagação íntima.

– Os malditos eburões mataram Khian. Deceparam sua cabeça e largaram o corpo na floresta do Norte para os lobos comerem.

– Que horror! E o que ele foi fazer lá? – perguntou Korc.

– Foi com um grupo de caça. Todos foram mortos. Alguns dizem que foi à procura de mulheres. Você sabe como era mulherengo. Só que agora o chefe quer vingança por terem matado um dos seus filhos.

– Claro que sim. Temos que trucidá-los – vociferou ferozmente Cathbad.

O pai olhou-o com ar de desaprovação, mas ele nem se deu conta do fato.

Dois dias depois, um grande grupo de boianos partia para a terra dos eburões a fim de vingar a morte de Khian. Korc ia preocupado; nunca se sabe o que pode acontecer numa batalha. Já Cathbad estava empolgado com a possibilidade de guerrear. Tudo o que aprendera com o tio, marido da irmã de sua falecida mãe, iria ser posto em prova. Nada de espadas de madeira, agora quem iria cantar era sua espada mágica, aquela que o pai preparara usando de toda a magia de Govannon, mesmo que o velho druida ferreiro esperasse que ele nunca a usasse.

Os combates foram ferozes. Os dois grupos de celtas tiraram a roupa, ficaram completamente nus – a nudez era sagrada – e pintaram seu corpo de azul – a sua verdadeira cor conforme eles diziam – e se engalfinharam num combate corpo-a-corpo de ferocidade incomum. Korc e

O Cajado do Camaleão

Cathbad demonstraram seu valor como guerreiros e mataram muitos eburões. Cathbad era o que mais se destacava, não só pelo seu imenso tamanho, mas por uma agilidade incompatível com seu porte. Seus inimigos sempre morriam surpresos com a velocidade de seu ataque, além da força taurina de sua pancada.

Os eburões foram massacrados, o vilarejo queimado, as mulheres feitas prisioneiras e as mais feias mortas, enquanto as mais bonitas e jovens foram levadas para a aldeia dos boianos. Entre os prisioneiros, vinha um rapazola de onze anos, filho do falecido chefe dos eburões. Fora poupado por mero acaso; pensaram que era uma moça de tão imberbe e infantil que era.

O chefe dos boianos viu nisso um sinal de que deveria sacrificar o moço aos *deiwos*, retirar o *asu*[16] do prisioneiro e transformar seu espírito num escravo da alma do seu filho Khian, no outro mundo. O chefe consultou os vários druidas – eram seis – e todos anuíram, menos Elwyd, que achava que já houvera mortes em excesso. Concordaram que o menino devia ser sacrificado durante a festa de Samhain. Era o dia mais importante do ano e seria propício para essa cerimônia.

Como a festa de Beltane havia acontecido durante a guerra contra os eburões, eles estavam ainda há bons seis meses de Samhain. Todavia, era preciso preparar tudo para que os *deiwos* ficassem felizes e os atendessem e os protegessem sempre.

Como era o costume, os druidas reuniram-se para tirar a sorte e saber quem teria o privilégio de oficiar o sacrifício. Cortaram seis palhas do mesmo tamanho e cinco foram novamente cortadas de forma a ficar levemente menor do que a sexta. Quem a tirasse teria a sorte – na opinião dos druidas – de matar o jovem mancebo.

Elwyd rezou para que não fosse ele, mas ele foi o segundo a tirar a palha e logo todos viram que fora o escolhido.

– Parabéns, Elwyd. Você bem que merece – disseram-lhe com uma pontinha de inveja.

Perplexo, Elwyd nunca oficiara nada parecido. Para ser preciso, em seus cinquenta e seis anos de vida, nunca sequer presenciara um ritual dessa natureza. Abriria mão desta duvidosa honra ao primeiro que lhe propusesse, mas estava por demais aturdido para dizer qualquer coisa. Calou-se enquanto se recuperava do choque.

---

[16] *Asu* – força vital. Alguns celtas chamavam de 'potlach'. Os arianos da índia também chamavam de 'asu', e os espíritos que dominavam o *asu* eram chamados de 'asuras'. Mais tade, os asuras foram interpretados como demônios.

40 A SAGA DOS CAPELINOS

Foi então conhecer a sua vítima, que estava encarcerada na grande casa das mulheres. Pediu licença para a druidesa toda vestida de negro e foi conduzido até o menino. Até aquele instante, não o havia visto. Quando lhe disseram que haviam capturado o filho do falecido chefe dos eburões, imaginara que se tratava de um guerreiro adulto. Quando o viu, seu coração se confrangeu: era um menino, um garoto de traços ainda infantis, longos cabelos louros que lhe conferiam um traço feminino, enormes olhos verdes a lhe fitar com medo e uma expressão chorosa em seu rosto imberbe.

– Não posso matar essa criança – murmurou para si mesmo.

Graves seriam as consequências de sua recusa e sabia bem disto: ele e seus filhos poderiam ser mortos e, na melhor das hipóteses, eles seriam banidos. Se isto acontecesse, para onde iriam?

8

Os anciões reuniram-se a pedido de Adjalá. Os únicos ruídos que se ouviam era uma fresca brisa passando pela mata e o farfalhar das folhas acima da grande árvore onde todos estavam.

– Tenho convivido diariamente nos últimos três meses com os forasteiros. Ensinei nossa língua e aprendi com eles, o seu idioma. Disseram-me a razão de sua vinda. Estavam à procura de ouro.

Como ninguém sabia o que era ouro, Adjalá mostrou duas pepitas.

– Para que servem essas pedras? – perguntou Urasange.

– Para trocar por outros objetos e comida. – E, antes que alguém se estendesse muito sobre o assunto, Adjalá foi logo dizendo: – Contudo, isso não tem importância, pois não encontraram ouro em nossas terras.

Houve um suspiro de alívio entre alguns presentes, como se o ouro pudesse vir a ser uma praga.

– E então o que fazem aqui? – questionou Agbosu.

– Eles encontraram uma pedra importante que pode ser transformada em ferro.

Pela expressão de completo desconhecimento estampada no rosto das pessoas, Adjalá preferiu demonstrar o que era o ferro a tentar explicar. Levantou-se e pegou uma panela de barro e uma panela pequena de ferro, a única que os forasteiros haviam trazido com eles, e, segurando uma em cada mão, deixou-as cair. A panela de cerâmica quebrou-se em três pedaços, além de vários cacos miúdos que se espalharam pelo chão. Enquanto isso, a panela de ferro bateu no chão e quicou duas vezes antes de ficar parada. Houve uma expressão de assombro entre os homens.

Antes que parassem de comentar o fato de a panela preta não ter se quebrado, Adjalá pegou a espada que tomara emprestada de Elischa para essa demonstração e, com uma pancada forte, partiu um pedaço de pau meio grosso e arrancou mais gritos de surpresa de todos. Daquele momento em diante, Adjalá teve que dar uns bons dez minutos para que todos tocassem, cheirassem e até passassem a língua para experimentar a espada e a panela, e comentassem entusiasmados entre si aquela estranha magia. Como não tinham nenhum tipo de metal, nem cobre nem bronze, o ferro era uma completa novidade.

– O que os forasteiros desejam é retornar à sua aldeia e trazer pessoas que sabem transformar essa pedra em ferro – disse, mostrando uma pedra de hematita.

– Quantas pessoas? – perguntou Urasange.

– Não sei ao certo, meu pai, mas imagino que o mesmo tanto de gente que temos na nossa aldeia.

– Mas isso é perigoso, meu filho. Quem sabe o que estranhos podem fazer em nossa aldeia?

– Não creio que haja problemas, meu pai. Eles virão com suas famílias.

– O que temos a ganhar com isso? – perguntou Olabissanje.

– Poderemos ficar com peças de ferro. Eles podem fazer várias outras coisas com o ferro, de acordo com a descrição do forasteiro que lidera o grupo, mas muitas dessas coisas eu mesmo não entendi. O ferro, de uma forma ou de outra, é um grande progresso para nossa aldeia.

– Vivemos incontáveis anos sem esse tal de ferro – interveio Agbosu –, e não vejo por que razão teríamos que aceitar estrangeiros que irão mudar nossas vidas apenas para ter algo em que não vejo utilidade. Para cortar temos nossas facas feitas de pedra e ossos. Essa arma perigosa – apontando para a espada – só pode nos trazer desgraças. Sou contra a vinda de mais estranhos. Devíamos mandá-los embora e não permitir que retornem à nossa terra.

– Não gosto desses estrangeiros. Eles têm um comportamento imoral – comentou Umatalambo, um dos caçadores e guerreiros mais importante da tribo.

– Mas por que você diz isso? – perguntou Adjalá.

– O mais alto dos brancos vive metido na cama de todas as nossas mulheres numa atitude impudica. O maior deles, aquele que parece um elefante, é calado e não sorri nunca. Até aí, nada demais, cada um tem seu jeito, mas ele arranjou um amante e passa as noites na choupana de Efungé, que todos sabemos que é um homem que gosta de homens. Já o negro estranho que os acompanha é o único que se comporta corretamente.

– Concordo que Elischa é mulherengo e tomou como amante alguma de nossas mulheres, mas foram elas que o procuraram – respondeu Adjalá, ciente desses fatos. – É verdade que poderia tê-las afastado, mas qual de vocês faria isso? Você repudiaria uma bela mulher que deseja deitar-se com você, Umatalambo?

– Nunca rejeitei mulher alguma na minha vida. Até mesmo as velhas e feias. Quantas vierem, quantas as levarei para meu leito – respondeu-lhe o guerreiro jocosamente.

Os presentes gargalharam e, assim que os risos dimuíram, Adjalá expressou-se:

– Pois o mesmo fez Elischa. Se alguém tem culpa disso são as mulheres que se mostraram disponíveis. Que eu saiba, não se atirou sobre nenhuma mulher que não tivesse se oferecido. No entanto, concordo com você quanto ao fato de que poderia ter sido mais discreto. Aliás, o repreendi e ele se comprometeu em se comportar de forma mais digna.

Alguns velhos cujas esposas não tinham procurado por Elischa, concordaram com Adjalá, que, vendo que conquistava a sua assistência, aproveitou o ensejo para redarguir sobre o comportamento de Etuh.

– Agora, se o outro gosta de companhia masculina, não temos nada a ver com isso. É sabido que Efungé também prefere os homens e nunca o recriminamos por isso. Aliás, Efungé não é o primeiro e nem o único a preferir os homens e não vejo nada demais nisso.

Um dos guerreiros resmungou baixinho, mas bastante alto para que Adjalá ouvisse.

– É claro que você não vê nada nisso.

– O que você quer dizer com isso, Inossé? – Adjalá perguntou-lhe, fechando o cenho.

O Cajado do Camaleão

– Nunca o vi com mulher nenhuma e você já passou da idade de casar. Vai ver que gosta mais da companhia do forasteiro do que das nossas mulheres – respondeu-lhe Inossé de forma desafiadora.

Levantando-se num salto, Olabissanje veio em socorro do irmão, e olhou ferozmente para Inossé.

– Meu irmão não é uma mulher. Se não casou é porque não quis. Retrate-se imediatamente.

– Acalmem-se. Não viemos discutir isso, mas a vinda dos estrangeiros por causa do ferro – apartou Adjalá o início de conflito e prosseguiu: – É minha opinião que...

– Antes mesmo de sua vinda – atalhou Agbosu –, eles já estão criando dissensão entre nós. Imagine depois que vierem.

– Para tudo há um preço a pagar – respondeu Adjalá. – Se vocês acham sua vida perfeita, continuem assim. Não forçarei ninguém a mudá-la, mas acho que podemos permitir que os forasteiros venham, que nos ensinem como se produz o ferro e escolheremos o que nos convém. Para tanto, para poder julgar o que é bom ou que é ruim para nosso povo, é que pretendo ir de volta com eles ao seu país e conhecer por mim mesmo as maravilhas que me contaram. Somente assim é que poderemos aquilatar o que é bom para nós ou o que pode nos ser nefasto.

– Você pretende ir com esses homens, meu filho? – perguntou Urasange visivelmente aflito.

– Sim, meu pai, e com sua bênção partirei amanhã.

Como conhecia bem o seu filho, o rei olhou-o fixamente; sabia que nada o demoveria, nem súplicas nem ameaças. Os demais olhavam o *oba* enquanto ele parecia estar deliberando. Após uns segundos, rompeu o desconcertante silêncio.

– Então vá com minhas bênçãos. Julgue o que é bom para nós e o que não presta. Olabissanje o levará o mais distante que puder com uma escolta de vinte homens. Vá com Arawê e volte com os forasteiros. Esteja eu fazendo a coisa certa, senão que a maldição dos *imolés* recaia somente sobre minha cabeça.

– Nunca, meu pai. Se eu estiver errado, que esta maldição recaia somente sobre mim.

9

Chegara o dia de se comemorar Samhain.[17] Durante os últimos seis meses, Elwyd angustiou-se e, por várias vezes, chegara a conclusões diferentes. Imaginara que passaria o rapaz pelo sacrifício e que isso seria como tomar um remédio amargo; o gosto ruim passa logo. Depois de ter tomado essa decisão, vivia feliz por mais alguns dias, até que voltava a pensar no caso e decidia ao contrário: não mataria o menino.

Essa indecisão se prendia ao fato de que era incapaz de matar um ser humano. Quando tinha que sufocar um galo negro para Esus, ou para outro *deiwos*, fazia-o com o coração apertado, mas era apenas um animal, que procurava matar o mais rápido possível. Mas agora se tratava de um inocente cujo único erro na vida foi ter nascido filho de um chefe eburão.

Assim que o sol se pôs, as fogueiras foram acesas no campo, no limiar da floresta, e começaram a arder furiosamente. A cerimônia começou com uma procissão, na qual, bem-vestido, asseado e com flores em seu cabelo, o rapaz a ser sacrificado foi conduzido. Passara a noite chorando, sabendo o que o aguardava. Agora, todavia, não chorava mais. Estava disposto a morrer como um eburão. Vinha ladeado por dois gigantescos boianos, o que o fazia ser ainda menor. Atrás dele vinham três virgens, cada uma carregando uma bandeja. Numa delas estava uma adaga fina e, nas outras duas, uma corda e uma foice.

Samhain era uma festa, a mais importante do ano junto com Beltane, que dividia o ano em duas metades. Todos estavam engalanados. Os homens da aldeia haviam passado limão em seus cabelos louros, o que lhes dava um toque estranho, como se estivessem com uma carapaça esticada e brilhante. Haviam colocado suas melhores roupas e as mulheres estavam enfeitadas com guirlandas de flores, enquanto os homens haviam lustrado a meia argola que traziam no pescoço, símbolo de que haviam passado pelo ritual de maturidade.

Assim que chegaram ao lugar do sacrifício, as mãos do menino foram amarradas nas suas costas pelos dois guardas. Um dos druidas retirou a corda fina da bandeja e colocou-a em volta do pescoço do rapazola. Levaram-no até a pedra do sacrifício e o sentaram. Suas pernas eram curtas

---

[17] Samhain é festejado em 31 de outubro no hemisfério Norte. É o Ano-Novo dos gauleses. Esse dia sagrado é conhecido por inúmeros nomes, entre eles *Halloween*.

demais para alcançar o chão. Elwyd e um grupo de seis druidas, incluindo Korc e Cathbad, estavam a postos para o início do sacrifício. Um dos druidas, que vinha carregando um galo negro, segurou-o pelo pescoço e com determinação o sufocou, enquanto fazia invocações a Esus para que tudo corresse a contento.

Com passos vacilantes, Elwyd aproximou-se do altar onde estava o moço. Procurou não olhá-lo e começou a invocação do deus Teutatis em voz alta.

– Teutatis, deus do povo, deus da guerra. Queremos ofertar a vida deste nosso inimigo pela grande vitória que nos deu. Receba, ó poderoso *deiwos*, essa vida em troca das nossas. Proteja sempre nossa aldeia contra nossos inimigos e veja em nós os seus mais humildes servos.

O rapaz estava sentado sobre a pedra, com o peito nu, sentindo a friagem da noite. Haviam-lhe dado de beber um mistura de ervas e vinho, que o entorpecera. Sua mente parecia estar flutuando longe dali.

Terminada a invocação, Elwyd pegou a adaga extremamente fina, segurou-a com ambas as mãos e posicionou-se atrás do moço. Até aquele instante, estava determinado a cometer o que reputava como um crime e a não comprometer o futuro de seus filhos. Contudo, no momento azado, quando levantou a adaga acima de sua cabeça, começou a tremer. Olhou para a cabeça do rapaz e viu a cabeça de um dos seus filhos. Como poderia matar seu próprio menino? Rapidamente, foi possuído por pensamentos os mais difusos, como se em sua mente várias vozes se misturassem, berrando-lhe as coisas mais desconexas. Uma certa letargia foi tomando conta de seus braços, que haviam estacionado acima de sua cabeça, enquanto centenas de pessoas – todos os adultos da aldeia – estavam em volta, aguardando o desfecho da cerimônia.

Um silêncio aturdido havia caído sobre todos. A adaga escapou das mãos de Elwyd e caiu ao solo com um baque surdo, e esse barulho despertou Elwyd de seu transe. Sem proferir uma única palavra, deu as costas e, cabisbaixo, saiu do local do sacrifício, passando pela multidão atônita que o olhava sem crer no que via.

Subitamente, como que sob um comando único, caíram numa algazarra, cada um perguntando-se o que era aquilo. Por que motivo aquele druida tão digno havia se recusado a matar um inimigo que ele mesmo já havia oferecido a Teutatis? Como reagiria o *deiwos*? Será que, em sua divina cólera, vingar-se-ia sobre a aldeia e a destruiria?

46 A SAGA DOS CAPELINOS

Um dos druidas mais velhos elevou as mãos para o alto e gritou:

– Silêncio! Silêncio! Teutatis não achou Elwyd digno de oficiar o sacrifício. Eu o farei para que o grande *deiwos* fique satisfeito conosco.

Assim falando, pegou a adaga que estava no chão, levantou-a acima de sua cabeça e cravou-a com toda a força no alto do crânio do jovem. O grande punhal entrou com facilidade, perfurando o cérebro do rapaz. Imediatamente, assim que a adaga entrou no topo da cabeça do rapaz, matando-o instantaneamente, o mesmo druida pegou da corda que estava em volta do pescoço e garroteou-o fortemente. Terminado este ato – aliás, inútil já que o moço estava morto, estirado na pedra –, pegou da foice e cortou o pescoço do menino de orelha a orelha. Todos sabiam que o número três era sagrado e representava a perfeição. Tudo devia ser feito três vezes, e o próprio sacrifício devia passar pelo tríplice ritual: perfuração do cérebro, garroteamento e degolação.

Como um sonâmbulo, alheio a tudo, Elwyd dirigiu-se à sua choupana. Korc foi o primeiro a se dar conta de que o pai cometera um crime, na concepção celta. Como um druida deixara de executar um ritual de sangue de tamanha importância para toda a tribo? Era como recusar uma bênção a um moribundo, abrigo a um viajante ou uma mãe negar o seio ao filho esfomeado.

O que Korc pensou, os demais também julgaram. Naquela noite nada fizeram, pois os diversos rituais destinados à morte do deus velho, o Sol, e o início do ano novo tomaram conta da tribo, especialmente o fato de que o bom vinho passou a ser distribuído solto, intoxicando-os e alegrando-os além do limite da decência. Por mais que os druidas desejassem tomar uma atitude imediata contra Elwyd, os demais estavam por demais bêbedos para agirem.

No outro dia, contudo, quando acordaram, os principais membros da aldeia mobilizaram-se. Em rápida reunião, devidamente instigados pelos druidas que temiam represálias dos *deiwos*, principalmente de Teutatis, deliberaram pela expulsão sumária de Elwyd e de seus filhos. Em outra ocasião, o teriam matado, mas ele era por demais querido por todos para sofrer tal punição.

Convocaram o druida e seus filhos, todavia, antes disso, chamaram uma forte guarda de guerreiros, pois todos temiam o gigantesco Cathbad pela sua fúria e seu mau humor explosivo. O pai e os filhos vieram e postaram-se à frente dos chefes da aldeia. O principal dos chefes iniciou sua alocução.

— Elwyd, por anos você tem sido um dos baluartes de nossa tribo. Seus conselhos, suas curas e sua irrepreensível conduta têm nos ajudado nos momentos difíceis. Contudo, seu comportamento ontem, durante o importante ritual, foi para nós motivo de grande estranheza. Você era responsável por atender os desígnios dos grandes *deiwos* que governam as nossas vidas. Ao recusar-se a proceder o ritual, você os ofendeu grandemente. Nada pode ser pior do que isto. Nós, os boianos, os gauleses, os arvernos e todas as tribos de celtas, só tememos que o céu caia na nossa cabeça. E nada é pior do que ofender os *deiwos*, pois eles são o céu.

O chefe fez uma pausa e prosseguiu, em seu tom grave, alcançando o cume de seu discurso.

— Nós não podemos permitir que você permaneça entre nós; atrairíamos as más graças de nossos amados *deiwos*. Ordenamos que parta, levando os seus pertences e os seus filhos. A nossa decisão deve ser executada imediatamente. Partirão ainda hoje.

Após tal determinação, o chefe e os demais membros do conselho levantaram-se e partiram, deixando Elwyd e seus filhos em pé, rodeados de oitenta guerreiros. Naquele momento, Elwyd quis revidar, dizendo qual foi o *deiwos* que, pessoalmente, havia pedido a morte daquele infeliz. Pensou em dizer, com certa empáfia, que preferia morar entre os primitivos e selvagens germanos do que entre os cultos boianos, e ter que matar um ser humano em favor de um *deiwos* que nem sabia se de fato existia.

O que Elwyd tinha certeza é de que existiam os espíritos, pois, uma vez ou outra, via almas de homens, uns vestidos com roupas simples, outros engalanados com suas vestimentas de festas. Nunca vira os *deiwos* de seis metros de altura, soltando fogo pelas ventas, nem voando sobre cavalos alados e muito menos nus, pintados de azul ou verde, com asas imensas cobrindo os céus. Perguntara-se, muitas vezes, se não seria exagero dos antigos ou mesmo deslavadas mentiras para manter o povo subjugado ao poder dos druidas.

Entorpecido, Korc não acreditava naquelas palavras. Seria crível que estavam sendo expulsos da aldeia? Tinha certeza de que se tratava de um sonho mau e que acordaria em breve, mas, ao mesmo tempo, sabia que aquilo tudo era uma realidade terrível. Para onde iriam? Degredados e desonrados, não poderiam viver mais entre os boianos e nenhuma aldeia celta os aceitaria. Haviam se tornado párias entre os seus.

Por sua vez, Cathbad estava enfurecido. Tentava se controlar, pois, por mais valente que pudesse ser, não era um suicida para, desarmado, enfrentar oitenta guerreiros bem armados. Sua vontade era gritar alto e trucidar aquele chefe que ousara falar assim com seu adorado pai. Na sua mente, não importava se tivesse ou não matado aquele menino. De qualquer modo, ele já estava morto, porque, se não fosse o pai, teria sido outro a cravar a adaga fatal em seu crânio. O que importava é que ele havia sido por mais de trinta anos um abnegado servo de todos os doentes e necessitados, e agora aqueles imbecis o afastavam como se fosse uma roupa velha. Então eles não o mereciam também. Fosse para onde fosse, sentia que seu destino era se tornar um rei e um homem rico, cheio de mulheres e filhos – isto havia sido vaticinado no momento em que nascera. Deu as costas à assembleia e, batendo o pé, foi empacotar suas coisas.

Partiram quatro horas depois de terem recebido a ordem de expulsão, levando consigo suas ferramentas de ferreiro, suas poucas roupas e alguma carne defumada para enfrentar a viagem.

Enquanto empacotavam seus pertences, Korc perguntou ao pai:

– Onde estamos indo?

– Não sei. Acho que iremos até Populonia e de lá veremos o que faremos.

Respondera um tanto distante enquanto enrolava sua espada sagrada numa flanela de lã branca, com um cuidado quase religioso.

– Há quase um ano – disse Korc –, o etrusco Vulca nos convidou para ensinar nosso ofício aos seus ferreiros. Podemos ir até lá.

Remexendo em suas coisas, Elwyd parou e fitou o teto como se esperasse por uma resposta do alto e, depois, respondeu:

– Está bem. Iremos, mas não ensinaremos nosso ofício, pois, senão, após termos passados nossos segredos, nos tornaremos inúteis e Vulca há de mandar nos matar. Todavia nada impede de trabalharmos para ele até que apareçam outras oportunidades. Os *deiwos* não hão de nos abandonar.

– Que seja, então! – afirmou com decisão Cathbad, que escutava a conversa entre o pai e o irmão. – Vamos para Populonia. De lá, conquistaremos o mundo.

10

– Um *moloch*,[18] que maravilha! – não se cansava de repetir um excitado Asdrubaal. Não havia um *moloch* há mais de trinta anos e, na época, ele não era nem nascido. Nada como um *moloch* para estimular a devoção aos grandes *baals*.[19] Agora que tinha se sagrado sacerdote – é verdade que de sexta categoria, de um total de vinte e três –, quem sabe se não permitiriam que oficiasse essa cerimônia.

– O que você nos pede é inconcebível, Asdrubaal. Somente os hierofantes de primeira categoria podem oficiar um *moloch*, quanto mais deste tipo e desta envergadura – respondeu Amilcar, o sacerdote ao qual Asdrubaal estava afeto.

– Mas, mestre, ninguém é mais devotado do que eu e...

– Não seja insistente, Asdrubaal. Você está se tornando inconveniente. Não me obrigue a ser grosseiro, e saiba que você jamais oficiará um *moloch*. Entendeu bem?

– Como assim? Por que não? – perguntou Asdrubaal, cheio de sorrisos e mesuras.

– Algumas vezes, acho que você não faz jus à sua inteligência. Será que você não sabe que somente o sumo sacerdote pode oficiar o *moloch* e que para se tornar um sumo sacerdote é preciso ser de família nobre. Você provém das classes baixas. Dê-se por feliz por ter sido admitido no templo.

A resposta, além de revelado impaciência, fora acompanhada de um desprezo absoluto esculpido na expressão facial do seu superior. Asdrubaal engoliu seu ódio e sorriu candidamente. Meneou a cabeça de um lado para outro num ar meio imbecil, coisa que se acostumara a fazer sempre que era repreendido. Era uma forma de esconder sua raiva e, se havia algo que o fazia sentir-se cheio de ódio e rancor, era relembrar sua ascendência humilde.

Que culpa tinha de ter nascido de um casal de simplórios idiotas que nunca lhe deram valor, preferindo enaltecer o seu outro irmão, um bugre que fora ser soldado e que alcançara o posto máximo de chefe da guarda da prisão de Cartago? Grande merda! Considerava seu irmão um ser

---

[18] *Moloch* – sacrifício aos deuses fenícios, dos quais os cartagineses eram descendentes.

[19] *Baal* – Senhor, em cananeu. Os deuses eram chamados de *baals* e as deusas de *baalets*.

grosseiro, violento, mas cuja dedicação à família permitia que seu pai e sua mãe pudessem comer e viver razoavelmente bem. Já ele não era sequer considerado – logo ele que sempre demonstrara amor e zelo filial acima de qualquer dúvida. Não fora ele que cuidara do seu pai quando o velho quebrou as pernas num acidente de um andaime? Trabalho insano esse de pedreiro!

Ainda por cima, os estúpidos de seus pais, pensava cheio de raiva, lhe deram o nome mais comum de Cartago: Asdrubaal. Não tiveram sequer um pouco de imaginação na escolha do nome. Imagine, Asdrubaal, aquele que teve ajuda de Baal. Que bela ajuda que os *baals* lhe deram. Uma infância miserável, dificuldades enormes para se tornar sacerdote – seu grande sonho –, e agora, quando havia uma chance de se tornar o oficiante de um *moloch*, negavam-lhe essa chance. Será que as pessoas não sabem que os *baals* prezam especialmente os oficiantes de um *moloch*? Será que não sabem que é a entrada garantida no paraíso? E pode existir coisa melhor do que ter a vida futura garantida? A perpétua Felicidade. Para obter isso não há preço nem sacrifícios que não estivesse disposto a fazer.

Disfarçando seu ódio atrás de um sorriso estúpido, Asdrubaal retirou-se da sala do assistente do sumo sacerdote e foi cuidar da cozinha. Para isso ele servia, resmungava baixinho. Para matar cabritos, arrancar seu couro, destrinchá-los e cozinhar, para isso Asdrubaal era bom, mas para oficiar um *moloch*, isso não lhe permitiam. Para cuidar dos seis cozinheiros e oito ajudantes, para isso, sim, servia. Ficava possesso de ódio: por que um ato tão digno, tão majestoso como um *moloch* não podia ser oficiado por alguém como ele, que não mantinha conúbio sexual, privava-se por completo de qualquer tipo de carne e jamais botara um gole de vinho em sua boca? Um homem que acordava às quatro horas da manhã para rezar ao grande deus, quando nenhum dos demais sacerdotes sequer imaginava ser possível acordar tão cedo. É verdade que era encarregado de fazer o pão e, se não acordasse nesse horário, fiscalizando os padeiros, não ficaria pronto para o desjejum das sete horas da manhã. Para isso, Asdrubaal era bom, mas não para oficiar um *moloch*.

Como era possível alguém esquecer a magnitude desse evento, pensou Asdrubaal. Os exércitos de Cartago haviam sido derrotados em Siracusa e os gregos, aproveitando-se da fraqueza temporária dos cartagineses, fizeram uma incursão por terra, partindo de Cirene. Haviam cercado a

O Cajado do Camaleão   51

cidade por três longos meses, mas não conseguiram transpor as suas defesas. Extenuados, retiraram-se e Cartago fora salva. Os sacerdotes haviam feito promessas a Baal Hammon e, agora que a vitória lhes sorrira, era preciso cumpri-la: o *moloch* seria festejado na data do aniversário do deus, dentro de oito meses, mas os preparativos para a grande festa deviam começar de imediato.

Mesmo que não o deixassem oficiar o *moloch*, Asdrubaal era um dos maiores envolvidos. Como era o assistente do tesoureiro Amilcar, tornara-se o encarregado da cozinha e da dispensa. Caberia a ele providenciar seis mil quilos de carne de cabrito e carneiro, doze mil litros de vinho, além de frutas, legumes, azeite e mil outras iguarias. Para isso, Asdrubaal servia – repetia incessantemente, martirizando-se –, mas nunca para oficiar um divino *moloch*.

11

Vulca gostava de visitar seus associados de tempos em tempos. Era também um meio de se livrar de sua mulher, que o atormentava com ninharias e sempre via nele motivo de reproche. Nesses dias, fizera mais uma viagem a Cartago, comprando e vendendo mercadorias, mas principalmente cimentando novas e velhas alianças comerciais: negócios se fazem entre amigos, como gostava de asseverar.

Sua visita à casa de Gisgo, o pai de Elischa, era uma parada obrigatória; os dois tinham negócios em sociedade há mais de vinte anos. Vulca vira os filhos de Gisgo crescerem, tornarem-se homens e tinha até mesmo um plano ainda não realizado de casar sua filha mais moça com um dos filhos de Gisgo.

Fora recebido com honras de estado, mas também como bom amigo e aliado em seus negócios e tramas comerciais. Havia entre os dois algo mais do que negócios, pois Gisgo sonhava em juntar seus negócios marítimos com os empórios de Vulca, que se espalhavam pelos maiores portos do Mediterrâneo. Entretanto, naquele dia, Gisgo estava preocupado, com o cenho fechado, apenas sorrindo das intermináveis histórias que Vulca gostava de contar; a maioria, exageros e invenções, para não dizer pior. Vulca não pôde deixar de notar sua sisudez e, como amigo, e também por ser naturalmente curioso, quis saber o motivo de tanta consternação. Gisgo, que precisava desabafar, revelou-lhe o que lhe ia n'alma.

– É o meu filho Elischa. Acaba de retornar de uma longa viagem da terra dos negros, além do Saara, e não conseguiu encontrar aquilo a que se propunha.

– E o que foi procurar? – perguntou mais por delicadeza do que por real interesse.

– Ouro. Mas não encontrou nada que prestasse. No entanto, diz ele que encontrou uma montanha de ferro – disse Gisgo, sem nenhum entusiasmo na voz.

– Ferro? Mas isso é ótimo! – exclamou Vulca, subitamente se endireitando na cadeira e se empertigando todo.

– Perdoe-me a franqueza, mas não vejo nenhuma glória em encontrar ferro.

– Isso é porque você não comercializa o ferro como eu o faço – e, mudando para um tom intimista, complementou: – Atualmente, após o comércio de vinho, o comércio de armas de ferro – você sabe, espadas, facas, adagas, pontas de lanças e flechas – é o meu maior negócio. Compro por um preço e o revendo por mais do quíntuplo.

A última frase o alertou e Gisgo aprumou-se melhor na cadeira. Esticou o corpo para frente para escutar melhor a conversa de seu amigo.

– É isso mesmo, Gisgo, estou lhe afirmando que há um mercado ilimitado para armas de ferro, além de panelas, trincos, maçanetas, dobradiças e um sem-número de bugigangas e utilidades para a casa. O ferro, meu amigo, é quase tão bom quanto o ouro – e, dando-se conta da preocupação de seu amigo, Vulca, então, perguntou-lhe. – Mas, voltando ao motivo de sua preocupação, por que está com essa cara de infeliz?

Após fazer uma careta de desgosto, Gisgo ainda tomou alguns segundos para pensar de que forma iria colocar o problema para seu amigo.

– A situação é um tanto complicada. Meu filho Elischa voltou entusiasmado com as possibilidades do ferro. Mas, para tanto, quer que financie uma expedição gigantesca e não sei como lhe dizer não.

– Dizer-lhe não? E por quê?

– Primeiro, porque antes de falar com você, eu não via o ferro como um negócio interessante. Agora, já começo a mudar de ideia. Segundo, porque se trata de um volume de dinheiro de que não posso dispor. Até tenho esse montante, mas ficaria excessivamente voltado para um só ne-

O Cajado do Camaleão   53

gócio, e você sabe como isso é perigoso. Além do que, para concretizar a expedição, será necessário deslocar-se uma quantidade enorme de gente. Precisaremos de ferreiros, de trabalhadores braçais para minerar o ferro e cortar as árvores para alimentar as fornalhas, além de agricultores e pastores, pois Elischa me confidenciou que os negros lá vivem miseravelmente, com comida apenas para sobreviverem. Você imagina que eles não têm sequer vacas e bois!

– Já obtive informações no passado sobre aquela área. Não há nada para comercializar por lá – comentou Vulca com uma certa indolência na fala.

– Fiquei muito bem impressionado com um negro que Elischa trouxe de lá. É filho do rei local e é de rara inteligência. Aprendeu a falar nossa língua e ensinou a dele para Elischa. Conversei algumas horas com ele sobre sua cultura e crenças, e confesso que o rapaz é brilhante. Pelo que entendi, eles têm uma boa estrutura social, só não dominam as técnicas modernas. Não conhecem o ferro e nem criam gado bovino, mas são capazes de fazer lindas peças de terracota, como esta aqui – e, assim falando, apontou para uma peça de quarenta centímetros: um caçador ajoelhado sobre um joelho.

Vulca levantou-se e admirou a peça. Rodeou-a com cuidado, observando cada detalhe, sem tocá-la, com medo de que pudesse derrubá-la e quebrá-la.

– Que lindo! Um povo capaz disso não pode ser considerado primitivo.

Após sentar-se e encher seu copo com bom vinho grego, tomou um gole, saboreando-o lentamente, e depois perguntou:

– Quanto imagina que seja o seu investimento?

Ante o valor que Gisgo expressou, Vulca arregalou os olhos: era uma fortuna.

– Mas por que tanto assim?

Gisgo então começou a historiar as despesas.

– Desculpe lhe dizer, mas você está laborando em erro – atalhou Vulca. – Do jeito que você está querendo fazer, todas as pessoas seriam seus empregados. Não, de forma alguma.

– E como poderia ser?

– As pessoas devem ser motivadas a partir para – como é mesmo o nome do lugar?

– Elischa me falou, mas esqueci.

– Não importa. As pessoas devem migrar para lá. Devem levar mulher e filhos, e se estabelecerem para enriquecer. Você só deve incentivá-los – e, lembrando-se de algo, complementou. – Aliás, o governo de Cartago também é o maior interessado. Eles não precisam de armas? Então, devem incentivar a ida de seu povo e pagar por isso. Você tem que conseguir apoio do governo.

– É uma boa ideia. O nosso novo governante acaba de ser eleito. Provavelmente vai querer encampar essa ideia já que ainda está motivado.

– Quanto mais se a ideia vier de um dos membros da Junta dos Cem. Você, como membro desse colegiado, não o apoiou?

– Sim. Ele é meu correligionário, além de sócio em algumas empreitadas.

– Isso vai facilitar as coisas. Não se esqueça de que irá precisar de bons ferreiros e o sufete[20] será fundamental em liberá-los para ir à terra dos negros.

– Duvido muito que os bons ferreiros irão sair de Cartago onde ganham bem. Além do que terei que financiar a viagem: você sabe, comida, essas coisas. É muito dinheiro, sem garantia de retorno.

Vulca tomou outro gole de vinho, levantou-se da cadeira, esticou as costas e andou pelo terraço e, depois de alguns segundos em que parecia estar tomando uma deliberação, virou-se para Gisgo e, com um rosto sério, perguntou-lhe, de chofre.

– Você aceitaria um sócio?

– Você? – Gisgo apenas fez a pergunta para confirmar o que já sabia.

– Sim. Posso entrar com a metade do que você precisa, além de providenciar bons ferreiros – afirmou Vulca, voltando a se sentar.

– Vocês têm bons ferreiros?

– Os melhores do mundo.

– E eles iriam para a terra dos negros, além do deserto?

Com um sorriso zombeteiro, Vulca respondeu:

– Que outra opção eles têm?

---

[20] Sufete – administrador eleito pela Junta dos Cem para dirigir a cidade por dois anos, podendo ser reelito quantas vezes quiser.

12

O mercado a céu aberto de Cartago se acostumara a ver aquele homem alto e esguio, com uma voz tonitruante, gritando diariamente a mesma alocução, sempre acompanhado de um homem negro vestido com uma túnica tipicamente cartaginesa. A maioria nem se dava mais o trabalho de escutá-lo, mas, aos poucos, com a incessante repetição de sua arenga, uma pequena multidão aglomerava-se e esperava que terminasse sua pregação para lhe perguntar as mesmas cansativas questões.

– Mestre Elischa, vocês vão pagar a nossa ida?

– Serão providenciados transporte e comida. Nada mais. Na terra dos negros, teremos que construir as casas, plantar os campos, criar o gado e os que forem ferreiros montarão sua forja.

– Mestre Elischa, quando partiremos?

– Logo depois da festa de Baal Hammon. Nós nos encontraremos aqui no mercado.

– Mestre Elischa, posso levar minha família?

– Pode e deve. Daremos preferência às pessoas que tiverem família.

– Mestre Elischa, se não gostarmos de lá, poderemos voltar?

– Claro, mas será por sua conta e risco. Poderão pegar uma caravana de volta, mas as despesas do retorno serão por sua conta.

E, assim, Elischa, sempre acompanhado do amigo Adjalá, ficava duas a três horas no mercado, falando da grande oportunidade de enriquecerem na terra dos negros. Falava do clima ameno, da beleza das savanas e da selva, da água clara e gostosa do riacho – pelo menos antes de alcançar a montanha de ferro – e da tranquilidade da existência, sem guerras e assaltos. Adjalá era sempre apresentado como um príncipe e, já falando razoavelmente bem o fenício, também conversava com as pessoas, respondendo as perguntas que lhe eram dirigidas.

A maioria, todavia, perguntava mais por curiosidade do que por real interesse. Outros se interessavam, mas, quando falavam com as esposas, elas se recusavam a viver numa terra estranha. Assim, mesmo tendo anunciado no decorrer dos meses para umas cinco mil pessoas, Elischa só conseguiu pouco mais de trezentas famílias realmente interessadas. A grande maioria era desempregada sem maiores conhecimentos; serviria como mão-de-obra barata para escarafunchar a montanha, retirando a hematita e carregando-a para as forjas. Não eram, contudo, jovens, mas homens maduros esmagados por uma vida sacrificada.

O recrutamento havia decepcionado Elisha. O amigo Adjalá, por mais que o incentivasse, sentia que a situação estava realmente difícil. Haviam conseguido quatro ajudantes de ferreiros que conheciam bem o ofício e que estavam dispostos a partir. Gisgo voltou a falar com o sufete da cidade à procura de algum incentivo adicional. O monarca ouviu-o com atenção e, assim que saiu do grande salão, o taurino Schipibaal, o irmão do sacerdote Asdrubaal, comentou:

– Vejo essa incursão como uma excelente oportunidade de nós nos livrarmos da corja que temos na cidade.

– Como assim? – perguntou Magi, o sufete de Cartago.

– Ora, nossa cadeia está abarrotada de assassinos, bandidos, traidores, ladrões e homens cheios de vícios. Vamos lhes propor liberdade se forem com a caravana de Gisgo. Caso contrário, mofarão na prisão pelo resto de suas vidas. Tenho certeza de que saberão escolher bem.

– Mas Gisgo jamais aceitará a escória que temos para oferecer.

– E ele precisa saber?

Sendo amigo e correligionário de Gisgo, Magi não se sentia à vontade dentro desse esquema. Mas a ideia era boa; livrava-se de um peso morto e limpava a cidade do seu rebotalho. Quanto a Elischa, saberia como agir com os homens que não lhe obedecessem. Acertaram, portanto, que esses homens seriam levados no dia da partida e, para que não houvesse nenhum empecilho, o Estado forneceria carroças e alguma comida adicional.

Raramente Schipibaal e Asdrubaal, os dois irmãos, se encontravam. Um havia chegado a chefe da guarda da prisão, mas também era aquele que cuidava das informações, dos mexericos políticos e dos esquemas criminosos. Schipibaal tornara-se importante na administração de Magi. Já Asdrubaal continuava um sacerdote de sexta categoria. Mas, devido a uma fatalidade – a morte do pai –, encontraram-se no funeral e trocaram algumas palavras.

– Então você vai participar do grande *moloch*? Você vai oficiá-lo?

A expressão de desdém no rosto de Schipibaal era intolerável para Asdrubaal. Ele sabia que o irmão o estava ridicularizando, mas o que fazer com aquele armário ambulante quando a natureza não lhe fora tão pródiga em predicados físicos? Mesmo sendo alto, era magro, curvado e seu nariz adunco lhe dava a impressão de ser uma ave de rapina.

O Cajado do Camaleão   57

– Quem sou eu, meu irmão! Um simples sacerdote.

Melífluo como sempre, Asdrubaal sorriu, mas interiormente fervia de raiva.

– Porque quer! Você poderia se tornar importante e oficiar seu próprio *moloch* aos *baals* se fosse com a caravana do mestre Gisgo.

O irmão dissera aquilo propositalmente. Em sua mente, imaginara que, se ele partisse, livrar-se-ia de um irmão que detestava e, se ficasse, poderia sempre achincalhá-lo no futuro, criticando-o por ter perdido uma oportunidade de ouro.

A empreitada já caíra nos ouvidos de Asdrubaal, que tivera a oportunidade de ver Elischa fazendo seu pregão na praça do mercado, recrutando os homens. Jamais, no entanto, lhe passara pela cabeça de ir para um lugar longe de Cartago. O comentário aparentemente inconsequente do irmão encontrou eco em sua mente. Excelente ideia! Ele seria o único sacerdote da aldeia e todos o reverenciariam. No momento azado poderia oficiar um *moloch* – não um grande –, mas um pequeno *moloch*, e isso o faria ser grande perante os olhos dos deuses. Ah, os deuses se deleitariam com seu *moloch* e isso lhe garantiria um lugar de proeminência na vida além da morte.

– Pois saiba você que já estou inscrito para partir com eles. O mestre Elischa fez questão de me convidar pessoalmente para que eu fosse o único sacerdote de seu grande empreendimento.

A mentira desconcertou o irmão. Schipibaal olhou-o de modo parvo e depois, achando que era um chiste, deu uma gargalhada completamente incompatível com um funeral.

– Imagino que ele tenha vindo rastejando de joelhos, implorando para que você fosse. Bem que ele vai precisar de um sacerdote para encomendar sua alma quando for morto pela malta que vamos lhe mandar.

De repente, Schipibaal se deu conta de que falara demais e calou-se, mas o sagaz Asdrubaal entendeu que havia algo de muito estranho e o puxou para um canto.

– Que história é essa de malta? Fala logo, homem.

– Cala boca que lhe conto tudo, mas não vá abrir o bico para Elischa.

Em poucas palavras, Schipibaal contou-lhe o estratagema para se livrar dos inimigos do Estado, mandando-os para a terra dos negros. Asdrubaal ficou vivamente interessado. Na sua mente, arquitetava uma forma de denunciar no momento azado aquela malta a Elischa e com isso

58   A Saga dos Capelinos

ganhar os favores do líder da caravana. Sim, Elischa ficaria imensamente feliz se descobrisse toda a trama e, com certeza, lhe daria o que lhe pedisse: um templo e, no momento certo, um *moloch*.

13

Com inúmeros problemas em mente, Elischa estava preocupado. Sua caravana precisava de pelo menos duzentas carroças que seriam puxadas por uma parelha de bois. Havia providenciado a confecção das carroças, mas isso exaurira os recursos disponíveis e ainda faltava comprar bastante coisa, entre elas os bois, carne salgada e tonéis que levariam a preciosa água. Aguardava, portanto, impaciente os recursos que Vulca estava enviando para complementar a aquisição do material remanescente.

Na véspera da festa de Baal Hammon, o trirreme[21] de Vulca atracou no porto de Cartago. Elischa respirou aliviado; não queria atrasar a partida por causa de Vulca. Ele foi recebê-los e Adjalá o acompanhou, feliz pelo amigo. Uma das coisas que preocupava Elischa era a sua decepcionante falta de ferreiros. Conseguira menos de uma dúzia e quase todos eram ajudantes, muitos estropiados por acidentes de trabalho. Rezava para que Vulca lhe mandasse bons ferreiros, experientes e eficazes; não confiava nos que tinha conseguido.

Assim que o navio atracou nas docas, Elisha reconheceu o baixo e atarracado Sileno, um dos capatazes de Vulca. Já se conheciam quando das diversas passadas de Elischa por Populonia. O braço direito de Vulca vinha trazendo uma equipe de onze pessoas. O etrusco tinha um humor cáustico, o que o fazia ser aparentemente jovial. Elischa, todavia, tinha descoberto, certa feita, numa taverna de Populonia, que aquele bom humor podia se transformar em fúria cega, quando o viu matar um homem a pauladas porque o infeliz dissera que homens baixos só servem para levar recados para prostitutas. Era bom, portanto, não atazaná-lo demais.

Sileno abraçou Elischa como se fosse um filho e apresentou sua equipe. O cartaginês sentiu um alívio enorme, pois eram todos excelentes ferreiros, entre eles um cireneu, portanto um grego. O capataz etrusco, no final, apresentou três homens gigantescos. Elischa se considerava um

---

[21] Trirreme era um grande navio etrusco com três fileiras de remos de cada lado.

O Cajado do Camaleão

59

homem alto, e realmente tendo um metro e oitenta e cinco centímetros era mais alto do que a maioria de seus compatriotas, todavia, ao ver os três boianos, concluiu que era mirrado em face do tamanho deles, especialmente de Cathbad, que era maior e mais forte do que Etuh, o seu guarda-costas.

– Vocês chegaram justo na hora. Amanhã teremos a festa em homenagem ao nosso deus Baal Hammon e haverá comemorações. Depois de amanhã, pretendo partir – disse Elischa, em etrusco. – Nosso guia e amigo Ahmed já está aqui há uma semana com seus oitenta tuaregues e está louco para partir.

– Um tuaregue, que maravilha, sempre quis conhecer um desses homens do deserto – comentou Sileno e, virando-se para os seus amigos, disse em etrusco. – Seremos conduzidos por tuaregues.

Um deles assustou-se e meneou a cabeça em negativa. Era o cireneu chamado Oliphas, um homem esguio, calvo, mas barbudo.

– Não se preocupe. Esses tuaregues são amigos – disse Elischa a Oliphas, tentando tranquilizá-lo.

– Oliphas é um medroso. Foi raptado por tuaregues e tem medo deles – comentou Sileno, rindo-se do coitado, que se sentiu humilhado.

– Não é para menos – disse-lhe gentilmente Elischa. –, se eu tivesse sido raptado por um deles, também teria medo. Nesse caso, não se preocupe, Oliphas, pois Ahmed é um tuaregue amigo.

O homem não pareceu muito convencido e Elischa, não querendo prolongar o assunto, os levou até um depósito onde dormiriam à noite. Durante o dia, foram conhecer Cartago na companhia de Etuh, pois Elischa e Sileno, sempre acompanhado de Adjalá, foram ao mercado para adquirir o que faltava. Vulca havia mantido sua palavra e Sileno viera com muito dinheiro, no entanto, fez questão de comprar tudo pessoalmente, pagando e anotando tudo o que gastava. Elischa entendeu que Sileno teria que prestar conta ao seu patrão e não queria deixar nada ao acaso.

De noite, jantaram numa taverna, onde o bom vinho regou o lauto repasto. Elischa notou que Adjalá ficou logo tonto com o primeiro copo e parou de beber vinho. Já os demais bebiam de forma desbragada, sendo que os dois irmãos boianos desbancaram todos os presentes, sem demonstrarem sinal de embriaguez. Elischa convidou-os a assistirem ao *moloch* que haveria no outro dia.

60   A Saga dos Capelinos

– O que é um *moloch*? – perguntou Sileno.

– *Moloch* quer dizer sacrifício. É uma cerimônia muito bonita em que fazemos oferendas aos *baals*. Sacrificamos, normalmente, cordeiros, cabritos e aves. Há cantos e danças. Vale a pena ver. Além de ser uma festa religiosa, também é uma festa profana, na qual correm muito vinho, comida e as mulheres ficam mais disponíveis.

Os homens acharam essa última frase a melhor parte da festa. Claro que iriam ver o tal *moloch*. Quem sabe se a sorte não lhes iria sorrir e alguma beldade cartaginesa não os arrastaria ao leito?

No outro dia, todos se dirigiram para a praça que ficava em frente ao grande templo de Baal Hammon, o principal dos *baals* de Cartago. Elischa fez questão de levá-los para um lugar proeminente de onde poderiam observar o espetáculo.

Na hora em que chegaram, a praça já estava cheia. Bem em frente às escadarias que davam acesso ao templo, haviam cavado um fosso de quatro metros por três metros de largura, com uma profundidade de um metro. Os servidores do deus haviam colocado bem cedo, pela manhã, bastante lenha no fosso e, por volta das nove horas, tocaram fogo na lenha. Ela queimou rapidamente e formou em poucos minutos um braseiro. Vez por outra, os sacerdotes vinham e jogavam mais lenha na fogueira.

Às dez horas da manhã, um cortejo de sacerdotes saiu do templo, cantando um hino ao deus. Eram oito sacerdotes acompanhando o sumo sacerdote. Estavam vestidos com túnicas brancas e o sumo sacerdote tinha um chapéu alto que aumentava seu porte. Atrás dos sacerdotes, formou-se uma longa fila de mulheres que carregavam lindas crianças. Elischa estimou que havia mais de duzentas mães com seus filhos. Todos os infantes estavam vestidos de branco. Havia desde bebês de seis meses até rapazolas de oito anos, que vinham segurando a mão das mães.

Mesmo tendo descrito um *moloch*, Elischa de fato nunca havia presenciado um. Estivera uma única vez no templo com sua mãe para ofertar um terneiro ao deus, mas devia ter no máximo dez anos e não se lembrava dos detalhes, já que a mãe não permitiu que visse o carneirinho ser morto. Estivera tão ocupado com a formação de sua caravana que não sabia dos detalhes. Estranhou o cortejo de crianças e a falta de animais a serem ofertados. Lembrava-se de ter ouvido falar que, nas demais festas ao deus, o cortejo era formado de mulheres que traziam carneiros, cabritos e aves diversas para o *moloch*, mas este, sem dúvida, era diferente.

O Cajado do Camaleão

Iniciou-se a cerimônia. O sumo sacerdote postou-se num ponto alto, que ficava acima do braseiro. Outro sacerdote de graduada estirpe colocou-se ao seu lado e os dois começaram com preces e logo entoaram hinos sacros. Os demais sacerdotes e sacerdotisas acompanharam o vibrante canto, marcado com pequenos tambores e címbalos. Após uns dez minutos, em que se cantaram três hinos, sendo dois vibrantes e um langoroso, o sumo sacerdote voltou-se para as mulheres e, com um sinal, deu ordem para que trouxessem a primeira oferenda. Neste instante, a praça ficou em absoluto silêncio.

A mulher carregava um gorducho bebê que dormia placidamente em seus braços. O rosto da mãe estava impassível como, aliás, estavam os de todas as demais na fila. Aproximou-se com passo resoluto e entregou o menino ao sumo sacerdote. A criança acordou e começou choramingar.

Com um ar distante e frio, o sacerdote pegou o primeiro infante e levantou-o pela nuca e pernas, elevando-o acima de sua cabeça. A criança intensificou seu choro. O sumo sacerdote falou algumas palavras de louvor aos *baals* e, terminando sua prece, num gesto imprevisto por Elischa e seus amigos, arremessou a criança para dentro do braseiro.

Enquanto voava os quase dois metros que separavam o oficiante e a pira, o bebê ficou mudo de pavor. Assim que caiu sobre o braseiro, o grito estridente da criança foi abafado pelo urro da multidão, que explodiu numa alegria infrene.

Inicialmente enlevado com os cantos e a procissão, Elwyd observava atentamente o ritual. No entanto, quando viu a criança ser arremessada sobre o braseiro, ficou subitamente chocado. Na posição em que estava, mais para trás, no alto, pôde ver a criança se debater por alguns longos segundos, até se tornar imóvel e desaparecer engolfada pelo fogo. Mesmo com a multidão gritando, ele só conseguia ouvir os gritos estridentes do menino. Neste instante, parecia que seu corpo fora tomado de uma letargia. Sua mente parecia ferver com uma febre altíssima. Entrara numa espécie de torpor e passou a tremer como se estivesse sendo possuído por todos os demônios do inferno.

Dominado por uma terrível angústia, Elwyd queria afastar os olhos da fogueira, mas não conseguia. Porém, como se estivesse hipnotizado, seu olhar estava fixo no fogaréu, onde mais e mais corpos dos pequeninos caíam. Observava enquanto se debatiam, gritando desesperados, alguns chamando pela suas mães e outros, em estado de choque, sacudindo-se até expirarem.

Para Adjalá, a cena da primeira criança fora tão chocante que simplesmente deu as costas e, com os olhos marejados de lágrimas, saiu do local. Seu coração fervia de indignação. Aquilo fora o evento mais escabroso que jamais presenciara e nada daquele ritual poderia jamais ser aceito, independente de qualquer consideração. Tinha certeza de que os *imolés* de modo algum poderiam se comprazer com tal espetáculo ignominioso.

Quando Adjalá estava de saída, viu Elwyd com os olhos vidrados, como se estivesse em transe. Parou perto dele, sacudiu seu braço e conseguiu a certo custo tirá-lo de seu estupor. Puxou-o com vigor, despertando-o. Quase o arrastando, consegui retirá-lo e notou que o druida estava com as pernas tremendo. Os dois foram até o alpendre onde estavam alojados, enquanto debulhavam-se em lágrimas.

Enquanto caminhavam de volta para o seu alojamento, Adjalá orava para partir logo e voltar para sua adorada Okeorá, jurando para si mesmo que jamais permitiria tais práticas em sua terra. Ele, que quase fora sacrificado, entendia bem a angústia de ser condenado à morte para satisfazer pretensos deuses.

No início, Elischa acompanhou o ritual, mas, quando as crianças começaram a cair no fosso incendiado, seus gritos o deixaram fortemente emocionado, por mais que fossem abafados pela multidão em delírio. Reconhecia que era um homem rude, acostumado a trabalhos pesados; ser marinheiro não era uma tarefa fácil. Vivia entre homens tão grosseiros quanto ele. Amor e carinho não eram tônicas de sua existência, no entanto, seus olhos se tornavam doces ao ver uma criança brincando ou fazendo suas artes infantis com seus pais. Nesse instante, sua mente imaginava que, um dia, também haveria de se casar e ter uma prole numerosa a cercá-lo.

Passado o choque inicial de ver a criança no braseiro, Elischa virou o rosto e também saiu, indo para casa, onde se arriou num canto e, pensativo, concluiu que pertencia a um povo rude, perverso, maníaco e sentiu uma enorme vergonha do fato. Se pudesse, rasparia de sua vida o fato de ser cartaginês.

Já Korc era um celta típico. Havia sido iniciado nas artes da guerra e da caça, mas sempre fora tratado com extrema doçura pela tia que o criara na infância. Nas grandes festas, retornava à sua aldeia, onde o pai o cobria de mimo e onde se sentia amado. Nunca vira um sacrifício celta e, no máximo, presenciara a matança de algumas aves para algum dos *deiwos* da tribo.

O Cajado do Camaleão 63

Quando matara seus oponentes, fizera-o no combate contra os seus inimigos, durante a guerra com os eburões. Nunca matara a sangue-frio. Deste modo, ao ver as crianças serem jogadas na fogueira, foi tomado de súbita repulsa e afastou-se rapidamente. Sua mente fervilhava de indignação: como era possível que aquele povo que parecia tão civilizado pudesse entregar suas mais tenras crianças ao fogo devorador? Uma ignomínia sem par!

Cathbad olhava a cena com olhos de crescente horror. Em sua retina, uma criança em especial se fixou de modo indelével. Era uma menina de três anos, de cabelos castanhos alourados, que lembrava demais a sua prima quando era pequena. Nesse instante, sentiu irrefragáveis saudades de sua casa.

Quando a criança foi lançada ao fogo, ela gritou de forma estridente e desesperada. Caiu sobre as brasas, tentou se levantar e fugir daquele inferno. Tossiu fortemente, sufocada pela fumaça e caiu sobre as próprias mãos. Imediatamente retirou-as, tentando se levantar, mas, sem apoio, caiu de costas. O braseiro queimou-a de modo horrendo e, sufocada, rolou de um lado para o outro. Seu cabelo pegou fogo, levando-a ao paroxismo do terror, enquanto tentava apagar as chamas com as mãos. Nesse instante, o fogo engolfou-a e caiu, estrebuchando sobre o braseiro. Entrou em choque, mas ainda levaria mais alguns segundos para morrer, quando o fogo entrou por sua boca, indo até seus pulmões, torrando-os.

Horrorizado, Cathbad acompanhou a morte daquela boneca como se fosse a de sua própria prima, pela qual sempre nutrira especial carinho. Foi ficando cada vez mais tomado de uma sensação de horror, de agonia, de nojo e, subitamente, vomitou. Cathbad saiu da multidão, limpando a boca, sob o olhar interrogativo dos demais.

Asdrubaal, o servidor de Baal Hammon, não fazia parte do cortejo de sacerdotes, e encontrou um lugar entre a multidão. Chegara cedo e conseguira ficar na frente. O calor do fosso não o afastou e viu quando o primeiro menino foi arremessado na fornalha. Não apreciou o espetáculo da criança ser queimada viva, e fechou os olhos. Mas sentiu inveja da criança. Na sua opinião, aquele pimpolho iria direto para os céus dos *baals* e *baalets* e seria recebido com amor e deferência. Iria tornar-se um anjo no céu. Que inveja! Que vontade de morrer em glória!

Não teria passado pela infância pobre, a falta de comida, o pai que chegava bêbedo e lhe surrava impiedosamente, a mãe cansada com tantos filhos, que não lhe dava a menor atenção. Não teria sentido o punho

64 A SAGA DOS CAPELINOS

duro de Schipibaal e nem o escárnio dos outros garotos que o chamavam de fuinha, que o detestavam por ser mais inteligente e por falar de modo correto, sem engolir as palavras como eles faziam. Não teria resistido à tentação das mulheres e nem ao seu vício solitário que o fazia sentir-se o último dos homens. Ah, que vontade de ter sido lançado ao fogo e terminar aquela vida miserável! Teria sido um momento de intensa dor e uma eternidade de bem-aventurança ao lado dos amados deuses. Será que as pessoas pensavam assim como ele? Perguntou-se, enquanto abria os olhos para fechá-los logo a seguir; não tinha estômago para ver aqueles inocentes serem torrados vivos.

A cerimônia durou quase três horas e pouco mais de duzentas crianças foram sacrificadas. Agora, pensavam os cartagineses, Baal Hammon estaria satisfeito e protegeria para sempre sua cidade.

De noite, ainda sob o efeito do choque de ter visto as crianças serem sacrificadas, Adjalá rezou para que seu guia espiritual Elessin-Orun lhe aparecesse; precisava de explicações. O guia não demorou e lhe apareceu, desta vez, com uma túnica branca.

– Por que Olorun permite tais infâmias?

– Olorun não se intromete nos assuntos dos homens. Se Ele tivesse que intervir em cada caso, Ele nos impediria de progredir, assim como um pai que fizesse todas as coisas para o seu filho. É por meio do acerto e do erro que nós, os seres humanos, progredimos, superando nossas deficiências e desenvolvendo nosso potencial.

– E os *imolés* e *eborás*? Por que permitem que existam tais ignomínias?

– Pela mesma razão já mencionada. Só podemos evoluir por intermédio da experiência, não necessariamente pelo sofrimento. A dor, seja física ou moral, é, no entanto, um guia seguro. Se o espírito sai da estreita trilha que o leva a Olorun, a dor avisa-o de que está se desviando do bom caminho. Se insistir, a dor vai se tornando crescente, até ser insuportável e o levar à renovação.

– Como é que essas cerimônias foram instituídas pelos homens? – perguntou Adjalá, curioso por entender como os homens podiam ter sequer começado a praticar tais rituais tenebrosos.

– Há milhares de anos, foi trazido para cá um grande grupo de espíritos degredados de outro mundo. Eram almas doentes, mas que foram de grande utilidade para nosso planeta. Ajudaram-nos a progredir, mas também foram culpados de ignomínias sem par. Entre eles, vieram espíritos tenebrosos, que, viciados em fluidos materiais, instituíram os sacrifícios de animais e de seres humanos.

– Então, hoje, nessa cerimônia deprimente, os espíritos daqueles deportados estavam presentes, sugando as energias das crianças sacrificadas?

– Sim e não. Hoje não havia nenhum daqueles espíritos tenebrosos a sugar as energias das crianças, mas o lugar estava cheio deles – respondeu enigmaticamente Elessin-Orun.

Adjalá meneou a cabeça em sinal de dúvida, como se perguntasse: onde estavam os espíritos? Elessin-Orun lhe respondeu, moto-contínuo:

– Os tenebrosos espíritos que instituíram essas práticas abomináveis foram as crianças sacrificadas.

Atônito, Adjalá abriu a boca. De uma só tacada aprendera duas coisas: que os espíritos têm várias vidas e que aquelas crianças eram espíritos renascidos saldando velhas dívidas. A lei de Olorun sabia ser dura. Os mesmos seres que haviam estimulado e provocado os sacrifícios agora passavam pelo mesmo processo de dor e agonia que haviam instituído séculos atrás.

Questionou-se sobre os algozes daquele dia fatídico. O que aconteceria com aqueles sacerdotes que haviam solicitado o *moloch*? Elessin-Orun, lendo-lhe o pensamento, respondeu:

– Haverá, no futuro, momentos em que hão de pagar da mesma forma. As fogueiras da religião, os fornos crematórios dos sádicos, os incêndios que matam sem aviso e os acidentes diversos. Além de outras formas de morte que hão de colhê-los, quitando os débitos que contraíram com suas consciências.

Mesmo que Olorun não interviesse ali diretamente, suas sábias leis continuavam a agir, concluiu Adjalá. Severa provação esperava os que provocam o sofrimento, os que se comprazem com a miséria alheia e aqueles que não seguem as leis do amor fraterno. Dura é a lei!

14

Os chefes da caravana ficaram atordoados com o tumulto na saída. A praça foi pequena para abrigar duzentas e oitenta carroças e mais três mil cabeças de gado. Mesmo tendo marcado para as seis horas da manhã, as primeiras carroças só conseguiram sair da praça do mercado bem depois das nove horas. Elischa parecia possuído de uma fúria incontrolável, pois todos mandavam e ninguém lhe obedecia. A sua falta de experiência era notória e ele se confundia nas ordens.

No final do dia, a caravana mal tinha conseguido sair de Cartago e o primeiro acampamento era tão perto da cidade que dava para ver as luzes de suas fogueiras. No tumulto, Schipibaal, o chefe da prisão, conseguiu introduzir sorrateiramente cerca de sessenta condenados, entre eles alguns perigosos assaltantes e bandidos.

Em cima de uma carroça que adquirira, Asdrubaal saiu solitário, mas radiante. Tinha a certeza de que, indo para a terra dos negros, iria tornar-se uma figura importante. Pelo menos seria o único sacerdote de Baal Hammon e isto devia valer algo. No entanto, não gostara nada da reação de Amilcar, seu chefe no templo, quando falara que tinha interesse em partir com a caravana de Elischa; o homem praticamente o empurrou para fora, com uma expressão tão satisfeita que desconfiou de que ele estava feliz em se ver livre dele. Será que o aceitariam de volta, se precisasse retornar ao templo? Dane-se Amilcar; também não gostava dele.

Para todos os efeitos, Elischa era o líder e, na primeira parada que fizeram, reuniu-se com Ahmed, alguns chefes tuaregues, Sileno e uma dezena de homens de Cartago. Elischa estabeleceu grupos, sob a liderança de alguns escolhidos, de forma que os problemas pudessem ser resolvidos. Além disso, formaram-se equipes de vigilância, tanto para manter a ordem interna, como para a segurança contra ataques externos. Os próprios tuaregues, que estavam ganhando muito dinheiro para levá-los em segurança até Gao, temiam ataques contra os rebanhos. Estes vinham sendo conduzidos por homens sem experiência no tanger do gado, e pequenos grupos de tribos rivais de tuaregues podiam infiltrar-se de noite, roubar algumas cabeças e fazer o restante do gado debandar para, aos poucos, recuperá-lo no deserto.

Os primeiros dias foram cansativos, já que o calor era insuportável. Por outro lado, as noites eram insones devido ao intenso frio. Essa variação de temperatura era causadora de várias gripes, algumas fatais. Tiveram que atravessar várias cadeias de montanhas, o que os obrigava a andarem lentamente devido à quantidade de mulheres, homens precocemente envelhecidos e crianças.

Após quase um mês de marcha, chegaram ao primeiro grande oásis, onde os esperava uma mancheia de dificuldades. As reclamações choviam sobre Elischa, que ficou tonto e irritado com tanta gente lhe trazendo problemas, alguns tão insignificantes que ele os mandava embora furibundo. Os grupos de nômades que estavam acampados em Ghadames não os receberam bem. Um início de conflito quase se instaurou, sendo contornado por Elischa e Ahmed. O cartaginês controlou seus homens e Ahmed conversou com seus correligionários, negociando algumas cabeças de gado, as quais Elischa cedeu relutantemente.

No descanso noturno em Ghadames, Asdrubaal resolveu visitar seu futuro rebanho, como fazia sempre que podia. Ele ia de fogueira em fogueira, mas sem dizer que era um sacerdote, e quase sempre era mal recebido. Aquilo o intrigava; será que o achavam antipático, logo ele que vivia sorrindo?

–... Schipibaal nos obrigou a esta...

Asdrubaal não ouviu a frase toda dita por aquele homem que lhe pareceu sujo e mal-encarado, mas ter ouvido o nome de seu irmão atraiu sua atenção. Aproximou-se da fogueira e tentou escutar. Procurou ficar escondido no escuro, mas, mesmo estando um pouco distante, seu ouvido era privilegiado e escutava bem cada palavra.

– Pois é, acontece que não tínhamos muita opção. Ou a gente vinha ou ficava apodrecendo naquela prisão. Aqui pelo menos estamos livres.

– Livres para quê? Para trabalhar como escravos na terra dos negros. Isso eu não quero.

– Ora, o que nos impede de fugir? – perguntou um outro.

Não houve resposta imediata. Isso não havia sido cogitado antes e era uma situação instigante.

– Podemos fugir, mas estamos no meio do deserto. Temos que ter alguém que nos leve até Leptis, pois para Cartago eu não volto mais – respondeu um deles.

– Um dos tuaregues, quem sabe?

– Esses homens são movidos a dinheiro. Nós não temos nada – respondeu o que havia proposto a fuga.

– Dinheiro é fácil. O chefe da caravana, o tal de Elischa, tem dinheiro. Eu o vi comprando e pagando por víveres aqui.

– Bastaria roubar dele e voltarmos daqui mesmo – concluiu o que propusera a fuga.

– Roubar é fácil, mas ele pode nos perseguir. Temos que matá-lo, assim como a vários de seus chefes e amigos. Poderemos, então, roubar os demais idiotas que estão na caravana.

– Podemos atacá-lo amanhã de noite. Se não fizermos isso amanhã, tudo será muito mais difícil. Partiremos dentro de dois dias e ficaremos cada vez mais afastados de Leptis.

Houve um assentimento tácito entre eles.

Nesse instante, Asdrubaal ficou amedrontado. Então, eram esses os homens de que seu irmão falara a respeito. Se levassem a cabo o que haviam planejando, ele não poderia fundar seu templo na terra dos negros. Não se tornaria um membro proeminente naquela sociedade. Seu sonho estaria terminado e ele, quiçá, morto. Praticamente saiu rastejando de perto dos homens. Seu coração estava disparado; era preciso avisar a Elischa.

No meio da noite, saiu à procura da tenda de Elischa, e foi fácil encontrá-la. Como não havia guardas na entrada, pôde adentrar sem dificuldades. Elischa acordou assustado com aquele homem magro, sacudindo seu braço. Etuh levantou-se cheio de sono e não entendeu nada do que estava acontecendo. Virou-se para o outro lado e dormiu a sono solto. Asdrubaal pensou que belo guarda-costas que dorme mais do que a quem deveria proteger.

– O que você quer?

– Ouça com atenção... – e, durante alguns minutos, Asdrubaal contou tudo a Elischa. Ele ficou assustado com a possibilidade, mas também desconfiado daquele homem. Não o conhecia; será que estava tramando algo?

Elischa dispensou Asdrubaal com agradecimentos e a promessa de prender os homens. Ficou acordado o resto da noite, em parte por estar assustado, em parte por estar excitado. Pensou bastante e concluiu que iria preparar uma armadilha para os revoltosos. Se eles aparecessem, estaria pronto.

Durante o dia, falou com vários de seus amigos, entre eles Sileno e os dois irmãos boianos e, de noite, assim que o sol desceu, mais de trinta homens estavam prontos, escondidos em vários lugares.

Perto das nove horas, um grupo de cinquenta homens foi se aproximando sorrateiramente da tenda de Elischa. Eram mais do que Asdrubaal tinha previsto, pois os bandidos haviam conversado com os demais que não estavam na fogueira e formavam um grupo maior do que o de Elischa.

Os bandidos cercaram a tenda de Elischa, sem saber que estava vazia. Não tinham espadas nem lanças, mas haviam conseguido porretes e umas facas. Pela forma sorrateira que se movimentavam, Elischa não teve mais dúvida de que suas intenções eram perversas.

O Cajado do Camaleão 69

Quando quatro homens entraram na tenda para assassinar Elischa, ficou evidenciada a tentativa de crime e, nessa hora, Cathbad foi o primeiro a surgir de dentro das sombras. Os bandidos se assustaram com sua aparência e velocidade. Um gigante seminu, pintado de azul, com uma espada na mão, um rosto de louco a gritar palavras incompreensíveis a sair sabe-se lá de onde não era uma cena a ser desprezada. Com uma rapidez incomum, ele foi ceifando os homens que estavam mais distantes da tenda. Logo depois dele, veio outro homem quase tão grande quanto ele, também trucidando rapidamente seus oponentes. Korc também era uma figura de meter medo a uns homens que, na maioria das vezes, eram bons no ataque traiçoeiro, mas com pouca coragem para os combates face a face.

Os demais colegas de Elischa perseguiram pelo campo os cinquenta homens, sem deixar um vivo sequer. O campo acordou em polvorosa e os gritos de mulheres e crianças assustados encheram a noite. Os tuaregues foram ver o que estava acontecendo e ficaram estarrecidos com Korc e Cathbad cobertos de sangue, carregando cada um três a quatro cabeças decepadas. Quem eram esses guerreiros cuja expressão parecia ser de lobos em pleno ataque?

No outro dia, com o campo mais tranquilo, foi providenciado o enterro dos revoltosos, mas cerca de dez deles que não haviam participado do ataque traiçoeiro ficaram quietos, como se não conhecessem seus colegas. Entre eles estava um assassino que fora libertado pelo irmão de Asdrubaal. Chamava-se Etubaal e só não participara do ataque a Elischa por não fazer parte da mesma facção de bandidos. Na prisão, tinham formado vários grupos e os atacantes faziam parte de uma facção rival. Assim, como não fazia parte dos insidiosos, não havia sido convidado a atacar Elischa, o que lhe poupou a vida.

A caravana partiu no dia marcado e, depois de mais um mês de andanças lentas, alcançou Ghat, outro oásis. Para tal, tiveram que atravessar o maciço de Tassili. O gado sofreu muito com a falta de água e mais de seiscentas cabeças ficaram caídas no caminho. Muitos homens, mulheres e especialmente crianças morreram. O calor era tão forte e o sol tão inclemente que houve muitas mortes por insolação, graves queimaduras de pele, diarreias e fraqueza geral.

Quanto pior ficava a situação durante a travessia do deserto, mais o descontentamento crescia. Em Ghat, um grupo de mulheres foi se queixar a Elischa. Queriam saber se faltava muito para chegar ao seu destino.

Elischa lhes informou que estavam no meio do caminho, e as mulheres se desesperaram.

– Não podemos mais andar. Nossos filhos estão doentes. Muitos já morreram. Queremos ficar aqui.

– Isso é impossível. Isto aqui é um oásis. Muitos grupos de tuaregues passam por aqui. Com certeza, vocês seriam aprisionadas e vendidas como escravas.

O vozerio cresceu e a situação fugiu do controle. Após muita discussão, em que os mesmos argumentos foram repetidos, um dos tuaregues de Ahmed comentou que a poucos quilômetros dali poderiam implantar um centro de gado. Era um local com boa vegetação, água farta e uma certa segurança contra as tribos inimigas de outros tuaregues.

Não deixava de ser uma boa ideia, já que voltar para Cartago era impossível; não haveria tuaregues para guiá-los. Ficariam ali ou viriam calmamente com eles. A decisão seria dos descontentes.

Após mandar chamar todos os homens e reuni-los, Elischa expôs a situação. Deu-lhes a opção que fora determinada na reunião e, nos dias que se seguiram, cerca de trezentas pessoas deslocaram-se com duzentas cabeças de gado para uma área que passaram a chamar de Arlit.

Era visível a perda de peso de Adjalá e dos boianos. Especialmente os europeus sentiam muito a fornalha saariana. O estado de espírito dos três boianos não era bom; sentiam falta de sua terra natal. Adjalá, no entanto, estava ansioso por chegar. O deserto e as poucas áreas ainda verdes não lhe faziam bem, nem tanto pelo calor, mas pelas extensas baixadas que se perdiam de vista. Aquilo lhe trazia uma angústia, aumentando a vontade de chegar logo ao destino.

A caravana partiu, contornando o maciço de Hoggar em direção a Tamanrasset. Vinte dias depois, chegaram ao grande oásis. Todos os que tinham sobrevivido haviam se tornado mais rijos e, por isto, a viagem se tornara menos estafante. O tipo de terreno, mais pedregoso, mais firme para andar do que as areias fofas e dunas intermináveis, facilitou a última parte do caminho. De Tamanrasset, após um descanso de alguns dias, partiram para a última etapa no deserto.

Na chegada em Gao, os homens estavam com boa disposição, mas o gado sofrera demais. Era simplesmente impossível empurrá-los mais, pois estavam cadavéricos. Das três mil cabeças que haviam saído há cerca de seis meses de Cartago, estavam reduzidas a cerca de seiscentas após

O Cajado do Camaleão

a longa jornada. Por outro lado, Elischa lembrava-se de que havia, no caminho para Okeorá, trechos impraticáveis para o gado. As florestas eram tão fechadas, que tinham que passar quase dentro do rio Djoliba. Era preferível deixar o gado descansar em Gao, com um grupo de boiadeiros, uns poucos homens armados, algumas famílias que tinham crianças pequenas ou parentes doentes, e depois levá-los em segurança até Okeorá.

Com esta decisão, Elischa estabeleceu uma nova localidade perto de Gao. Chamaram-na de Karkarchinkat e se tornaria, por muitos anos, um dos maiores centros de difusão de gado para toda a região.

Após mais uns dias de descanso, um grupo de cerca de trezentos homens, acompanhados de suas mulheres e filhos, partiram para Okeorá. Levaram mais dois estafantes meses para atravessar os rios com carroças, ferramentas, mulheres e crianças. Houve mais algumas mortes acidentais, e, finalmente, numa manhã, quase dois anos após a partida de Elischa e Adjalá de Okeorá, chegaram ao destino.

Estava para começar uma nova etapa para Okeorá

15

– Você pretende que esses homens fiquem abrigados em nossa aldeia? – perguntou Agbosu a Elischa.

– Não. Minha intenção é construir casas e forjas perto da montanha de ferro – respondeu o cartaginês, que, pela expressão de desgosto estampada no rosto do velho, entendeu que o *ajé* não via com bons olhos tantos intrusos em sua pacata aldeia.

Com um suspiro de alívio, Agbosu achou ótimo. Não gostara da corja de cartagineses que Elischa trouxera.

Os dias que se seguiram foram de grande faina. Os bosques vizinhos foram devastados pela necessidade de madeira para fazerem as casas. Os recém-chegados usavam-na como cobertura das casas e como estacas para encherem as paredes de barro. Novamente Agbosu voltou a conversar com Elischa.

– Nossos bosques são sagrados. Muitas das árvores que foram derrubadas pertenciam a *eborás* poderosos. Eles podem se revoltar contra seu povo e trazer grandes desgraças.

72 A SAGA DOS CAPELINOS

– É verdade – replicou Elischa de imediato. – Temos que reparar esse erro involuntário. Façamos uma festa aos *eborás* da floresta e vamos oferecer sacrifícios. O que poderia agradá-los? Um belo cabrito, quiçá?

– Três seria melhor.

– Que seja, então, vamos ofertar três cabritos.

– No entanto, vocês não podem continuar destruindo a floresta. Isso irá irritar os *eborás* e os cabritos serão poucos para apaziguá-los.

O velho tinha razão, pensou Elischa, concordando ao menear a cabeça. Isso era um grave problema. Eles já tinham construído mais de oitenta casas e não precisariam de madeira para a construção, mas iriam precisar de lenha para as fogueiras e para as forjas. Sileno lhe dissera que iriam precisar de uma turma de trabalhadores cortando madeira e suprindo as forjas continuamente; precisavam estar bem quentes para derreter as pedras e fundir o ferro em futuras peças.

Para apaziguar o velho *ajé*, concordou em não tirar mais madeira das florestas vizinhas. Assim que o velho Agbosu retirou-se, reuniu-se com Sileno e Elwyd, seus dois principais assessores em termos de ferro.

Após historiar o problema, os três concluíram que teriam que ir buscar madeira mais longe. O problema é que só havia florestas perto do rio Gunara. Decidiram formar uma equipe liderada por Etuh para procurar madeira. Seriam sessenta homens com oito carroças que fariam, pelo menos, duas viagens semanais às margens do rio Gunara.

Ficou estabelecido que outro grupo de homens faria as escavações no morro e traria as pedras de hematita para as forjas. Outro problema começou a se agravar: a falta de comida. Não havia praticamente nenhum agricultor no grupo de cartagineses e tinham que adquirir comida dos negros de Okeorá. Mas a agricultura dos negros era mínima e só dava para a tribo.

Uma nova reunião foi estabelecida e, nesse caso, incluiu os negros de Okeorá, entre eles Adjalá.

– Nós temos que encontrar um meio de alimentar nosso povo – explicou Elischa.

– Eles comem demais! – retrucou Agbosu.

– Eles trabalham pesado e isso exige mais alimento – respondeu Elischa, sem se importar com o tom de crítica do *ajé*.

– Nós também trabalhamos...

O Cajado do Camaleão

73

– Vamos perder tempo discutindo sobre quem come mais? – o tom severo de Adjalá colocou Agbosu em seu lugar. – O que temos é de resolver o problema e não ficar discutindo quem come mais ou quem trabalha menos.

Os homens menearam a cabeça.

– Seus homens fabricam coisas maravilhosas – disse Adjalá. – Panelas, facões e machados são instrumentos que as demais aldeias pagariam bem para tê-los. Fabrique-os e conseguirei a comida que vocês precisam.

– Mas isto é impossível – retrucou Sileno, falando em seu horroroso gba, a língua dos egbas. – Todo ferro deve ir para Cartago e Populonia. Precisamos de espadas e armas e não de panelas.

– Entendo seu ponto de vista, Sileno – interrompeu Elischa. – Sua obrigação é defender os interesses de Vulca, mas, sem comida, não haverá produção. Você vê outra solução?

Após pensar por um instante, Sileno suspirou e pensou que isso deveria ser contabilizado como custo de produção e, meneando a cabeça um tanto contrariado, acabou por concordar.

– Você irá sozinho, meu filho? Já não chega de viagens? – perguntou Urasange.

– Irei com Adjalá e, se ele quiser trazer um grupo de guerreiros egbas, serão bem-vindos – respondeu Korc.

Os presentes levaram alguns instantes para entender o que Korc falara. Seis meses de Okeorá não lhe dera a fluência em gba para ser entendido de imediato, mas Adjalá concordou e ficou estabelecido que Korc e mais dois amigos de infância de Adjalá iriam com ele na missão de trocar utensílios domésticos por comida.

Teriam, todavia, alguns dias pela frente; era preciso fabricar tais utensílios, já que a produção havia se dedicado apenas às armas. Sileno e Elwyd concordaram que precisariam de duas semanas para fabricar moldes de três tipos de panelas, dois tipos de machado, um grande e outro pequeno, uma foice, três tipos de facas e facões. Poderiam partir na primeira viagem de troca em três semanas.

Desde os primeiros dias em Okeorá, o boiano Cathbad se sentiu atraído pelas mulheres negras. Elas andavam seminuas, como era o costume, e ele apreciava suas ancas fartas, seus seios empinados e sua expressão faceira. Korc, seu irmão, era mais reservado, mas ele sempre fora um mulherengo atirado e com seu porte gigantesco, em todos os aspectos, também atraía os olhares cobiçosos das mulheres egbas.

74 A SAGA DOS CAPELINOS

Devido ao calor, Cathbad adotou um estilo de vestir menos severo, e andava apenas com uma túnica do tipo grega que vira em Cartago. Não era possível que as mulheres não reparassem num homem de mais de dois metros e uma espada enorme à cintura, da qual não se separava nunca.

Essa atitude despudorada atraiu também a atenção dos homens egbas, assim como de alguns cartagineses, já que Cathbad enfiava-se na cama de qualquer mulher que sorrisse para ele, fosse egba, fosse cartaginesa, fosse nova e bonita, ou velha e já gasta. Elwyd tinha dificuldade em mantê-lo no trabalho, mas mesmo assim o titã era capaz de trabalhar e fornicar como poucos. Elwyd foi obrigado a lhe chamar a atenção; o filho perdera o senso de compostura, vendo no sexo livre motivo de divertimento.

Como só poderia acontecer, Cathbad acabou se indispondo com um dos guerreiros da tribo, cuja mulher – uma delas, já que os egbas eram polígamos – o favorecera e alardeara às amigas as excelências do boiano. A notícia espalhou-se e o guerreiro resolveu que tomaria satisfações com Cathbad.

– Eu vou matá-lo a pauladas – disse o guerreiro egba aos seus amigos.

– Cuidado! O homem é muito grande – alertou um dos amigos.

– Ele é um elefante de grande, mas deve ser lento. Quando ele pensar em reagir, eu já terei arrebentado a cabeça dele com uma cacetada – respondeu o marido ofendido.

– Vamos lá que eu vou ajudá-lo – disse um dos amigos presentes.

– Todos os dias, o canalha vai à casa de uma *funfun*,[22] enquanto o marido está trabalhando na montanha de ferro. Dorme com ela e sai pouco antes de o marido voltar. Passa pelo mercado em direção à sua casa. É um bandido sem-vergonha que dorme com todas as mulheres. Merece mesmo morrer.

– Façamos assim – sussurrou o marido: – quando o canalha sair da casa da *funfun*, nós esperamos ele passar e caímos de cacetada nele.

No dia marcado, o egba traído e dois amigos, armados de grossos porretes, aguardaram o momento azado, escondidos no mercado. Cathbad saiu da casa de sua amante após ter tirado uma gostosa soneca. Vinha pelo caminho que sempre fazia e atravessou a praça, que, naquela hora, tinha poucas pessoas devido à intensa canícula. Distraído em seus pensamentos lascivos, rememorando os instantes de prazer, Cathbad era a imagem do descuidado. Os três homens, quando o viram, quase de imediato partiram gritando para cima do boiano.

---

[22] *Funfun* – branco.

O Cajado do Camaleão 75

Cathbad escutou os gritos dos guerreiros e de esguelha viu os três vultos brandindo seus porretes. Seu sangue ferveu instantaneamente e sacou da espada com uma velocidade impressionante. Desviou-se da primeira cacetada e aparou com um golpe de espada a segunda. Imediatamente, com movimentos rápidos, matou dois homens com duas estocadas, enquanto o terceiro procurava fugir, mas, como estava ferido na perna, não conseguiu ir muito longe. Cathbad correu alguns metros atrás dele e cravou a espada nas suas costas, arrancando-lhe um urro de dor.

A pugna foi rápida; não chegou a durar trinta segundos. Cathbad, assim que matou os três, seguindo seus costumes boianos, decepou suas cabeças para completo horror dos poucos presentes na pequena praça. Haviam testemunhado toda a cena e viram quando Cathbad fora atacado e de como lutara com tal destreza que matara os três atacantes num átimo.

Os gritos haviam atraído mais alguns passantes, especialmente alguns egbas, que viram, horrorizados, quando Cathbad cortava as cabeças de seus amigos. Em pouco tempo, Okeorá estava em polvorosa. Os egbas juntaram-se para pedir que devolvessem a cabeça dos guerreiros, enquanto Elischa procurava contornar a situação antes que se transformasse numa batalha campal de imprevisíveis consequências.

Após rápida deliberação, Urasange e Agbosu parlamentaram com Elischa e juntos conseguiram acalmar a todos. Mandaram chamar Elwyd para conversar. O velho druida já estava a par da situação – vira quando o filho entrara na choupana com as três cabeças pingando sangue. Em poucas palavras, Cathbad contou-lhe o ocorrido. O pai logo entendeu as consequências do ato do filho. Que tivesse matado seus atacantes, até aí nada poderia lhe ser imputado, mas decepar as cabeças, no modo de ver dos egbas e até mesmo dos cartagineses, iria ser considerado um ato bárbaro.

Com o coração apreensivo, Elwyd foi até o conselho, constituído de Urasange, dos seus dois filhos, Agbosu, Awolejê, que era o filho do velho *ajé*, e Elischa. O velho druida teve muito trabalho para explicar para os egbas que aquela era uma prática comum entre os boianos. Agbosu, no entanto, considerou-a uma selvageria inaceitável e exigiu que as cabeças dos três homens fossem enterradas junto com seus corpos; temia que os *eguns*[23] ficassem rondando a aldeia até obter o descanso.

Procurando contemporizar a tensa situação, Elwyd comprometeu-se a trazer pessoalmente as cabeças. Disse também que oficiaria um ritual

---

[23] *Egun* – espírito.

gaulês para apaziguar os espíritos dos mortos. Agbosu olhou-o e viu que havia um halo em torno da cabeça do velho de barba e cabeça branca. Esta visão o fez confiar naquele estrangeiro e o conselho dissolveu-se, já que haviam constatado que os três egbas tinham tomado a iniciativa de atacar o gigante.

Para sua felicidade, Cathbad não foi acusado de assassinato. No decorrer do interrogatório, descobriram que era um mulherengo inveterado, mas que não importunava as mulheres. Eram elas que tomavam a iniciativa. Todos concluíram que nada podia ser feito neste sentido; as mulheres eram livres para escolher quem elas desejassem.

Enquanto os demais homens retiravam-se para seus afazeres, Elwyd e Agbosu, vencendo as enormes dificuldades da língua que o druida ainda não dominava, continuaram trocando impressões. Elwyd falou de suas crenças e Agbosu viu que havia muitos pontos de semelhança.

No meio da conversa, Adjalá apareceu e os três ficaram conversando. Adjalá não tinha tido, até então, muita oportunidade para conversar com Elwyd, já que não falava sua língua e o druida apenas estava começando a entender o gba. Adjalá achou o druida um homem sábio e simpatizou com ele. Elwyd introduziu o conceito de *asu* e foi depois de explicar o que era – uma energia que existe em todas as coisas – que Agbosu passou a chamá-lo de *axé*.[24]

Com firme determinação, Elwyd conversou com o filho, que, após muita insistência paterna, aquiesceu em sepultar as cabeças. Cathbad pediu, no entanto, que o pai consultasse as cabeças dos falecidos para saber seu destino. Para apaziguar o jovem, Elwyd preparou uma das cabeças, retirando os miolos, lavando-a cuidadosamente, e a mergulhou em azeite de dendê, já que não tinha os meios necessários para fazer o que faria em sua *oppida*.

Horrorizado, Agbosu seguiu o ritual e achou aquilo tudo indigno de um homem tão sábio quanto Elwyd. A consulta à cabeça do morto revelou-se um fracasso. Nem o morto, nem outro espírito se manifestaram e Elwyd teve que concordar com Agbosu, ou seja, que tudo aquilo não passava de superstição do homem branco.

– Permita que, antes de enterrar as cabeças com seus corpos, eu faça uma oferenda a Esus – disse Elwyd.

– Quem? – perguntou o *ajé*.

---

[24] *Axé* – força, energia, poder.

O Cajado do Camaleão

77

– É o nosso *deiwos* de grande poder. Sempre que vamos fazer qualquer oferenda a um outro *deiwos*, nós oferecemos um galo preto a Esus. Ele é o mensageiro entre nós, os homens, e os demais *deiwos*.

– E se não fizer isso?

– Esus é um deus vingativo e ciumento. Ele nos protege dos demônios, dos espíritos enlouquecidos e dos monstros do outro mundo. Ele é a violência necessária. É um grande guerreiro e afasta com sua presença os espíritos indesejáveis.

– Grande é o poder de Exu. Não devemos deixar de cultuá-lo, já que você o trouxe consigo.

Acompanhado de Agbosu, Korc, Cathbad e Adjalá, além de cinco mulheres *ajés*, Elwyd adentrou o bosque ao lado da aldeia, levando consigo um galo negro com algumas raias vermelhas. Ele encontrou um lugar que achou ideal e ele mesmo abriu uma pequena clareira, afastando alguns arbustos e gravetos para facilitar a cerimônia. Amarrou um pano branco numa das árvores do local, falou algumas palavras incompreensíveis e se preparou para o ato. Naquele momento, uma profunda intuição lhe disse que ele não deveria sacrificar o animal: Agbosu é que deveria fazê-lo.

– Eu não devo verter sangue a Esus. Sangue egba já foi derramado em excesso. Quem deve fazê-lo é você, que é o *ajé* da aldeia.

– Eu o farei de bom grado.

– Basta sufocá-lo e jogá-lo no chão para Esus – explicou solenemente Elwyd.

– Nossos *eborás* não aceitam nada sufocado – atalhou Agbosu indignado. – Isto é uma maldade para com o pobre animal. Prefiro sangrá-lo, pois morrerá mais rápido, liberando logo seu *axé*.

Não era bem assim que a tradição mandava, mas que seja, Esus há de entender, pensou o druida.

Como o deus não tinha um altar para que fosse servida a oferenda, Elwyd pegou uma pedra e colocou-a em lugar mais alto para que o sangue fosse aspergido sobre ela. Com uma faca de pedra, Agbosu decepou a cabeça do galo, sacrificando-o a Esus.

– Que o poderoso Exu,[25] *eborá* do *ajé funfun*, receba esta oferenda e que veja neste *ajé* um oficiante de valor, também sendo seu amigo e protegendo-o contra as forças perversas da inveja, da inimizade e da desavença.

---

[25] Exu – é a primeira vez que se cultua esse orixá.

78 A SAGA DOS CAPELINOS

Elwyd cantou hinos celtas em louvor a Esus, enquanto os demais escutavam as melodias. Depois disso, Agbosu, no intuito de lhe agradar, como também ao deus desconhecido daquele homem que antevia como poderoso, cantou algumas cantigas em gba. Elwyd ficou encantado com o tom lamentoso das músicas de Agbosu, além de sua voz aguda e entoada.

As mulheres que o acompanhavam batiam palmas, marcando o ritmo da música, e também dançavam no compasso. Uma delas começou a tremer e revirar os olhos. Instantes depois, manifestou um espírito, que se apresentou também dançando, só que com mais intensidade, e falando algumas palavras de louvação. Logo após, quase todas as demais mulheres manifestaram espíritos que se apossaram de suas mentes e dançaram, pularam, falaram palavras as mais variadas, quase todas de exortação e confiança no futuro.

Não havia porque estranhar tal manifestação. Elwyd a conhecia de sobejo; os boianos, assim como todos os celtas, tinham manifestações semelhantes entre os druidas, druidesas e, muitas vezes, guerreiros recebendo a influência espiritual. Aliás, a surpresa foi de Agbosu, quando Cathbad manifestou um espírito aparentemente de origem celta e também dançou e falou em sua língua, a qual Elwyd traduziu para Agbosu, dizendo que os seus *deiwos* abençoavam o ato.

Terminada a cerimônia, já retornando à aldeia, Elwyd fez um comentário com Agbosu que iria introduzir uma nova crença entre os egbas:

– Que Dispater,[26] o nosso Olorun, permita que eles renasçam sem ódio pela morte que tiveram.

– Renascer? Como isto é possível? – Agbosu perguntou surpreso.

– O espírito vai para o *annoufn* e, depois de certo tempo, nada mais tendo para fazer lá, retorna à Terra para ocupar outro corpo.

Depois das devidas explicações do que era o *annoufn*, o que Agbosu traduziu como *orun*, concluíram que acreditavam quase na mesma coisa. Para ambos os povos, boianos e egbas, o mundo físico e o mundo espiritual se interpenetravam, com a diferença de que para Agbosu não existia o renascimento. Elwyd não teve muita dificuldade em demonstrar sua ideia de uma nova existência para o espírito e, com sua lógica e suas explicações claras, levou Agbosu a logo encampar este conceito e passar a divulgá-lo. Mas Agbosu, antes de aceitar o conceito de reencarnação,

---

[26] Dispater – Deus Pai – o deus supremo dos gauleses e celtas.

O Cajado do Camaleão

procurou a confirmação por intermédio de seus meios adivinhatórios, e somente após seus ancestrais realmente lhe afiançarem que Elwyd estava certo é que passou a divulgar essa doutrina entre os seus egbas.

16

Acompanhado de vários amigos, Adjalá e Korc começaram a visitar as aldeias vizinhas. O sucesso inicial foi grande. Adjalá gostava de fazer sua demonstração da panela de ferro, jogando-a no chão e olhando as mulheres fazendo seus 'oh' de surpresa e admiração. Já Korc gostava de demonstrar a excelência da foice, do martelo, das facas e do machado para os homens. Desde o início, preferiam fazer demonstrações práticas a dar longas e cansativas explicações. Já na primeira viagem, trouxeram um considerável número de cabritos, grãos de milhete[27] e de arroz-de-guiné.[28]

Os próprios egbas de Okeorá adquiriram os utensílios de ferro. Era tempo da colheita e foi farta, o que propiciou uma grande festa dos egbas. Convidaram alguns dos forasteiros, nem todos; havia muitos cartagineses que não desejavam imiscuir-se na vida dos negros. Consideravam-nos seres inferiores e, quando se relacionavam com eles, era apenas para usá-los como serviçais.

Engalanados com suas melhores roupas, Elischa, Elwyd, Sileno e os dois irmãos boianos foram à festa. Pela expressão de horror dos demais, Cathbad logo viu que não era bem-vindo, mas como não se preocupava com a opinião alheia, pouco se importou. Os homens o temiam e as mulheres o desejavam; sua fama de excelente amante lhe rendia lindos sorrisos e noites de prazer inigualáveis.

Na festa da colheita, o grande ancestral da tribo era convidado a comparecer. Awolejê, o único filho varão de Agbosu, era o médium através do qual o ancestral 'incorporava'.[29] Com grande pompa, o ancestral Arawê tomou a mente de Awolejê e passou a participar da festa. Trouxe-

---

[27] Milhete é natural da região. O milho, como o conhecemos no Brasil, é proveniente do México.
[28] Arroz-de-guiné é um arroz local, de grãos pequenos.
[29] Sempre houve uma forma de 'incorporação' entre os povos; a mediunidade não é algo novo nem recente.

ram-lhe comidas e bebidas, tocaram nos tambores *igbins*[30] as mais lindas cantigas em seu louvor e ele dançou imitando por gestos os seus grandes feitos heroicos.

Pela primeira vez, os forasteiros experimentaram o vinho de palma, feito do dendezeiro. Tinha um sabor rascante, quase terroso, e, devido ao seu alto teor de álcool, subia rapidamente, deixando todos em estado etílico bem adiantado. Adjalá gostava daquele vinho, mas tinha que se abster dele, pois ficava bêbedo com facilidade. Os demais provaram, mas não abusaram. Já no segundo cálice, notaram seus efeitos estonteantes.

Sem jamais medir as consequências, Cathbad era um bebedor inveterado, daqueles que jamais conhecem limites. Ia até a completa e mais sórdida embriaguez e, depois de chegar ao máximo que alguém poderia alcançar, caía no chão e dormia a sono solto, roncando e babando grotescamente. Bebeu vinho de palma como se fosse água. Nem o gosto rascante, nem o alto teor de álcool foram capazes de dissuadi-lo a moderar sua sede.

Antes de entrar em completo estado de embriaguez, já na fase em que as pessoas perdem a compostura, sacou de sua espada e resolveu fazer uma demonstração de sua força e das propriedades que considerava excelsas em sua pesada arma. Chamou alguns homens e pediu que manuseassem a espada. Fizeram-no alegremente, mas viram que manipular quase quinze quilos de puro ferro fundido não era proeza fácil.

– Essa é uma espada mágica. Foi feita seguindo a grande magia de Govannon.

A maioria não entendeu que magia era essa a que Cathbad se referia, mas um dos presentes, de nome Azabeuí, argumentou:

– Isso é história de *funfun* para nos assustar. Não há nada demais na sua espada. Ela só é muito pesada porque você é grande e forte, mas já vi a espada de Elischa, e ela é muito menor e mais fácil de ser manuseada.

– A espada de Elischa e dos cartagineses nem se compara à dos boianos. A nossa passa por uma grande magia – respondeu Cathbad, cheio de empáfia.

– Mas que magia é essa? Ó Cathbad, conte-nos algo a respeito dessa maravilha – instigou o zombador Azabeuí.

O tom de deboche irritou Cathbad e ele respondeu-lhe com raiva:

---

[30] Tambor *igbin* é um instrumento pequeno tocado com a mão ou com uma vareta. Mais tarde, a vareta foi substituída por uma vareta de ferro, o *iru*. Hoje é muito usado na região de Ifé.

O Cajado do Camaleão

81

– Saiba que as nossas espadas são mergulhadas no sangue, o que lhes dá uma dureza que as demais não têm.

– No sangue? Que conversa de maluco é essa? No sangue de quem? – perguntou Azabeuí, num misto de descrença e de deboche.

– Isso é segredo, mas não somos como os cartagineses que matam crianças – respondeu-lhe Cathbad raivoso.

Subitamente, se fez um silêncio glacial em volta de Cathbad e dos oito egbas que escutavam sua gabolice. Como Cathbad falava mal o gba, pronunciando as palavras com um sotaque estranho, e a construção gramatical era diferente da sua língua, o que Azabeuí e os demais egbas presentes entenderam era que mergulhavam as espadas no sangue de crianças, e o mesmo faziam os cartagineses.

Nada disso se apercebeu o fanfarrão Cathbad. Nem mesmo quando, um a um, os egbas foram se retirando de sua presença, ele parou com sua demonstração. Continuou com sua fanfarronice, gingando a espada de um lado para o outro, cortando o ar, fazendo-a cantar e mostrando sua pujança.

Azabeuí, o último dos egbas a ficar para ver sua demonstração, perguntou-lhe:

– Você me ensina a magia do ferro?

Com o rosto indignado, Cathbad olhou-o cheio de desprezo e respondeu-lhe rudemente:

– E vocês negros têm capacidade para aprender alguma coisa? Ora veja, que petulância!

Deu uma rabanada e saiu, colocando a espada na cintura, indo à procura de mais vinho de palma.

A resposta desdenhosa de Cathbad encheu Azabeuí de uma raiva mortal. Sentira o desprezo no rosto de Cathbad e destilou ódio e desejo de vingança. Entretanto Azabeuí não era um guerreiro; era um aprendiz de *ajé*. Era um jovem de vinte anos, cheio de desejo de se notabilizar entre os membros de sua tribo, que morava com o tio Agbosu para aprender as artes mágicas. Não era oriundo de Okeorá, mas de Taré, uma aldeia relativamente vizinha, onde morava a sua mãe, uma das muitas irmãs de Agbosu. Como já existia um *ajé* em Taré, procurou o tio para aprender seu ofício.

Havia sido recebido com reservas por Agbosu. Conhecia-lhe o caráter voluntarioso, orgulhoso e prepotente, mas, por amor à sua irmã, aceitou-

-o como aprendiz. Azabeuí, na realidade, odiou cada dia de sua estada com o tio. Na sua opinião, era usado como escravo. Todos os trabalhos mais pesados da casa eram feitos por ele, desde ir catar lenha, até trazer água, uma atividade tipicamente feminina que o humilhava e o deixava em posição de inferioridade perante os demais membros de Okeorá. Na hora das feitiçarias, nem Agbosu, nem Awolejê, o filho do *ajé*, deixavam que participasse, mas, na hora de abrir os bichos mortos em sacrifícios aos *eborás*, ele é que os destrinçava com a faca de sílex. Um trabalho insano que particularmente odiava.

No alto de sua empáfia, Azabeuí era considerado um homem bonito e atraía os olhares femininos. Desde cedo em sua vida, tornara-se um homem atirado e destemido em matéria de sexo. Não podia deixar de fazer uma pilhéria com uma mulher, não importando se fosse ou não casada. Com o tempo, tornara-se mais ousado, aproximando-se das mulheres que cobiçava e, com o olhar fescenino, encostava-se nelas, roçando-as enquanto sua mão ávida passeava pelo seu corpo desnudo. A maioria o empurrava e terminava aí sua conquista, mas havia aquelas que se interessavam por seu jeito brejeiro, sua expressão de safardana e imaginavam que poderiam vir a ter momentos de prazer com o rapaz.

Quando o ferro chegou a Okeorá, Azabeuí se interessou pela sua confecção; era uma magia forte. Mas os brancos não tinham necessidade de ajudantes, já que tinham os seus próprios. Procurou enfronhar-se com alguns, mas foi rejeitado, o que o irritou ainda mais. Desse modo, quando Cathbad praticamente o insultou, seu ódio chegou ao máximo.

Saiu do encontro com o titã boiano bufando de raiva, mas logo sua atenção foi atraída pela imagem da linda Injulami; uma mocinha de treze anos, que mal entrara na puberdade, mas dona de belos predicados físicos. Ela estava apreciando a festa do lado de fora – não passara pela festa de iniciação que a transformaria de criança em mulher com possibilidades de casar. Ainda usava um fino cinto de cipó trançado na cintura; sinal de que ainda não estava disponível. Ora, tal insignificante detalhe não iria impedir Azabeuí de voltar-se para a menina, cheio de desejo. Aproximou-se dela e entabulou uma conversação típica de quem está interessado e Injulami ficou lisonjeada com a atenção do homem, que ela achou belo e sedutor.

Aproveitando um momento de distração da acompanhante de Injulami, arrastou-a gentilmente para detrás de uns arbustos vizinhos à aldeia. Ali começou a acariciá-la meigamente, enquanto beijava seu pescoço, sempre falando palavras de amor e enlevo, elogiando suas feições e aspectos específicos de seu corpo. Num misto de curiosidade, desejo e medo, a moça foi cedendo sem muita resistência e, lá pelas tantas, tornou-se mulher de Azabeuí.

Enquanto o jovem divertia-se com a virgem, a festa prosseguia alegremente. Num certo momento, Arawê, o espírito ancestral da tribo, 'incorporado' em Awolejê, dirigiu-se para Elwyd e o saudou:

– Salve, venerável *funfun*, é um prazer tê-lo na minha festa. Brindemos!

Um silêncio caiu na assistência, os tambores cessaram de bater e todos olharam a cena. Vestido com sua túnica branca de druida, Elwyd levantou-se e abraçou o espírito, beijando-lhe os dois ombros, um após o outro, como era costume de sua tribo quando encontravam um *deiwos*. Deram-lhe um copo com vinho de palma e Arawê bebeu do seu, enquanto Elwyd bebia de sua cuia, que servia de copo.

– Eu lhe contarei minha história e você me contará a sua. Ouçam todos – bradou Arawê.

As pessoas se aglomeraram mais perto para escutar a história de Arawê, que já haviam escutado muitas vezes. Mas mesmo assim continuava uma novidade, pois, a cada vez, o espírito acrescentava um novo detalhe.

– Morávamos longe daqui e vivíamos em paz. Éramos caçadores e cultivávamos nossa terra com amor. Um certo dia chegaram homens perigosos que quiseram nos capturar. Eram homens de pele marrom, menores do que nós somos, mas mesmo assim eram guerreiros organizados e a muito custo nos derrotaram. Eles eram construtores fantásticos e suas cidades eram enormes, com largos espaços entre as casas. Os palácios desses homens eram decorados com pinturas nas paredes: uma beleza. Eles construíam verdadeiras montanhas de pedras cuja ponta rubra riscava o próprio céu.

Escutando com redobrada atenção, pois seu gba não era muito bom, Elwyd perguntava-se que povo estranho era este. Também presente, Elischa intrometeu-se:

– Por Baal Hammon, grande Arawê, perdoe a intromissão deste seu criado, mas você está falando dos egípcios, com suas pirâmides?

– Sim, filho dos mares, falo deles, que tiranizaram meu povo e me obrigaram a juntar minha tribo, esses meus meninos – e mostrou os egbas –, e a fugir para não me tornar escravo. Mas, graças ao grande

Olodumare[31] e aos *eborás*, eles me guiaram até estas terras, onde finquei raiz e assim prosperou meu sangue.

– Por todos os *baals*! – exclamou Elischa. – Isto quer dizer que vocês vieram da Núbia, atravessando as grandes savanas.

– Sim, filho dos mares. É verdade. Esta é a nossa história.

Elischa estava emocionado; já estivera perto da cidade que viria a ser o Cairo, onde vira as grandes pirâmides.

– Agora, venerável *funfun*, conte-me a história de sua tribo.

– Estranhas são as lendas de meu povo. Começam com uma grande guerra no *orun*, onde alguns *deiwos* se revoltaram contra o Todo-Poderoso e ele, então, deu ordens de jogá-los nos abismos. Uma terrível luta desenrolou-se até que foram divididos em dois grandes grupos, os da direita e os da esquerda. Os da direita ficaram sendo os novos deuses de tudo o que existe, enquanto os da esquerda foram expulsos. No entanto, Dispater, o Todo-Poderoso, não iria permitir que seus adorados filhos ficassem para sempre longe de seus olhos e estabeleceu que haveria *deiwos* que acompanhariam os banidos. Os da esquerda ficaram sob a ordem de Govannon, nosso *deiwos* do ferro, aquele que transforma o ferro em arma. E assim se passaram as coisas.

– Nós, os gregos, também temos uma lenda parecida – intrometeu-se Oliphas, o cireneu grego. – É a luta dos Titãs que foram expulsos do Olimpo. Só que Prometeu, o Titã que nos deu o fogo, vive até hoje acorrentado e um abutre come-lhe o fígado durante o dia, enquanto de noite seu fígado volta a crescer.

– Nós também temos uma lenda que diz que fomos expulsos de Paraíso por El, nosso grande Deus, e que nós nos espalhamos pela terra como uma praga – disse Elischa, ansioso em contar sua lenda. – Aí El mandou um grande dilúvio e somente poucos sobraram para repovoar a Terra.

– A nossa lenda é semelhante à do venerável *funfun* – disse Arawê. – Houve uma grande luta no *orun* e houve a separação dos justos e dos depravados. Os da direita, os justos, são chamados de *igbá imolé* e os que foram para a esquerda são chamados de *irinwô imolé*. Os da esquerda são demônios terríveis e não devem ser invocados, pois foram banidos e amaldiçoados por Olodumare.

---

[31] Olodumare – Deus supremo, senhor dos destinos. Todos os povos ditos politeístas tinham um Deus Supremo, mas que raramente o festejavam por achá-lo por demais distante e inalcançável.

O Cajado do Camaleão 85

Interessante como as lendas de povos tão distantes uns dos outros se assemelhavam, pensou Adjalá, enquanto sorvia lentamente o restante do seu vinho de palma. Ele, que escutara as lendas de cada povo, se deu conta de que Elessin-Orun lhe contara a respeito de espíritos que haviam sido expulsos de seu planeta e que haviam vindo ao nosso mundo. Não estariam todos se referindo ao mesmo fato?

Feliz com sua estada entre suas crianças, como ele as chamava, Arawê mandou vir mais bebida e mandou que a festa continuasse. Os tambores voltaram a vibrar em ritmo frenético e homens e mulheres dançaram, enquanto Arawê os observava feliz com a alegria de seus protegidos, e acariciava a cabeça de uma linda menina negra em seu colo. Elischa, já em estado etílico avançado, aventurou-se a dar alguns passos, mas era canhestro ao extremo e só conseguiu arrancar risos das mulheres, porém, mesmo assim, divertiu-se como poucas vezes o fizera em sua vida.

Observando a falta de jeito de Elischa, Adjalá sorria, quando seu olhar foi atraído por uma moça de rara beleza. Daquele momento em diante seus olhos não conseguiram desgrudar-se dela. Ela dançava com elegância e para Adjalá parecia que o mundo havia se tornado insípido e sem cor, enquanto somente sua silhueta alta e esbelta entrava pela sua retina. Ele se aprumou em seu assento, procurando que os demais dançarinos não interferissem em sua visão. Estava concentrado nela, observando cada detalhe de seu corpo, de seu rosto expressivo onde dois olhos negros enormes pareciam tomar-lhe todo o semblante. Seus braços roliços mexiam-se dentro do ritmo da batida dos tambores, que agora acompanhavam uma batida lânguida e melodiosa em homenagem a Ajasê, a esposa de Arawê. Seus quadris largos, seus seios volumosos empinados em forma de pêra moviam-se acompanhando o ritmo, e seus cabelos trançados em dezenas de longas trancinhas amarradas com miçangas multicoloridas davam-lhe o aspecto de rainha, enquanto os demais estavam apenas ali para serem sua corte.

O coração do homem de vinte e cinco anos estava descompassado; nunca sentira nada semelhante por nenhuma mulher. Quem era essa deusa maravilhosa, perguntava-se sofregamente. Precisava descobrir. Virou-se para seu irmão, Olabissanje, e questionou-o sobre quem era. A resposta foi desconcertante.

– Linda, não é? É Mowo, a noiva de Ijeberô.

Adjalá vasculhou num átimo em sua memória e lembrou-se de que Ijeberô era filho de um dos membros proeminentes da aldeia. Mas, mesmo assim, voltou à carga.

– Ela é filha de quem?

– De Umatalambo – respondeu-lhe displicentemente, pois ele mesmo estava entretido com a visão de outra beldade. E, de repente, virou-se para Adjalá e perguntou-lhe de chofre: – Aliás, por que você não se casou até hoje? Nosso pai já até parou de lhe arrumar noivas. Você não gosta de mulher?

Antes que Adjalá lhe respondesse, o irmão levantou-se para ir dançar com uma das beldades da aldeia que estava a lhe sorrir.

Adjalá passou o resto da noite a fitar Mowo, notando que seu noivo Ijeberô não se aproximara dela sequer uma vez. Estranho noivado este, em que o noivo prefere as companhias dos demais guerreiros, enquanto a noiva dança sozinha com suas amigas. Adjalá perguntou-se também onde estivera aquela mulher de tamanha formosura que jamais notara.

17

Não ter sido convidado para a festa, só trouxe certeza a Asdrubaal de que não fora aceito na comunidade. Desde a sua chegada em Okeorá que ele lutava pela aceitação de seu pequeno templo dedicado a Baal Hadad, outro dos vários deuses cartagineses. Elischa lhe dera apoio para a construção da casa, pois era, no fundo, a isso que o seu templo se resumia. Asdrubaal tinha certeza de que se tratava de gratidão pela informação que dera sobre a revolta dos bandidos durante a longa travessia do deserto. Realmente, Elischa parecia-lhe ser grato, pois sempre o recebia bem, mas sua relação com o chefe dos cartagineses parava aí; não havia amizade e nem intimidade.

No início, bem que os cartagineses o procuravam para tratar de seus problemas e ele os atendia com deferência e solicitude; eram o seu rebanho, ou melhor, eram eles que lhe forneciam o seu rebanho, já que, para todos os problemas, sempre solicitava um carneiro ou um cabrito para ser sacrificado aos deuses. Como os *baals* e *baalets* só 'comiam' as patas, a cabeça, o rabo e algumas vísceras, o resto ia para sua mesa, onde refastelava-se. Com o tempo, preferiu ficar com o animal vivo e aumentar seu rebanho. Eventualmente, trocava cabrito por milhete, arroz-de-guiné e outras iguarias.

As negras eram um tormento para Asdrubaal, que desejava manter-se casto. Os sacerdotes não eram obrigados ao celibato; pelo contrário, não ser casado era até malvisto. Todavia, elas andavam praticamente nuas e ele não estava acostumado a ver as mulheres tão despidas assim. Em Cartago, elas se vestiam de forma pudica e não se podia ver nada a não ser um tornozelo ou um pedaço mínimo do colo. Já as egbas andavam com os seios à mostra, as nádegas ao vento e um sorriso matreiro e convidativo. Pareciam estar sempre disponíveis e à procura de sexo. Isso o perturbava.

Já os homens egbas o irritavam; não falavam sua língua e ele nunca fez um esforço para comunicar-se em gba. Achava que eram eles que deviam falar o fenício para poderem entendê-lo. Após muito custo, catalogou algumas palavras apenas para poder trocar seus cabritos por comida ou cerâmica no mercado no centro da aldeia.

No decorrer dos meses, começou a notar que as pessoas que o procuravam rareavam cada vez mais. Mesmo algumas fervorosas mulheres vinham esporadicamente e o seu rebanho começou a diminuir. Descobriu que os cartagineses preferiam ir buscar lenitivo para seus males com Agbosu e Elwyd, que vinham trabalhando em conjunto. Seu despeito cresceu; será possível que até mesmo seus fiéis corriam para seus concorrentes?

Certa manhã, Asdrubaal estava entre as barracas dos feirantes quando escutou uma mulher perguntar à outra se estava melhor das dores que a importunavam. A cartaginesa respondeu:

– Depois que me tratei com os negros, fiquei boa.

– É mesmo? Eles me parecem tão atrasados!

– Se são, não sei, só posso lhe dizer que gastei três carneiros com aquela pústula do Asdrubaal e não consegui nada, ao passo que me tratei com o *aladê* e fiquei boa.

– É, já ouvi falar que o tal *aladê* é fabuloso. Dizem que tem um poder que não se encontra em nenhum outro homem.

– De fato; temos sorte de o *aladê* viver entre nós.

As duas mulheres continuaram a falar do tal *aladê*, enquanto faziam compras, deixando Asdrubaal querendo ouvir mais, mas sem poder fazê-lo, já que elas se afastavam dele.

88 A SAGA DOS CAPELINOS

O tom de ofensa com que fora mencionado o magoou. Sua mente ficou alerta e a curiosidade se apossou dele; quem era esse *aladê* que a mulher mencionara?

Voltou para casa e, preocupado, ficou a maquinar uma solução para seu rebanho. Sua preocupação não era com o rebanho de fiéis – esses que se danassem –, mas com o rebanho de cabritos e carneiros, pois, sem a existência deles, ia literalmente passar fome. Imediatamente, veio-lhe a ideia de um *moloch*, mas não de crianças, porém uma festa de louvação ao deus Baal Hadad. Seria uma boa ideia e imaginou uma certa pompa que pudesse dar dignidade a sua festa, e como sabia que nada poderia ser feito sem o apoio de Elischa, tencionou procurá-lo.

Dois dias depois, Elischa concordou que se fizesse um *moloch* de animais para Baal Hadad, o grande filho do deus El.[32] Elischa não poderia se furtar a ajudá-lo e o fez sem grande entusiasmo; ainda tinha em mente as cenas horrorosas do sacrifício de crianças que presenciara. Porém, como esse *moloch* era de animais, concordou.

Ficou decidido que a festa seria na lua cheia seguinte e que haveria um grande evento para festejar um ano de estadia dos forasteiros em Okeorá. Nesse período, Ahmed viria com uma grande caravana para levar o esforço de um ano de trabalho, e Elischa e Sileno voltariam para Cartago para fiscalizarem a entrega dos utensílios de ferro. Elischa pretendia viajar para Cartago e trazer um grupo de trezentos agricultores e pastores; desta feita, fariam um percurso diferente, e assim poderiam trazer o gado bovino. Com os agricultores e o gado bovino, Okeorá se tornaria independente em termos de alimentação e não dependeria mais do comércio do ferro que Adjalá e Korc estavam fazendo com as aldeias vizinhas.

Finalmente, Asdrubaal vibrou de felicidade: faria seu *moloch*, mesmo que, no futuro, o que mais desejasse era fazer um sacrifício que incluísse sangue humano. Asdrubaal refletiu que nada se equiparava à importância de um *moloch* de crianças.

---

[32] El – literalmente significa 'O" (artigo). É o nome dado ao Deus supremo entre os cananeus. Os israelitas tomariam emprestado, basta observar os nomes terminados em el – Miguel, Gabriel, Emanuel etc.

18

– Etuh não era para ter chegado anteontem? – perguntou Elischa a Sileno, quando se cruzaram numa das muitas alamedas apertadas da Okeorá cartaginesa, que os cartagineses apelidaram de Taruga.

– Ele não é de se atrasar. Será que aconteceu alguma coisa?

– Se ele não chegar até amanhã, iremos buscá-lo – replicou Elischa, já decidido.

Na manhã seguinte, nem Etuh nem nenhum dos membros de sua comitiva haviam voltado. Eles sempre iam em grupo para cortar madeira e, como a necessidade se tornara crescente, levaram dez egbas para ajudá--los. Era, portanto, um grupo de setenta e poucos homens, comandados por Etuh, que sempre levava seu amigo e amante Efungé, que servia como cozinheiro.

Elischa formou um pequeno grupo com seis cartagineses e Olabissanje, o herdeiro de Okeorá levou outros doze egbas. Fizeram a rota inversa, esperando encontrar Etuh e seu grupo. Ao cair da tarde, montaram acampamento e dormiram para prosseguir no outro dia.

Na manhã seguinte, após algumas horas de rápida marcha pela savana, subindo e descendo pequenas ondulações, viram, no fundo de uma pequena depressão, sinais do grupo de Etuh. Foram se aproximando cautelosamente. Havia bandos de hienas, leões e abutres lutando pela carniça que se espalhava por vários metros. Espantaram com grande dificuldade os animais perigosos e até deixaram uma leoa levar o corpo despedaçado de um irreconhecível alguém, enquanto olhavam horrorizados para a cena. Os corpos estavam jogados por todos os lados, os bois haviam sido mortos, assim como as carroças estavam irremediavelmente arruinadas.

Os corpos haviam sido estraçalhados pelos animais, mas, mesmo entre retalhos do que havia sido um homem, Olabissanje entendeu quem os atacara.

– Foram os kwalis. Olha uma flecha deles cravada num dos corpos.

– E quem são esses kwalis? – perguntou um dos cartagineses.

– É uma tribo que habita perto das margens do Gunara, mas não esperava que atacassem Etuh – respondeu Elischa. Desde o início, conhecia o perigo e havia alertado Etuh, mas veio-lhe a dúvida. – Será que eles se aventuraram demais no território deles?

– Sem dúvida, pois aqui é território kwali – respondeu Olabissanje. Um certo sentido de urgência apossou-se dos homens e Elischa deu ordens para arrastarem os cadáveres da melhor maneira possível para que fizessem uma grande pira. Acenderam-na com a madeira que fora deixada intacta nas carroças e partiram assim que viram que o fogo pegara firme.

Quando chegaram a Okeorá, Elischa e Olabissanje reuniram o conselho e contaram o sucedido.

– É imperativo vingarmos nossos mortos – disse Urasange, profundamente indignado.

– Creio que deveríamos investigar melhor o motivo de tal ataque – disse Adjalá. – Os kwalis vivem em paz conosco há muitos anos. Aliás, não me lembro de ter sequer escutado que tivessem tido qualquer querela conosco.

– Ora, Adjalá, não há o que conversar. Eles mataram dez dos nossos e vários amigos *funfun*. Quem sabe o que farão amanhã. Devemos ficar esperando que venham até nossa aldeia e nos degolem enquanto estamos dormindo?

– Não se trata disso. Entretanto, antes de sairmos com sede de sangue e matarmos todos os nossos vizinhos, devemos conversar com eles. Pode se tratar de um grupo de kwalis renegados. Quem saberá o que aconteceu se não investigarmos?

– Adjalá quer resolver tudo na conversa – atalhou Inossé. – Pois eu lhes digo que este é um assunto de homens e, portanto, nós, os homens, devemos decidir.

Sempre que Inossé podia, fazia algum comentário menos airoso sobre sua masculinidade. Adjalá respirou fundo para não deixar que sua irritação respondesse ao forte guerreiro.

– Meu medo é que, se nós não retaliarmos duramente – interveio Elischa –, os kwalis poderão tornar-se audaciosos e realmente, como bem disse Olabissanje, amanhã poderão atacar nossa aldeia. Temos mulheres e crianças para proteger. Portanto, acho que vale a pena fazermos uma incursão guerreira e colocarmos os kwalis em seu devido lugar.

– Antes de decidirem sobre a guerra, permitam que eu vá até a aldeia kwali e converse com seus anciões. Tenho certeza de que este ataque aos nossos homens foi uma atitude intempestiva de jovens guerreiros. Os mais velhos hão de me aceitar bem e poderemos conseguir extrair madeira de suas terras sem guerra – disse Adjalá, tentando uma última cartada em favor da paz.

– Não arriscarei a sua vida numa aventura dessas – afirmou o rei. Adjalá ia retrucar, mas, com um gesto firme, o velho *oba* ordenou:

– Nada mais há para se dizer. Os kwalis mataram nossos homens e os nossos amigos. Formaremos um grupo de guerra sob o comando de Olabissanje. Os *funfun* irão conosco e serão comandados por Elischa. E assim será feito!

A reunião terminou com um ar festivo. Inossé sorriu para Adjalá com despeito; vencera a discussão e o colocara em seu lugar.

Que alegria ir à guerra! Rejubilaram-se os jovens guerreiros, tanto egbas como boianos: haverá lutas e batalhas, aventuras e glória. Começava a guerra contra os kwalis.

19

Durante dois dias, os cartagineses juntaram seus melhores homens, enquanto os egbas não tiveram problemas nesse sentido, pois, naqueles tempos, o caçador também era guerreiro. No terceiro dia, um grande grupo de trezentos homens partia para a guerra com Olabissanje no comando e Elischa coordenando os forasteiros. Muitos dos cartagineses não tinham apetite para o combate e, na frente dos demais, disseram que iriam, mas na hora de ajuntar a tropa, não compareceram. Assim, Elischa, decepcionado, observou que só tinha oitenta homens brancos, enquanto todos os guerreiros egbas estavam engalanados para a luta.

No caminho, Elischa perguntou a Olabissanje:

– Quantas vezes vocês lutaram?

– Nunca fomos à guerra. Esta é a primeira vez. Não é emocionante? – respondeu Olabissanje, rindo como uma criança excitada.

Elischa, que já vinha sentindo um frio no estômago, ficou ainda mais preocupado. Quer dizer que aquele bando de guerreiros seminus, cheio de miçangas, colares e peles de animais jamais havia travado uma batalha? Muito menos ele, e sentia pavor de ser morto ou de ser ferido e de que a ferida doesse muito. Estava arrependido de ter sido um dos que mais incentivaram uma expedição punitiva contra os kwalis. Se pudesse voltar atrás, ele o faria de bom grado.

Respirou fundo umas três vezes, procurando se convencer de que tudo iria correr bem e que os kwalis seriam derrotados, ou, melhor ainda, fugiriam espavoridos. Ah, essa seria a melhor solução! Desmoralizariam o inimigo, mas sem correr o risco de morrer.

Lembrou-se dos irmãos boianos e das aventuras que Cathbad contava sobre seus extraordinários feitos em batalha. Deu alguns passos para trás e perguntou a Cathbad:

– Vocês já estiveram em batalha, não é verdade?

– Uma maravilha, meu amigo, uma maravilha. Um terror. O coração quase a sair pela boca. O sangue a correr em suas veias como se fossem gazelas a fugir dos leões. Que sensação majestosa! – respondeu Cathbad com os olhos injetados de sangue, como se já antegozasse os prazeres a vir.

Elischa ficou horrorizado e pensou que eles eram doidos. Será que não sentiam medo? Não entendera que era exatamente a sensação de medo que Cathbad descrevera, e que o prazer consistia em dominar esse pavor e regozijar-se dessas sensações terríveis.

Elischa já ouvira falar em movimentos de tropas, de emboscadas e de como os grandes exércitos da época – os persas, os gregos, os etruscos e outros –, armavam suas tropas em combate com formações especializadas. Mas pelo jeito nenhum deles, nem egbas nem boianos, conheciam nada disso. Nessa hora, lembrou-se das palavras de um velho amigo de seu pai, um general que lutara muitas batalhas por Cartago: a guerra exige cabeça fria e um coração de pedra. O melhor caminho para a derrota é uma cabeça quente, e Elischa se viu rodeado de cabeças quentes.

Os kwalis haviam atacado Etuh e seus homens numa emboscada que deu pouca chance de defesa. Em sua opinião, aqueles homens haviam maculado seus bosques sagrados e os *eborás* tinham que ser satisfeitos com sangue dos infiéis que haviam conspurcado seus locais sacros. Após matarem os homens, viram pelas miçangas e adereços dos egbas que eram homens de Okeorá. Não sabiam que estranhos homens brancos eram aqueles, mas não os temeram. A maioria nem sequer tentou reagir e muitos morreram implorando para serem poupados. Por outro lado, sabiam que haveria retaliação e postaram pares de vigias nos principais caminhos.

A expedição punitiva saíra sem comida e devia alimentar-se do que encontrasse; uma má providência, já que o planalto de Bauchi era um

O Cajado do Camaleão 93

lugar quase deserto e a caça rareava. No terceiro dia, passaram fome. As duas gazelas que caçaram eram magras demais para alimentar trezentos homens.

Na manhã do quarto dia, despertaram com os gritos dos kwalis. Estavam alinhados a uns trezentos metros. Eles cantavam, enquanto bailavam uma dança agressiva de guerra. Seria um espetáculo maravilhoso de perfeita coordenação, se não fosse uma preparação para uma batalha. Vendo os kwalis assim tão cheios de disposição guerreira, Elischa sentiu um arrepio em todo o seu corpo; se pudesse, teria ficado em casa, mas agora era tarde para retroceder.

Quando viu o grupo, Cathbad virou-se para seu irmão e, em gaulês, traçaram sua estratégia como se os demais não existissem.

– Você viu aquele grupo de oito homens com mais plumas do que os demais? – disse Cathbad, apontando para os kwalis.

– Só você acha que tem olhos de lince? – respondeu-lhe Korc, jocoso.

– São os chefes – afirmou o gigante.

– Não me diga. Aposto como vou arrancar mais cabeças do que você – desafiou Korc, puxando a espada e limpando o fio com a bainha.

– Isso ainda está para acontecer. O sol ainda não nasceu para ver um boiano cortar mais cabeças do que Cathbad.

Ambos sabiam que o desafio entre os dois irmãos, que se adoravam, era uma forma de se motivarem para a batalha. Eles tiraram toda a roupa, foram até a fogueira e pegaram cinza, passaram nos cabelos, no corpo, cuspiram na mão e com a cinza molhada fizeram sinais em seus corpos e nos rostos. Cada um pintou as costas do outro. Ficaram duas figuras impressionantes. Korc, com mais de um metro e noventa e seu irmão, com dois metros e pouco, completamente nus, descalços, pintados de cinza escura, já que não tinham pó azul para fazê-lo.

Avançaram em direção aos kwalis, rindo e manuseando a espada de um lado para outro e, de vez em quando, mexiam os quadris, jogando seus pênis de um lado por outro e gargalhando como loucos; falavam em gaulês as mais escabrosas obscenidades que ninguém entendia, mas compreendiam perfeitamente o sentido. Um efeito imediato da aparição dos dois titãs foi que os kwalis ficaram quietos, olhando aqueles dois homens vindo em sua direção, andando e falando uma língua estranha. Seriam demônios; sim, porque é sabido que os demônios são brancos. Um certo temor se apossou das fileiras kwalis.

94 A SAGA DOS CAPELINOS

Os egbas e os cartagineses foram seguindo os dois boianos. Os egbas estavam sérios, mas prontos para o combate com suas facas de sílex, seus grossos porretes de madeira maciça e seus arcos e flechas. Já Elischa seguia os boianos, ao seu lado, olhando um tanto estapafúrdio para aqueles homens que pareciam duas crianças travessas indo brincar com os amigos.

A uma distância de vinte metros, Cathbad parou e virou-se de costas para os kwalis. Fazia um silêncio sepulcral, pois nem as aves se aventuravam perto daqueles homens cujos piores instintos estavam a ponto de serem liberados. Cathbad abaixou-se um pouco e, subitamente, expeliu uma série de gazes sonoros, algo tão extemporâneo quanto gargalhar sobre um caixão de um amigo no meio de seu velório. Korc, que conhecia o jeito boiano de ofender os inimigos, gritou o nome do deus Taranis a plenos pulmões.

Chocado, Elischa ficou estarrecido com a atitude de Cathbad. O homem é um louco que brinca com a morte como se fosse inatingível. Será que ele nada teme, perguntou-se, enquanto observava Cathbad voltar-se para os kwalis com um rosto risonho de deboche. O que Elischa não entendera é que aquele gesto, para Cathbad, não fora gratuito; tinha a função de humilhar e intimidar o inimigo.

Os dois boianos mudaram suas expressões jocosas para um rosto severo, que logo se transformou em puro ódio, e, como se fossem um só, atacaram os kwalis numa velocidade impressionante. Até mesmo Elischa, acostumado a ver Korc e Cathbad duelarem um com o outro em treinamento, ficou estarrecido com a agilidade dos dois homens; como é que homens tão grandes podiam ser tão velozes?

O mesmo devem ter pensado os primeiros kwalis, quando a espada dos boianos os foi derrubando como se fossem bonecos. Os egbas atacaram e os cartagineses os seguiram. Travou-se uma luta de vida e morte, na qual somente os boianos levavam nítida vantagem sobre os demais. Os egbas e os kwalis lutavam com as mesmas armas e o combate corpo-a-corpo só propiciava leve vantagem ao mais forte e mais destro. Os cartagineses, mesmo não sendo bons guerreiros, já que não havia lutadores profissionais entre eles, levaram pequena vantagem sobre aqueles que enfrentaram devido às armas de ferro e aos escudos que alguns haviam trazido.

Cheio de medo, Elischa lutou como um bravo. Seu pavor transformava-se em raiva e fúria, e esta combustão de sentimentos é que conseguiu mantê-lo vivo. Cathbad ganhou a disputa com seu irmão; conseguiu matar

O Cajado do Camaleão 95

e decepar a cabeça de quatro chefes enquanto que Korc teve que se contentar somente com três. Mas, além dos chefes, cujas cabeças cortaram em pleno combate, ainda mataram mais seis a oito homens cada um, porém não decapitaram a cabeça deles; somente os chefes é que tinham forte *asu*.

Quando a batalha terminou, cerca de quinze minutos depois que começara, os egbas eram os donos do terreno. Os kwalis fugiram assim que seus chefes foram mortos pelos dois demônios brancos, Cathbad e Korc. No entanto, os egbas haviam sofrido um terrível revés; vários de seus bons guerreiros haviam morrido, entre eles, Olabissanje, o irmão de Adjalá, e Ijeberô, o noivo de Mowo.

– Vamos persegui-los. Temos que matá-los, tocar fogo em sua aldeia e tomar as mulheres – disse Cathbad, entusiasmado. Korc meneava a cabeça em assentimento. Sim, em sua opinião, não se deixa o inimigo vivo se podemos trucidá-lo.

– Não podemos. Os egbas perderam Olabissanje e estão acéfalos. Eles não querem mais lutar e não irão me obedecer – respondeu Elischa, tentando recuperar o fôlego e acalmar seu coração.

– Será que não entendem que é preciso arrasar os kwalis? Amanhã eles poderão voltar e nos atacar – afirmou Korc, irritado.

Sem se dar o trabalho de responder, Elischa, cansado de tanta violência, deu as costas e resolveu voltar para Okeorá. No caminho de volta, Cathbad e seu irmão encontraram um riacho e banharam-se até tirar toda a sujeira, sangue, cinzas e poeira. Os dois lavaram também as cabeças dos kwalis, enquanto Cathbad ria-se do irmão mais velho, mostrando que vencera o desafio. Korc não estava insatisfeito; amava tanto o irmão caçula que a sua vitória também era a dele. Penduraram as cabeças na cintura e voltaram cantando canções guerreiras gaulesas, arrancando risos de alguns cartagineses; Cathbad era desafinado como um pato rouco, mesmo que seu irmão Korc não o fosse.

A chegada em Okeorá logo se transformou de alegria em choro e cenas de revolta; houvera mortos em excesso tanto do lado cartaginês como dos egbas. Urasange, o rei de Okeorá, lastimou amargamente a morte de seu primogênito. Agora que ele estava velho, sentindo que não tinha muitos anos de vida, sua tribo teria que ser cuidada por Adjalá. Será que seria a pessoa certa? Não era um guerreiro, mas era corajoso e sábio. Será que os *eborás* e os *imolés* o tinham escolhido? Essas dúvidas corroíam o velho *oba*.

Durante alguns dias, Urasange andou se inquietando com o assunto. Assim que passou o período de um mês lunar do enterro dos egbas, reuniu-se em conselho com os *ajés* e as famílias mais proeminentes da tribo.

– Com a morte de meu filho Olabissanje, será que a tribo terá que ser comandada por Adjalá após minha morte?

Da forma como colocara e pelo tom de sua voz, Urasange parecia desejar que discordassem dele. No fundo era isto que queria, mas, se aceitassem Adjalá como futuro rei, que não viessem depois recriminá-lo.

– Adjalá é um homem de grande sapiência. Sua cabeça não encontra paralelo entre nenhum de nós, além de ser o eleito de Arawê, mas... – o comentário de Agbosu dava a entender que ele não achava o jovem como o mais capaz.

– Os guerreiros não seguirão um homem que nem sequer é casado. Ele nem pegou em armas contra os kwalis. Por ele, eles teriam se livrado de nossa vingança – comentou Inossé.

– Não sei se teria sido melhor ouvi-lo. Olabissanje estaria vivo.

– E a tribo toda morta – atalhou Umatalambo. – A guerra fez-se necessária e foi uma fatalidade que Olabissanje tenha sido morto. Agora temos que escolher um outro guerreiro para sucedê-lo, quando for o tempo, naturalmente.

– Nós temos que escolher o guerreiro mais bem-aceito pela tribo – afirmou Onduregalambo, um dos mais fortes chefes-de-guerra egbas.

Imediatamente, Agbosu reagiu, num pulo, e respondeu:

– Quem tem que escolher o futuro *oba* são os *eborás* e *imolés*. Eles é que determinam tudo.

– De fato! – concordou Urasange. – Mas como saberemos a determinação dos *eborás*?

Um outro *ajé* presente, vendo que Agbosu poderia ter a primazia da escolha, entrou rapidamente na conversa, dizendo:

– Os *ajés* da aldeia irão consultar os *eborás* e os *imolés* e, dentro de um certo tempo, trarão a resposta ao *oba*.

Agbosu ia dizer que a decisão seria exclusivamente dele, mas a aldeia tinha oito *ajés* e, mesmo sendo ele o mais importante, por ser o mais velho, os outros concordaram, falando todos ao mesmo tempo. A voz e a vontade de Agbosu ficaram obliteradas pela avalanche de sugestões dos demais.

O Cajado do Camaleão

97

– Está bem – interrompeu Urasange. – Consultem os *eborás* e voltem com suas indicações na próxima lua cheia. Mas saibam que a decisão final será minha.

Adjalá não fora convidado, propositadamente, pelo seu pai para que os demais pudessem se sentir mais à vontade para indeferir seu nome. Mas ele tinha que avisar ao filho; não ficaria bem que soubesse por outro.

Naquele mesmo dia, mandou chamá-lo. Adjalá entrou na sala do pai e sentou-se num tamborete baixinho, enquanto aguardava o rei se pronunciar.

– Adjalá, meu filho, tenho uma má notícia a lhe dar.

– Parece que meu pai só me procura para me dar más notícias – comentou Adjalá, olhando-o com seriedade.

– Você nunca me perdoou o fato de ter determinado sua morte – atalhou Urasange, com um olhar angustiado.

– Não, meu pai, você é que nunca se perdoou – respondeu Adjalá, num tom seco, quase metálico.

Urasange irritou-se. Adjalá tocara numa ferida aberta e ela voltara a sangrar.

– Você não será rei após minha morte. O conselho determinou que os *ajés* irão consultar os *eborás* para saber quem eles irão escolher.

– Um bom jeito de os *ajés* aumentarem seu rebanho.

O tom sarcástico de Adjalá surpreendeu o *oba*. Era raro que ele agisse assim, pensou o pai.

– Como assim? – perguntou Urasange.

– Ora, meu pai. Temos quantos bons guerreiros que podem ocupar seu lugar? Quatro a cinco, se muito. Cada um deles há de corromper os *ajés* para que ele seja o indicado – respondeu Adjalá com visível desgosto na voz.

– Os *ajés* jamais se corromperão. Muito me admira você, Adjalá, emitir um conceito tão baixo de nossos *ajés*. Parece até que você não os conhece – alteou a voz, mas Adjalá notou que nem o velho rei acreditara no que falara.

– É porque os conheço de sobejo que lhe digo que ficarão mais ricos. Nunca me passou pela cabeça ser rei, pois desde que sou pequeno tinha em conta que meu irmão seria seu sucessor. Contudo, foi da vontade dos *eborás* que fosse morto pelos kwalis, numa luta que previ que seria sangrenta. Mas de nada adiantam essas manobras, pois, se for da vontade de Olorun, eu serei o próximo rei de Okeorá.

Dita num tom meigo, a resposta de Adjalá desconcertara o pai. Ura-sange olhou-o, desafiador e com certo desdém no semblante, e redarguiu num tom duro:

– Eu ainda mando aqui, sabe disso?

Com um sorriso doce, Adjalá meneou a cabeça em assentimento, le-vantou-se do banco, deu-lhe as costas e saiu da casa do pai. Não estava aborrecido porque o pai lhe dissera que não seria o rei, mas pelo fato de o pai não ter confiança nele. Parecia amá-lo, mas havia uma distância enorme entre os dois, e fora o pai que o pusera para fora de sua vida. Desde quando fora obrigado a entregá-lo em sacrifício a Arawê e o deus não o quis, que o rei não se perdoava pela sua fraqueza. E ver Adjalá, diariamente, em nada ajudava a cicatrizar essa ferida que teimava em não fechar.

Assim que saiu da casa paterna, Adjalá viu quando avisaram a Mowo sobre a morte de seu pretendente. Ela se entristeceu, mas não se deses-perou. Adjalá perguntou-se se ela o amava de fato, ou era apenas um daqueles casamentos arranjados pelas famílias. Tudo indicava, pela sua reação, que gostava do noivo, mas não o amava.

Em suas preces noturnas, Adjalá perguntou a Elessin-Orun como de-via se comportar perante o fato de ter sido rejeitado como futuro rei. Aguardou o comparecimento do seu guia espiritual, mas nada aconte-ceu, e Adjalá, cansado de tanto esperar, adormeceu. Nem sempre os deuses respondem às nossas preces; nem sempre estamos prontos para as respostas.

20

O *moloch* de Asdrubaal não fora cancelado de fato. Era óbvio, en-tretanto, que em tais circunstâncias não podia ser realizado, contudo, o sacerdote cartaginês não desejava cancelar a sua apoteótica festa por nada no mundo. Alardeou, desta forma, que Baal Hadad daria bênçãos especiais a quem comparecesse. Mandou uma mulher lhe fazer uma ves-timenta especial com um tecido que ela tinha trazido de Cartago. Estaria vestido com uma túnica amarela viva e preparou-se exaustivamente para o *moloch*; eximiu-se de comer carne e de sexo, o que já fazia normalmente.

O CAJADO DO CAMALEÃO

Absolutamente ninguém apareceu. A maioria dos cartagineses pobres detestava seus sacerdotes e os *molochs*. Além do que muitas famílias tinham perdido um parente ou um amigo para os kwalis, e estavam tristes e acabrunhados. Algumas das casas haviam perdido o cabeça-de-casal e as mulheres e crianças não sabiam o que iriam fazer para sobreviver. Muitas já imaginavam voltar a Cartago, onde tinham parentes que poderiam condoer-se e socorrê-las.

A espera pelos seus fiéis só fez Asdrubaal ficar profundamente magoado. Retirou-se para o interior de sua casa após esperar por mais de duas horas o comparecimento de suas ovelhas, em ambos os sentidos. Sentou-se na cama, cheio de comiseração por si mesmo, achando-se um destituído da fortuna, um abandonado dos *baals*. Aos poucos, foi transformando sua mágoa num ódio irascível, numa revolta contra todos e especialmente contra os *baals*. Começou a imprecar contra eles, desafiando-os a se mostrarem para ele. Alternava momentos de fúria com passagens de profundo desgosto, quando então chorava de raiva. Adormeceu com os olhos cheios de lágrimas.

No outro dia, por volta do meio da tarde, a pachorrenta Okeorá foi perturbada com a chegada da caravana de Ahmed. A sua chegada estava prevista e foi bem recebida por todos. Trazia alimentos secos, carnes salgadas, tecidos luxuosos e joias. Rapidamente, começaram a fazer as trocas e Ahmed ganhou duplamente, tanto como transportador quanto como comerciante.

A caravana iria embora em três dias e nesse período muitos que haviam vindo resolveram partir, levando suas famílias, o dinheiro amealhado que lhes daria um recomeço em Cartago, em Leptis e outras cidades cartaginesas. Entre eles, iam Elischa e Sileno, deixando as forjas sob o controle de Elwyd, o mais velho e respeitado membro de Taruga, a aldeia dos forasteiros.

Desiludido, Asdrubaal pensou em partir, mas nem dinheiro para sua passagem ele tinha. Por outro lado, retirar-se seria o mesmo que admitir que fora derrotado. Ficou, no entanto, ainda mais angustiado: o que iria fazer para ganhar a vida? Com o intuito de procurar um meio de vida, Asdrubaal foi visitar as forjas. Viu quando os homens descarregavam as pedras e falou com eles. Quem sabe se não poderia trabalhar como carregador de pedras e ganhar o seu sustento? Trabalhar era uma ideia que o horrorizava, mas em face da fome crescente não havia alternativa. Um deles, um homem de porte taurino, mal-encarado, respondeu-lhe com certa raiva na fala:

– O que você quer saber, ó sacerdote?

– Apenas saber quanto você ganha – respondeu Asdrubaal desconcertado.

– O suficiente para não morrer de fome.

– Se não está bom, por que ficou?

– Ir embora, como? Os tuaregues cobram caro pelo transporte.

– É verdade, mas, se vocês não trouxerem pedras, os ferreiros não poderão fazer o ferro. Vocês não viram que eles dependem de vocês?

O homem olhou-o com outros olhos. Que coisa tão óbvia! Como não se dera conta disso? Asdrubaal notou sua expressão de surpresa e perguntou-lhe:

– Como é seu nome, meu bom homem?

– Não sou seu bom homem – respondeu irritado com os modos excessivamente polidos do sacerdote, mas, vendo que sua resposta grosseira não havia vencido nem afastado o risonho Asdrubaal, disse que seu nome era Etubaal.

– Só existe um problema, Etubaal – e, vendo a expressão de beócio no rosto do interlocutor, Asdrubaal, sentindo-se superior àquele homem, prosseguiu: – São os seus colegas. Se somente você cobrar mais caro e os demais cobrarem barato, então você será excluído pelos ferreiros. O que você precisa é estabelecer um preço justo pelo seu trabalho e todos cobrarem o mesmo preço.

– E se alguém não aceitar?

– Acidentes acontecem, não é mesmo?

Não era preciso ser um sábio para entender as palavras de Asdrubaal. Demonstrando que entendera a alusão, Etubaal sorriu, mostrando os dentes podres em sua bocarra. Claro que sim! Pedras rolam, picaretas soltam as pontas e as pessoas têm o péssimo hábito de morrerem de noite, asfixiados por estranhos humores. Quem pode predizer o que vai acontecer?

– Você me ajudaria a falar com os demais? – perguntou Etubaal.

– Claro, meu amigo Etubaal. Formaremos um time invencível.

O sorriso radiante de Asdrubaal demonstrava que, sem querer, descobrira um caminho alternativo para se tornar rico.

O Cajado do Camaleão

101

Naquela noite, Etubaal reuniu os mineradores de pedras, assim como aqueles que iam cortar árvores no território kwali. Asdrubaal disse-lhes o que cobrar, o quanto deviam receber e, em vez do sistema de diárias, obrigariam os ferreiros a comprarem suas pedras por peso.

Alguns acharam a história um pouco complicada e preferiam deixar tudo como estava. Etubaal e mais dois acólitos surraram os três recalcitrantes na frente dos demais e ameaçaram de morte todos os que se opusessem ao novo esquema. Uma boa parte dos trabalhadores era egressa das prisões cartaginesas e Etubaal tinha ascendência física sobre eles. Nesse tipo de sociedade, o mais violento manda e Etubaal era um homem robusto, alto e extremamente forte, com uma pança proeminente. Os demais aceitaram o novo esquema sem discutir; o sacerdote não dissera que era melhor para eles?

Desse modo, estabeleceram que toda produção fosse levada até o templo, onde seria pesada e contabilizada. Os ferreiros que quisessem, teriam que ir até lá e adquirir por peso o que desejassem. Asdrubaal faria todas as conferências e contabilizaria tanto as pedras como as madeiras. Etubaal estabeleceu um modo de guarda para não serem roubados.

Os dias que se seguiram foram de intensa discussão entre os ferreiros e os catadores de pedras e madeira. Naturalmente eles reclamaram, pois antes recebiam tudo que desejavam e apenas pagavam uma pequena parcela a Elischa, que comprava a comida para alimentar os trabalhadores. Já agora era diferente e alguns disseram que não aceitariam o novo esquema, entre eles, Elwyd e os dois titãs boianos. No entanto, após refletirem bem, viram que estavam em inferioridade numérica, assim como era perigoso tentarem lutar contra cinquenta ou mais facínoras.

Por um golpe de pura astúcia, Asdrubaal tinha arranjado um engenhoso meio de ganhar dinheiro. Pelo acordo com Etubaal, ele tinha direito a uma parcela, o que lhe permitiu botar comida à mesa, especialmente carneiro, que era seu prato predileto. Mas o melhor é que agora conseguira ter ascendência sobre um importante grupo e esta predominância lhe trouxera poder.

21

– Como posso ajudá-lo, meu nobre Adjalá? – perguntou Elwyd, enquanto preparava mais um molde, em sua forja.

– Não sei ainda. Pensei muito e concluí que você poderá me ajudar na minha dúvida.

O velho meneou a cabeça como quem dissesse: fala. Adjalá contou-lhe sobre o fato de o pai não desejar que se tornasse rei, após sua morte, assim como da escolha a ser feita. Achava que os *ajés* não seriam honestos na escolha. Todos o viam como um homem santo, mas, quando o pai morresse, sem dúvida, correria perigo de vida. Quem, em sã consciência, ao assumir o poder deixaria um pretendente vivo? Sabia que seria sempre uma sombra perigosa para qualquer candidato.

– Por que você não fala essas coisas com seu pai?

– Falei, mas disse-me que não achava que eu tinha o estofo para ser rei.

– E você, o que acha?

Perguntara mais para saber a opinião de Adjalá; para ele também o jovem estava mais para um *merlin* do que um rei.

– Um rei é igual a um pai. Deve ser capaz de conduzir seus filhos para que vivam em harmonia, para que possam, por si sós, providenciar meios para viver e orientá-los nos momentos difíceis. Nesse ponto, só os *eborás* estão preparados para serem verdadeiramente pais, mas, abaixo deles, não vejo ninguém mais preparado do que eu. – Após uma rápida pausa, arrematou: – O que me falta é experiência na caçada e nas lutas singulares. Nunca tive apetite para tais coisas, mas jamais poderei ser rei se não demonstrar aos meus guerreiros que sou tão bom quanto eles; além disso, ninguém reina sem guerreiros.

– Tempos duros, mas suas palavras são a verdade. Mas o que lhe falta, Korc pode lhe dar, desde que queira. Você quer?

Com o rosto sério, Adjalá concordou.

Elwyd chamou Korc. Durante alguns instantes, eles falaram em gaulês, enquanto Adjalá escutava sem nada entender. No final da conversa, Elwyd virou-se para Adjalá e perguntou-lhe.

– Você pode estar aqui diariamente antes de o sol se levantar? Adjalá aquiesceu com um meneio de cabeça.

– Korc vai lhe ensinar o que lhe falta. Você está disposto a aprender?

O Cajado do Camaleão

– Claro, mas do que se trata?

Os dois boianos riram.

– Não seja curioso, Adjalá, só as mulheres são curiosas – disse Korc, sorrindo.

– As mulheres e os sábios – retrucou Adjalá, sorrindo e depois complementou: – O que, aliás, são a mesma coisa.

Korc fez uma careta de horror, mas Elwyd sorriu com a sapiência do jovem. Ficou então combinado que Korc ensinaria certas técnicas boianas a Adjalá, antes de o sol nascer, e isto era para ser um completo segredo.

22

Na noite de lua cheia, os oitos *ajés* foram até Urasange e apoiaram a pretensão de seus candidatos. Eram três guerreiros: Umatalambo, Inossé e Onduregalambo. Urasange, sabiamente, não fez sua escolha na hora e disse que iria considerá-los no tempo devido.

Ora, como era de se esperar, os guerreiros da tribo dividiram-se em torno dos três nomes, em proporções mais ou menos iguais, sendo que o grupo menor era formado por Inossé. Essa divisão iniciou algumas discussões acirradas de quem era o melhor e algumas facções começaram a ver a outra como inimiga. Por sua vez, os candidatos procuravam atrair os indecisos ou aqueles que demonstravam não serem muito radicais em seus apoios aos outros candidatos.

Começaram a costurar uma aliança feita sob o interesse pessoal. Okeorá estava dividida e Adjalá, entristecido, procurou fazer mais uma viagem para negociar o ferro e, desta vez, levou Cathbad em vez de Korc, que estava indisposto, com febre e tossindo muito.

Visitaram várias aldeias, sempre com sucesso, e retornaram com cabritos e carneiros. Vinham rápido, pois o medo de encontrarem leões ou hienas era uma constante. Na terceira noite, quando ainda faltavam dois dias para voltarem para casa, acamparam numa clareira. Enquanto os egbas que acompanhavam Adjalá acendiam a fogueira e preparavam o que comer, Cathbad viu um bando de gnus e disse que iria caçá-los. Adjalá o aconselhou a não se afastar deles, pois a noite estava para cair.

104   A SAGA DOS CAPELINOS

Avançou cautelosamente entre os arbustos baixos para surpreender os animais. Precisava chegar bem perto para acertá-lo, pois sabia que, como flecheiro, era bisonho. Os gnus sentiram seu cheiro quando o vento mudou, assustaram-se e dispararam. Não se dando por vencido, correu atrás deles, no entanto, por mais rápido que fosse, não era páreo para animais tão rápidos.

Após correr por uns trezentos metros, cansou-se e parou, olhando os gnus se afastarem a pleno galope numa distância impossível de se alcançar. Riu de si mesmo e comentou alto consigo.

– Que burrice! Agora vou ter que voltar tudo a pé.

Olhou para trás e não viu o acampamento. Confiou no seu senso de direção e voltou caminhando lentamente, recuperando o fôlego, observando que a noite caía rápido. Alguns minutos depois, numa noite sem lua, escura como breu, deu-se conta de que estava perdido. Parou de andar com receio de tropeçar em algo, tirou a sua espada da cintura e, com um medo terrível no coração, sentou-se no chão.

A noite foi longa e Cathbad cochilou algumas vezes. Despertou por várias vezes com qualquer barulho que escutava. Nunca se sentira tão aterrorizado em sua vida; sabia que podia ser atacado por predadores e não era capaz de vê-los. Imaginava-os a rondá-lo e que poderia ser morto a qualquer instante. Finalmente, a manhã surgiu radiante, prenunciando mais um dia quente. Cathbad, com fome e sede, levantou-se e começou a andar em busca do acampamento.

Enquanto Cathbad se aventurara atrás de caça, Adjalá e seus companheiros ficaram indóceis com sua partida. Quando a noite caiu, ficaram ainda mais atentos; o rebanho que traziam podia atrair predadores. Passaram uma noite de angústia e, de manhã, partiram, não sem antes darem uma olhada em volta para ver se encontravam o boiano. Adjalá partiu com o coração opresso; amava o amigo e rezava para Elessin-Orun protegê-lo.

Chegaram em Okeorá e Elwyd foi logo avisado do desaparecimento do filho. Ficou consternado e, por mais que Korc tentasse acalmá-lo, maldizia-se dizendo que não devia tê-lo deixado partir. Nessas horas, teve o pensamento tardio de que tivera um pressentimento, mas que não dera maiores atenções à sua intuição.

Durante quatro dias, Cathbad procurou por um sinal de algum lugar conhecido e continuou a caminhar, agora com enormes dificuldades. Uma fraqueza avassaladora tomara conta de seu corpo, enquanto um

O Cajado do Camaleão

desespero crescente ia possuindo sua alma. A cada morro que vencia, esperava ver um rio ou um marco da região que pudesse reconhecer, e seu coração se confrangia vendo ainda mais morros e, eventualmente, outra floresta fechada. Sabia que o local constituído de mato baixo era um perigo; escondia os animais perigosos e armadilhas da própria natureza, como falhas no terreno, que eram propícias para se torcer um tornozelo e, com isto, decretar a morte do caminhante.

No quarto dia de caminhada, e com o olhar esgazeado de fome, sede e desespero, já tendo perdido mais de cinco quilos, Cathbad lançava seu corpo à frente, na tentativa de dominar o cansaço e a fraqueza. Em determinado instante, chegou perto de umas rochas, onde o terreno era mais seco e o mato, rasteiro. Foi com o coração aos pulos que viu uma leoa a menos de dez metros. Estacou e puxou sua espada. Levantou-a acima de sua cabeça e aguardou.

A leoa partiu com rapidez para o ataque. Neste momento, sob o efeito do medo, com o coração disparado, Cathbad reuniu suas últimas forças para repudiar o ataque da fera. Ela avançou com extrema velocidade, mas o gaulês, acostumado com a carga dos javalis europeus, aguardou que chegasse perto. A leoa saltou para o ataque, com as patas dianteiras no ar e a cabeça elevada. Nesse instante, o boiano arriou a espada com toda força e desespero que possuía. A arma atingiu-a no meio da testa e desceu até rachar a bocarra do animal.

O animal já havia dado o bote e, mesmo com o golpe mortal na testa, prosseguiu em sua trajetória e suas garras fincaram-se no peito e no ombro de Cathbad. Com o peso da leoa, ele caiu para trás, enquanto o animal, com um pouco de vida, ao estrebuchar, fincou ainda mais profundamente suas garras nele. Com a queda, a espada voou longe e, numa rapidez incomum, acreditando que a leoa ainda estava viva, Cathbad, ainda debaixo da leoa, conseguiu retirar a adaga da cintura e cravou-a no pescoço da fera por várias vezes num frenesi ditado pelo terror.

Saiu debaixo da fera com enorme rapidez, completamente trêmulo. Nunca o medo o havia possuído com tamanha intensidade. Não se dera conta de que a leoa estava a caminho da morte. Como ela ainda estrebuchava e, com a raiva motivada pelo medo, lançou-se sobre a fera e a esfaqueou mais de uma dúzia de vezes, até que o animal parou de tremer.

Levantou-se completamente sujo de sangue – seu e da leoa – e com o peito e o ombro a sangrar abundantemente. Neste instante, sentiu uma dor no costado e constatou que havia fraturado duas costelas. O sangramento aumentou e o sangue vivo encharcou o seu peito. Procurou por sua espada e não teve dificuldades em encontrá-la, mas, quando ia colocá-la na cintura, viu uma nova cena que o enregelou até os ossos: nesse instante, estava completamente cercado por doze kwalis, armados de grossos porretes, além de arcos e flechas.

Os kwalis haviam visto a leoa se esgueirando no mato e pensaram que provavelmente mataria um antílope ou um outro animal e, se eles fossem rápidos, poderiam enxotá-la e ficar com a presa. De certa distância, presenciaram o combate rápido e furioso de Cathbad com a leoa. No meio do embate, um deles o reconheceu. Como fizera parte do grupo que fora atacado por Cathbad, constatou que fora ele que decepara a cabeça de vários de seus chefes guerreiros.

Num átimo, Cathbad pensou que hoje tinha que ser o dia de sua morte: escapara da leoa e agora tinha que enfrentar os kwalis. Que seja, pois! Estava determinado a ter uma honrosa morte de boiano. Enquanto os homens o cercavam, aproximando-se dele cautelosamente, retirou a tanga que o cobria, jogando-a por terra, e, com o olhar tresloucado, falou em sua língua de boiano:

– Venham, seus demônios. Hoje é um bom dia para morrer!

23

A chegada em Cartago foi um retumbante sucesso e Elischa foi recebido como herói. O pai o beijou nas faces, enquanto a mãe chorava copiosamente. Jahimilk, seu irmão, até sentiu uma pontada de inveja pelas aventuras do irmão, mas, quando ele lhes contou em detalhes as dificuldades que enfrentou, com alguns exageros que o notabilizaram a frente dos olhos paternos, o irmão mudou de ideia e deu-se por feliz por ter permanecido no conforto do lar.

Sileno embarcou com a parte das armas de Vulca e singrou, não sem antes jurar que voltaria. Elischa sabia que falava a verdade; deixara três mulheres egbas chorosas com sua partida, sendo uma grávida. Por outro lado, Sileno lhe dissera que detestava sua mulher etrusca que vivia gastando tudo que ele ganhava.

O Cajado do Camaleão 107

Gisgo fez questão de fazer uma grande festa para o filho e até mesmo o sufete foi convidado. Era óbvio que compareceria, já que o jovem lhe trouxera seis mil excelentes espadas para seu exército. Além disso, vinte mil pontas de lanças e mais de cem mil pontas de flechas também foram entregues para equipar as forças de Cartago.

A festa foi preparada com esmero e toda a Cartago fez questão de vir para ver e ser vista. Alguns membros mais proeminentes da Junta dos Cem, ao saberem que o moço era solteiro e macho – detalhe importante numa cidade cheia de jovens adamados que se vestiam como mulheres e pintavam os olhos, a boca e as bochechas como se fossem mulheres – ofereceram suas filhas em casamento. Estranhamente, o moço as recusou dizendo que teria que voltar para Okeorá e que lá não era lugar para lindas damas da corte. A recusa foi malvista por alguns, mas todos concordaram que suas filhas não deviam ser levadas para um lugar tão primitivo.

As semanas que se seguiram foram de intensa atividade para Elischa. Estava determinado em reunir uma nova caravana de agricultores e boiadeiros. Com sua parte do dinheiro financiaria a ida desta nova leva. Sabia que estava perdendo dinheiro em deixar Adjalá negociar ferro por comida. Na maioria das vezes, o jovem conseguia trocas desfavoráveis, nem tanto porque fosse mau negociante ou tivesse um coração bondoso, mas porque as demais tribos da região eram pobres e não tinham muito mais a oferecer. Com a ida dos agricultores e de uma bela boiada, asseguraria a independência de seus cartagineses, permitindo que todo o ferro fosse trazido para Cartago e Populonia, onde poderia ter um lucro muitas vezes superior ao de uma simples troca por comida.

Conseguir pessoas dispostas a partir para tão longe foi muito mais difícil e demorado do que imaginara. Muitos dos que tinham voltado haviam contado as condições difíceis de Okeorá e isso dificultava a arregimentação de novos recrutas. Com Cartago de sobreaviso, Elischa não esmoreceu e partiu para a cidade vizinha de Útica, onde as notícias sobre Okeorá não eram tão conhecidas. Em Útica, recebeu apoio de alguns nobres e com isso pôde encontrar algumas famílias dispostas à aventura. Um dos nobres sugeriu-lhe procurar o sufete de Leptis e deu-lhe uma carta de apresentação.

Antes passando por Cartago, onde permaneceu alguns dias, Elischa deslocou-se para Leptis. Fez a viagem numa caravana e, sozinho, dirigiu-se ao palácio do sufete. Era uma construção imponente rodeada de muralhas e torreões. Anunciou-se com certa empáfia aos guardas do portão, como devia fazer o filho de um nobre que vinha com cartas de recomendação.

Foi levado até uma antessala, onde logo apareceram três guardas armados, e, num movimento inesperado, o derrubaram ao chão, deram--lhe uma cotovelada na boca e o amarraram. Levantaram-no como se fosse um saco de entulho e o arrastaram escada abaixo. Ele bem que tentou falar alguma coisa, mas um dos guardas deu-lhe um soco na boca e mandou que se calasse. Obedeceu com o coração aos pulos; que significava tudo isso, perguntava-se, enquanto tentava descer os degraus.

Ao chegar a um subsolo escuro, revistaram-no, soltaram suas mãos e tiraram suas roupas. Revistaram seu corpo à procura de sabe-se lá o quê, olharam detidamente a sua roupa à procura de algo, rasgaram as costuras como se tivesse escondido algo entre elas e, finalmente, devolveram--na após se certificarem de que nada havia. A túnica estava rasgada em vários lugares e as costuras já não prendiam nada; estava em petição de miséria. Nessa hora, tentou falar algo, mas quando viu o soldado levantar novamente o braço, calou-se.

Abriram uma porta de um calabouço e o empurraram para dentro sem nenhuma civilidade. Era um cubículo que mal dava para ficar em pé e, como não tinha janelas, era escuro e abafado. Não havia ninguém com ele a não ser a companhia de alguns ratos, os quais descobriu assim que sua vista se acostumou com a pouca luz. A porta se fechou e os guardas foram embora, deixando-o perplexo e amedrontado.

Os dias de masmorra, deitado num catre sujo e alimentado a pão e água, deram-lhe tempo de mudar de humor várias vezes. Quando o desespero o visitou, chorou copiosamente, certo de que iria morrer naquele lugar. Acalmou-se: se o quisessem morto, já o teriam feito. Depois veio a cólera e esbravejou como um possuído, gritando que era o famoso Elischa, desbravador de terras ignotas e que merecia respeito e admiração. Os guardas mandaram que se calassem ou lhe quebrariam a boca a cacetadas.

Calou-se e veio o medo. Estava só, num lugar onde ninguém o conhecia. Podia ser morto e sua família jamais saberia de seu paradeiro.

Depois veio a alegria; um pensamento insano apossou-se de sua mente. Iria morrer ali e iria para o céu, onde os *baals* e *baalets* o receberiam

O Cajado do Camaleão

como um mártir. Sim, ele, que dedicara seus melhores anos para levar a prosperidade aos negros egbas. Sem dúvida, os *eborás* e os *imolés* dos egbas iriam interceder por ele junto aos seus próprios *baals*.

Depois de vinte dias, visitou-lhe a loucura e veio junto com todos os pensamentos em desalinho que a insanidade pode trazer. Que tal bater a cabeça na parede até se matar? Por que não ficara em casa e se casara com alguma bela cartaginesa? Poderia estar agora fornicando feito um louco com alguma linda princesa ou uma bela negra egba. Não seria bem melhor se estivesse se embriagando com bom vinho grego ou tomando uma aguardente de cana que só os egípcios sabiam fazer? O que estava fazendo naquele lugar?

Numa manhã, a porta se abriu e duas mulheres sorridentes pediram que as seguisse. Um guarda acompanhou-o e as beldades o levaram para dar-lhe um banho. Tiraram-lhe a roupa imunda, jogaram-na numa pira onde ardeu furiosamente. Entrou numa pequena piscina de água tépida, e as mulheres ficaram seminuas e lhe deram um banho de bucha, esfregando-o vigorosamente. Cortaram seu cabelo bem curto; era a única forma de tirar todos os piolhos que colecionara durante sua estada na prisão.

Levaram-no para uma cama, onde passaram um perfume de flores em seu corpo, untaram suas virilhas com um óleo de cânfora e, finalmente, vestiram-lhe uma túnica luxuosa da mais linda púrpura de Tiro; uma roupa de rei. Terminado o trabalho, as duas mulheres, que se comportaram de forma absolutamente profissional, o entregaram ao guarda, que ficara observando cada movimento. Tudo se passara no mais absoluto silêncio e Elischa estava chegando à conclusão de que entrara numa cidade de lunáticos. Durante todo este tempo, Elischa passou da surpresa à delícia, saboreando a limpeza, a massagem e os cuidados das mulheres que mantiveram sempre um doce e enigmático sorriso no rosto.

O guarda pediu que o seguisse com um gesto e foi conduzido ao salão do sufete de Leptis, onde foi apresentado.

– O nobre Elischa Ben Gisgo de Cartago.

O sufete chamou-o para perto de si e deu-lhe a mão para ser beijada. Elischa, um pouco aturdido com toda aquela mudança, beijou-lhe o anel e, depois, dando dois passos para trás, aguardou que se pronunciasse.

– Peço-lhe que perdoe as maneiras rudes como foi tratado, nobre Elischa Ben Gisgo. Meus guardas o confundiram com um sicário pago pelos

110 A SAGA DOS CAPELINOS

cireneus para me matar. Somente depois que confirmamos a sua história com o sufete de Cartago e que aprisionamos o verdadeiro assassino é que pudemos relaxar sua prisão.

Com um ódio engasgado em sua garganta, Elischa não pôde dizer nada. Estava possesso com o fato, mas o que adiantaria reclamar? Calou-se, fez uma reverência ao sufete, como se aceitasse tacitamente a explicação. Ao levantar os olhos, viu que o mandatário estava remexendo alguma coisa numa cesta de junco trançada.

– Agora, diga-me, nobre Elischa, se nós não tínhamos razão de duvidar de sua pessoa assim que chegou? Ele é ou não igual a você?

O sufete retirou uma cabeça decapitada, segurando-o pelos cabelos e, com a mão livre, ajeitou cuidadosamente, quase carinhosamente, os cabelos do defunto para que o rosto ficasse bem à mostra. Elischa olhou-o bem de perto e meneou a cabeça em assentimento, concordando com a afirmação do sufete de que o morto realmente se parecia com ele. No entanto, em seu íntimo, discordou, pois a única coisa que o situava entre ele e o morto era o fato de pertencerem à mesma raça humana. Depois, questionou-se: humana? Será que somos mesmo humanos?

Depois desse incidente, o sufete deu-lhe uma receptividade excelente e fez questão de se aliar a ele no comércio de ferro, pois Leptis era uma cidade fenícia, da confederação cartaginesa, e, estando mais perto de Cirene, estava mais sujeita aos ataques dos miseráveis aqueus, como eles chamavam os gregos.

Em Leptis, conseguiu tudo o que precisava e inclusive uma amizade que começara com o pé esquerdo, pois ele e o sufete da cidade acabaram fortalecendo uma firme irmandade. Descobriria que o monarca era uma pessoa de fácil trato e que comungavam de várias ideias, o que só veio a fortalecer os laços de amizade.

Quase um ano após sua chegada em Cartago, Elischa partia de Leptis com duzentas famílias de agricultores e duas mil cabeças de gado. Desta feita, conhecendo melhor o itinerário, não foram em direção a Gao, mas diretamente para Okeorá. Como prometera, Sileno retornara trazendo mais uma dúzia de bons ferreiros, que, somando com mais seis ferreiros que foram incentivados a partir por ordem do sufete, perfazia uma boa caravana. Elischa tomou o cuidado de adicionar cento e vinte soldados da própria guarda do sufete para evitar rebeliões, ataques dos tuaregues e para sua própria proteção. O tempo de prisão o fizera valorizar mais

O Cajado do Camaleão   111

a sua vida; chega de aventuras e riscos. Era hora de colher os frutos do trabalho. Ahmed, pelo seu lado, estava impaciente para voltar a ter a oportunidade de negociar o ferro. Com o coração radiante, Elischa partia para mais uma aventura em terras dos egbas.

24

Enquanto Elischa estava fora de Okeorá, Asdrubaal tornara-se cada vez mais importante. Os ferreiros eram obrigados a negociar com ele tanto as pedras de hematita como a madeira. Esta força política agradava demais a Asdrubaal, que nem se preocupava tanto com o dinheiro; sempre fora modesto e frugal nos hábitos, mas enchia-lhe de vaidade e orgulho saber que, de fato, quem mandava agora em Okeorá era ele.

Enquanto Asdrubaal desfrutava de seu recém-adquirido poder, os egbas haviam se dividido em três facções. Não haviam se habituado ao processo de discutirem suas diferenças e, por meio do diálogo, alcançarem um consenso. A maioria das vezes, as pessoas de cada facção acabavam por se engalfinhar, mesmo que não chegassem ao assassinato. Mas a tensão era óbvia e Urasange sabia que a única forma de aliviá-la seria nomeando logo o seu sucessor. Todas as noites ia dormir com essa determinação, mas todas as manhãs acordava cheio de dúvidas. Qual dos três guerreiros deveria escolher?

Cathbad continuava desaparecido e ninguém encontrara seu corpo. A maioria acreditava que as feras haviam devorado sua carcaça, mas Elwyd, por um desses mistérios da paternidade, acreditava firmemente que seu filho estava vivo. Korc também acreditava nisto: vivia dizendo que sonhara com o irmão rodeado de homens e mulheres negras que o endeusavam. Quando contava seu sonho aos demais, ninguém ousava desdizê-lo; Korc podia não ser tão brutal quanto o irmão, mas enfrentá-lo seria suicídio. Todos sabiam que o boiano também era forte e rápido no manuseio da espada. Sorriam-lhe e diziam-lhe que provavelmente estava certo, mas, no fundo, riam-se de seus sonhos; quem poderia sobreviver na savana africana sozinho?

Devido às novas condições de principal negociador dos operários, Asdrubaal também recuperou um pouco do seu prestígio como sacerdote.

112 A Saga dos Capelinos

Passou a ser novamente visitado por algumas mulheres dos mineiros e cortadores de lenha que lhe pediam conselhos, bacorejos e bênçãos especiais. Certo dia, foi visitado por uma mulher desesperada com uma criança de seis anos no colo. A menina parecia morta, mas ainda respirava com imensa dificuldade.

– Vim lhe pedir autorização para levá-la ao *aladê*; só ele pode salvá-la.

Que impertinência dessa mulher! Dizer nas suas barbas que só o tal *aladê* podia salvar sua filha. Asdrubaal, todavia, controlou sua ira e, com um sorriso que se esforçou em cinzelar no rosto, respondeu-lhe:

– Claro, minha amiga. Iremos juntos. Levemos a criança imediatamente.

No fundo, estava satisfeito. Seria hoje que iria descobrir quem era esse miserável *aladê* de que tanto falavam.

Segurando a criança, a mulher saiu do templo a passos rápidos seguida do sacerdote. Cruzaram quase toda a parte cartaginesa da cidade e adentraram a aldeia dos egbas. Dirigiu-se celeremente, quase a correr, para a casa de Agbosu. Naquela hora da tarde, tanto o *ajé* como seu inseparável amigo Elwyd estavam atendendo os doentes. Os dois já vinham fazendo isso há quase dois anos e a mulher não atinou para a fila de pessoas que estava à sua frente e foi logo falando em seu gba estropiado.

– Favor curar filha. Chamar *aladê*.

Agbosu e Elwyd pararam o atendimento a uma velha, que não gostou da interrupção, e olharam a criança de perto. Agbosu meneou a cabeça em assentimento; sim, era caso para o *aladê*; se é que ele podia fazer algo; a criança parecia estar morta.

Agbosu chamou uma moça e mandou que chamassem o *aladê* com urgência. A mãe começou a chorar; sua filha já não parecia mais respirar. Asdrubaal aproximou-se e viu que a criança devia estar de fato morta. A boca aberta, os olhos vítreos e peito que já não arfava eram sintomas óbvios da morte. Agora, pensou Asdrubaal, nem *aladê* e nem ninguém poderia fazer nada pela criança. Sentiu uma pontada de satisfação pela morte da criança; era a sua vingança contra a mãe que o preterira por um negro vadio qualquer.

A moça voltou correndo e logo atrás dela vinha um negro que Asdrubaal reconheceu de imediato: Adjalá. Óbvio, pensou Asdrubaal, por que não pensara nisso antes. Tinha que ser Adjalá, que era, para todos os efeitos, o *aladê* – príncipe.

O Cajado do Camaleão   113

Assim que se inteirou do problema, Adjalá aproximou-se da criança e tomou-a dos braços da mulher. Com um desespero imenso em seus olhos, a mãe parecia suplicar que a salvasse da morte. Abraçou a menina com extremo carinho e deixou ficar colado ao seu peito. Andou de um lado para outro da saleta, enquanto parecia estar rezando baixinho aos seus deuses.

Depois de andar pela diminuta sala de atendimento de Agbosu, colocou-a numa cama. Asdrubaal sentiu que aquele negro não tinha poder algum. A criança continuava tão morta quanto antes. Pensou em só cobrar um cabrito pequeno para fazer as exéquias. Adjalá colocou a mão na testa da criança e fechou os olhos. Subitamente, como se uma forte vibração tivesse passado por todos da sala, inclusive por Asdrubaal, Adjalá tremeu levemente, algo quase imperceptível que só quem estivesse ao seu lado, como o sacerdote cartaginês estava, poderia ter notado.

A criança tremelicou levemente sob o impacto dessa misteriosa corrente e abriu a boca à procura de ar, e logo depois chorou baixinho. Seus olhos procuraram pela mãe, que se jogou para perto dela. Adjalá a entregou aos cuidados maternos e ela a abraçou, chorando e rindo como se tivesse possuída de uma loucura histérica. Adjalá olhou os dois e sorriu levemente; parecia exausto. Asdrubaal fitou-o surpreso e jurou ter visto um velho em lugar do homem de vinte e seis anos. Que estranho sortilégio era aquele? Só podia ser magia da pior qualidade! Como ousava roubar uma alma já garantida aos *baals*? Por que fazê-la viver se seria muito mais feliz junto aos deuses?

Com os olhos úmidos, Elwyd virou-se sorrindo para Agbosu e disse-lhe, em gba, que agora até Asdrubaal já dominava.

– Ele continua o mesmo. Que poder! Já o vi fazer isso algumas dezenas de vezes e até hoje não me acostumei com seu poder. Nem os grandes *merlins* de minha terra, nem os *ajés* da sua têm tamanho poder. Louvado seja Olorun!

Com uma expressão *blasé* de quem está acostumado a tudo aquilo, Agbosu respondeu-lhe:

– Vejo-o fazer isso desde o dia que Arawê o poupou. No início, fiquei com medo que tivesse o poder de vida e morte, mas descobri que no seu coração só existe lugar para a doçura. Presenciei tantas curas impossíveis que me acostumei. Quando partiu para a cidade dos *funfun*, meu coração se confrangeu – e, mudando para um tom de reproche a si mesmo, com-

114   A Saga dos Capelinos

plementou: – E imaginar que tive a audácia de pedir a sua morte. Todas as vezes em que me lembro disso, culpo-me de tamanha ignomínia.

Já refeito do cansaço da cura e tendo escutado as últimas palavras de Agbosu, Adjalá virou-se para o *ajé* e disse-lhe, colocando um dedo na boca:

– Shh, não se fala mais disso. Foi a vontade de Olorun.

Assim falando, saiu da sala, enquanto os demais caíram num frenesi de conversa e admiração. Elwyd viu então Asdrubaal e disse-lhe:

– Obrigado por ter trazido a mulher e sua filha para ser curada por Adjalá. Você teve um coração compassivo e uma atitude de grande desprendimento e amor que seus *baals* hão de recompensar.

Incapaz de responder qualquer coisa, como era de seu hábito, Asdrubaal retirou-se com um sorriso amarelo estampado no semblante. Na ida para seu templo, um ódio e uma revolta crescente foram lhe invadindo a mente e o seu coração foi se tornando uma pedra de gelo.

Como é que os *baals* foram dar um tamanho poder a um negro sem eira e nem beira, quando ele era tão dedicado aos deuses? Por que esse poder não fora conferido a ele, um sacerdote de Baal Hadad e Baal Hammon, os maiores deuses do mundo, filhos do grande El? Que destino ingrato, que falta de visão dos deuses em não premiá-lo com tamanha força? E se esse poder pudesse ser transferido, ou comprado, ou ainda roubado? Será que existe algum meio de tirá-lo daquele negro tão sem importância que a sua própria tribo não o quer como rei? Que falta de visão daqueles negros idiotas? Se existisse alguém com tamanho poder no mundo civilizado, tornar-se-ia mais do que um rei. Todos se curvariam a tamanho poderio. Quem pode comandar a morte, mandando-a embora, pode também mandar que venha e leve qualquer um; isso é poder. Se ele, Asdrubaal, tivesse tal poder, mandaria em todos e o mundo estaria aos seus pés, louvando-o, bajulando-o e endeusando-o. Ele seria o divino Asdrubaal, o rei do Mundo.

Nessa hora, ao chegar ao templo, Etubaal o aguardava impaciente.

– Onde você foi, ó sacerdote?

O maldito jamais o chamava pelo nome, pensou Asdrubaal. Sempre o designava pela sua função e havia um tom de deboche, como se Etubaal não o achasse digno de ser sacerdote.

– O que você quer? – respondeu-lhe de mau humor.

– O que posso querer de você, ó sacerdote? Quero que me dê logo minha parte da última remessa.

O Cajado do Camaleão 115

O tom de voz imperativo de Etubaal só enervou ainda mais o sacerdote. Asdrubaal entrou no templo para providenciar o que Etubaal queria e o homem o seguiu de perto e, quando o sacerdote abaixou-se para pegar as moedas no fundo do baú, sentiu o homem encostar seu corpo em seu traseiro. Deu um pulo. Não era um adamado que gostasse de contato com homens.

– Vá procurar uma mulher para essas coisas – reagiu com ferocidade.

– Iria de bom grado se tivesse mulheres nessa merda de terra, mas aqui só consigo me satisfazer com alguns rapazes que gostam de homens. Você não gosta de um homem bem viril?

– Claro que não. Sou homem também.

– Nunca o vi com mulheres.

– Dedico minha vida a Baal Hadad.

– Sei. Conheço essa história.

Etubaal já não estava mais interessado nessa conversa e contava as moedas que Asdrubaal lhe dera.

– Por que não vai e pega umas negras? – disse irritado Asdrubaal, querendo se ver livre do homem.

– Já tentei, mas não dei muita sorte. Minha vontade é submeter todas essas mulheres; elas são bem apetitosas, não são? – Etubaal olhou para o sacerdote com um rosto sério. Isso já era um assunto que o interessava, pois Asdrubaal sabia que a falta de mulheres brancas era grande. Por meio de seu tom agressivo, Etubaal demonstrara que faria qualquer coisa por uma mulher.

Asdrubaal não respondeu, mas, em sua mente, essa última frase ficou se repetindo incessante, martelando seu cérebro. Pensou, enquanto via Etubaal afastar-se; quem sabe se não poderia utilizar essa falta de mulher para esses brutos em seu benefício?

25

Quinze anos para uma moça egba era uma idade em que era considerada velha para se casar, mas, depois da morte de Ijeberô, Mowo não se interessou por mais ninguém. Seu pai, Umatalambo, era um dos guerreiros mais cotados para ser o novo rei, quando Urasange morresse. Ele já havia proposto vários candidatos para se casar com a filha, mas Mowo era uma moça de uma personalidade difícil, assim achava o pai, que jamais conseguiu que aceitasse qualquer um deles. Aliás, ele estava certo de que ela aceitara o falecido Ijeberô, porque, desde que ela se conhecia como gente, lhe haviam dito que seria seu marido, muito antes mesmo de saber o que era casamento. Provavelmente, também não aceitaria Ijeberô se lhe fosse oferecido quando já fosse uma adolescente.

Como já haviam passado alguns meses da morte de Ijeberô e Mowo demonstrava não mais sentir a morte de seu noivo, Adjalá resolveu aproximar-se dela. Portanto, com a intenção de conhecê-la melhor, Adjalá aproveitou o ensejo de que Mowo ia diariamente ao riacho trazer água para sua casa.

– Posso lhe ajudá-la a carregar a água?

Mowo olhou-o com um olhar estranho; um homem não carrega água; isto é trabalho de mulher.

Antes que dissesse qualquer coisa, ele já se apossara de seu pote e colocou-o no ombro. Era bem pesado; como é que as mulheres conseguem carregar isso, perguntou-se espantado.

– É bem pesado.

– Já estou acostumada.

– É verdade. As mulheres são ensinadas a fazer coisas que, se nós os homens tivéssemos que fazer, cairíamos prostrados na primeira hora.

– Até que enfim alguém que reconhece o nosso trabalho! – exclamou Mowo, surpresa com as palavras de Adjalá. Olhou-o mais detidamente. Já o vira, mas não o notara. Não era tão forte como os demais, mas sua altura não era pequena e seu corpo era delgado. Gostou da sua pele lustrosa e cheirava bem, coisa rara, já que a maioria dos caçadores não se cuidava muito. "Como é bom um homem cheiroso", pensou Mowo, enquanto andava ao seu lado.

– E você não tem histórias de caçada para contar? – motejou Mowo, tentando provocá-lo. Todos falavam que era assexuado e que provavelmente gostava de homem. Não tinha ido até a cidade do *funfun* em companhia do belo Elischa? Sabe-se lá o que andaram fazendo juntos?

– Posso mentir, se quiser.

Que dentes bonitos, brancos, e que sorriso charmoso. Mowo riu e respondeu-lhe:

– Faça melhor, conte-me suas aventuras na terra dos brancos. Haviam chegado à casa de Mowo. Adjalá descarregou a água num barril. Depois depositou o pote no chão e virou-se para ela. Disse-lhe, com um ar sério e uma distante pitada de ironia:

– Amanhã, na mesma hora. Até lá poderei inventar umas histórias em que tirei a princesa das garras dos bandidos e salvei o reino dos *funfun* da mais sórdida destruição. E tudo isso, sozinho, com uma das mãos amarrada nas costas.

– É verdade? – perguntou Mowo, sem saber se ria da brincadeira de Adjalá ou se realmente falara a verdade. Diziam tanta coisa dele, que era difícil diferenciar o que era verdade e o que era mito.

– Amanhã você saberá.

Acenou e foi embora, andando normalmente, sabendo que Mowo o olhava e que iria olhar suas costas largas e suas fortes pernas delgadas.

Mowo olhou seu traseiro pequeno e achou o rapaz como um conjunto muito elegante. Não estava acostumada a que os homens conversassem amenidades. Quase sempre que se aproximavam dela vinham flexionando os músculos, fazendo poses, que ela achava infantis e ridículas, e falavam de suas caçadas, de suas lutas e de bobagens que só os homens inventam para impressionar as mulheres. Rejeitava-os com duas ou três palavras ásperas do tipo: "vá contar suas aventuras para seus amigos, eu não tenho interesse". Sabia que ficavam furiosos, mas jamais levantariam a mão para lhe bater, sabendo de quem era filha.

Nos dias que se seguiram, Adjalá parecia estar sempre nos lugares mais apropriados, seja para ajudá-la a carregar água, seja para descascar o inhame – outra atividade feminina – seja para depenar uma ave. Nunca falava dele; sempre conduzia o assunto para que conversassem seja sobre ela mesma, seja sob algum assunto ligado à aldeia. E Mowo falava o quanto queria, pois se sentia bem com aquele homem que achava um pouco velho. Numa época em que as pessoas raramente passavam dos cinquenta anos, vinte e seis anos era uma idade considerada madura.

Um dia, na beira do riacho, Adjalá, que já estava lá fazendo de conta que estava tomando banho, viu quando Mowo chegou com suas amigas. Elas aproveitaram para se banhar também, e Mowo, sem nenhuma preparação, fuzilou uma pergunta indiscreta:

– Adjalá, por que você não é casado?

– Só casarei com uma única mulher e terá que ser um amor infinito, ou ficarei solteiro para sempre.

– Quer dizer que você não terá outras esposas? – Mowo achara a resposta encantadora.

– Para quê, se encontrarei tudo que desejo na mulher amada!

"Será que este homem está sendo honesto", perguntou-se Mowo. "Eles costumam mentir e dizer qualquer coisa para as mulheres."

– Ouvi dizer que Arawê não quer que você case. É verdade?

– Arawê não quer que eu case com uma mulher qualquer. Minha esposa terá que ser uma rainha de beleza e inteligência, uma mulher que poderá aconselhar-me nos momentos difíceis, que me dará extensa descendência e que será a absoluta dona de meu coração, de meu corpo e de minha alma. Eu serei o seu senhor, assim como só ela me possuirá.

"Que palavras encantadoras", concluiu Mowo. Este homem é tão diferente dos demais. Não se gaba, não mente e é romântico. Mais parece uma alma de mulher num corpo de homem. Sua voz é doce e melodiosa, seu sorriso, radiante e seu porte, elegante.

– Mas existe tal mulher? – perguntou Mowo, desconfiada de que Adjalá estivesse pregando-lhe uma peça.

– Claro que existe! Conheço-a muito bem e já se apossou completamente de meu coração – respondeu Adjalá, olhando-a bem dentro dos olhos.

– E quem é essa pessoa? Eu a conheço?

"Quem seria esta deusa que este ser quase sagrado de sua tribo amava com tamanha paixão?"

Quando Adjalá ia lhe responder, a furiosa mãe de Mowo apareceu e, quando viu os dois parados, esbravejou:

– Será possível que eu esteja em casa com a comida a queimar no fogo, esperando que me traga água, e você aí de conversa com Adjalá? Por todos os *eborás*! O que mais o destino me reserva?

Com um ar apressado, Mowo agarrou a água, ajudada por Adjalá, e os dois correram para a casa de Umatalambo, rindo feito crianças, enquanto a mãe vinha atrás, bufando e se maldizendo.

Naquela noite, Mowo rolou em seu leito de um lado para o outro. Não conseguia tirar da mente a frase que Adjalá dissera sobre a sua amada. Pensou em todas as mulheres da tribo e não conseguiu se convencer de nenhuma. Quem seria a eleita do coração de Adjalá?

26

Irritado com certas notícias, Agbosu mandou chamar Azabeuí, seu sobrinho e aprendiz de *ajé*. Estava em sua casa, arrumando ervas e pós, quando o moço chegou.

– O pai de Injulami esteve aqui – disse Agbosu.

Com uma careta de desdém, Azabeuí alteou os ombros como quem diz: e daí?

– Você deve imaginar o que ele quer, não é?

– Não faço a menor ideia.

– Já imaginava que fosse responder-me assim. Você vai negar que dormiu com Injulami?

– Não tenho por que negar isso. Ela é mulher e eu sou homem, e isto basta para que tais coisas aconteçam.

– De fato, seu crápula. Especialmente com você, que não respeita nada e muito menos uma menina que não foi sequer iniciada.

– Escute bem, ó velho, o que eu faço ou deixo de fazer é problema meu.

– Enquanto estiver na minha casa, não, entendeu bem, seu moleque? Você engravidou a menina e vai ter que aceitá-la como sua esposa e sustentá-la.

– Mas eu não vou fazer isto nem que me amarrem. A menina consentiu em deitar-se comigo. Eu não a forcei a nada. Não casarei obrigado com ninguém. Quanto mais uma pobretona sem dote. Ah, isto que não!

A resposta furiosa desconcertou Agbosu por uns instantes.

– Só você poderia agir dessa forma, seu canalha. Você vai me obedecer ou...

– Ou o quê? O que é que você vai fazer? Jogar alguma maldição, fazer algum feitiço? Pois eu também sei fazer isso muito bem. Eu sou um *ajé*.

– Que *ajé*, que nada. Você não passa de um reles aprendiz, que não conhece nada. Você acha que os *eborás* vão lhe atender? Pois saiba que eles só atendem a quem tem caráter.

Falara mais alto e estava tão enraivecido que chegava a babar e cuspir de ódio.

– Então, eles não lhe atendem. Você acha que não conheço suas falcatruas, seu velho nojento? Você se vendeu a Umatalambo por algumas cabeças de cabritos e outras quinquilharias para apoiar suas pretensões ao trono. Aliás, os outros *ajés* também se venderam. Você acha que eu não sei o que você faz?

– O que eu faço ou deixo de fazer é problema meu, mas, ou você se casa com a menina, ou vai embora daqui agora.

Nessa hora, Awolejê, o filho de Agbosu, entrou na sala onde os dois estavam discutindo.

– O que está acontecendo, pai? – perguntou Awolejê preocupado.

– Esse canalha engravidou uma menina e não quer sustentá-la – respondeu Agbosu e, virando-se para Azabeuí, afirmou. – Já lhe disse, Azabeuí, ou casa, ou vai embora.

– Você não pode me mandar embora. Eu sou seu sobrinho e você prometeu a minha mãe que me ensinaria seu ofício. Aliás, estou aqui há anos e só tenho feito limpar galinhas e cabritos, lavar potes e trazer água. Até agora...

– É só isso que você merece fazer – respondeu-lhe Awolejê.

– Claro. Vocês dois se merecem mesmo. São uns *ajés* que nada ensinam a ninguém, como se seu ofício fosse um grande segredo. Igual aos *funfun* que fazem ferro e matam crianças em suas magias. Pois saiba que não vou me casar com ninguém e também não vou ficar na sua casa. Eu os desprezo.

Awolejê puxou um grande facão de sua cintura e ameaçou usá-lo. Azabeuí resolveu não encarar uma briga com o franzino, mas lépido Awolejê. Deu dois passos para trás em direção à porta.

– Eu vou embora, mas cuidado comigo. Não sou de esquecer uma ofensa facilmente. Você pensa que só você tem poder, mas eu também tenho. Vocês são uns vendidos para aqueles *ajés funfun* que fazem o ferro, usando os poderes de deuses estranhos à nossa terra.

Awolejê levantou o facão e Azabeuí achou prudente bater em retirada. Saiu rapidamente e correu para a choupana onde guardava suas coisas. Imaginou que, como era cedo, saindo logo chegaria a Nok, uma aldeia vizinha, em quatro horas de marcha.

A discussão deixara Agbosu aturdido. O sobrinho lhe falara certas coisas estranhas. Que história era essa de sangue dos inocentes e magias terríveis? Na primeira oportunidade perguntaria a Elwyd se, de fato, usava práticas abomináveis para fazer o ferro ou se eram apenas palavras de um alucinado pronunciadas no calor de uma discussão.

Não tardou muito e, no fim da tarde, Elwyd, como fazia costumeiramente, veio se encontrar com Agbosu. O druida notou que o velho estava amuado.

O Cajado do Camaleão

121

– Algo errado? Você está com uma cara de quem está zangado com o mundo.

– Com o mundo, não. Só com você.

– Por Dispater, o que fiz?

– Quero que me diga como fabrica o ferro ou nunca mais volte aqui.

O druida ficou chocado com a resposta mal-humorada do *ajé*.

– Farei melhor. Venha comigo e lhe mostrarei como se faz o ferro. Os dois homens saíram da choupana de Agbosu, deixando uma dúzia de pessoas esperando, e a passos rápidos dirigiram-se para a casa de Elwyd. Lá chegando, encontraram Korc na forja e, durante mais de meia hora, Elwyd mostrou como derretia as pedras de hematita e jogava a lava em formas de barro, onde o ferro esfriava um pouco por algumas horas. Depois, quando ainda estava quente, era retirado da forma e mergulhado numa tina de água, onde esfriava com um silvo longo, fumacento e fedido.

– Onde está a magia? Onde está o sangue dos inocentes?

– Cathbad e sua boca grande – disse Elwyd em celta para Korc.

– Não há magia, mas, quando queremos que o ferro fique mais resistente, nós o mergulhamos no sangue de um animal.

– Que coisa estranha! Mas por quê?

– Ninguém sabe o verdadeiro motivo, mas há muito tempo que meu povo faz isso e consegue resultados notáveis. O sangue deve ter um *asu*, um *axé* como você diz, forte.

– Não posso entender.

Elwyd suspirou fundo e resolveu dar-lhe as explicações de que tinha conhecimento.

– Nós, os gauleses, achamos que existem três tipos de *asu*. Um que provém da terra, outro que vem do fogo e outro, da água. O *asu* da terra é preto, do fogo é vermelho e da água é branco. Todos os *asu* são importantes, mas consideramos o branco como sagrado.

– Por que o branco e não o preto? – perguntou Agbosu, suspeitando que existisse alguma forma de racismo por trás disso.

– Não tem nada a ver com a cor da pele. Todos os homens têm os três *asus*. O *asu* preto são os ossos, o vermelho é o sangue e o branco são os fluidos do corpo, como o esperma. Os druidas acham que o branco é sagrado, pois toda a vida começa na água; Dispater, o seu Olorun, criou o mundo a partir da água. Sem água não há vida.

– E o preto?

– É o *asu* da estabilidade. Veja que um homem sem ossos não poderia ficar de pé. Sem o *axé* da terra não teríamos comida, não poderíamos pisar, não existiríamos. Antes que você pergunte sobre o vermelho, vou lhe dizer que ele é a cola, aquela que gruda os demais *axés*. Sem o vermelho, não há magia e, sem magia, não há vida. Portanto, todos os *axés* são importantes e, muitas vezes, temos que misturá-los.

– E o ar? Não faz parte também do *aiyê*?[33]

– Não, para nós o ar já faz parte do mundo espiritual, por isso não tem *asu* material, mas um *asu* todo especial que nós não conseguimos capturar.

Agbosu meneou a cabeça em dúvida, mas pareceu aceitar e, como última questão, perguntou:

– Vocês não usam sangue de crianças para fazer ferro?

– Por Dispater! Nunca! Isso seria uma abominação. Sei de druidas, meus *ajés*, que usam sangue de guerreiros capturados. Mas eu nunca usei sangue de gente. Já usei, poucas vezes – é verdade – sangue de carneiro. Este processo dá espadas maravilhosas. A de Cathbad, a de Korc e a minha foram feitas com sangue de um carneiro adulto.

Agora, também Agbosu sabia que, misturando o sangue com o ferro, se conseguia uma liga mais resistente. O que nenhum deles sequer suspeitava é que o fosfato existente no sangue é que permitia uma liga extremamente dura, muito superior a qualquer coisa que os demais povos faziam, na época. Este era o mistério de Govannon, o deus que transforma o ferro em armas.

27

Chegara o dia da festa da colheita, em que se festejava Ajasê e várias outras deusas-mães. O ano fora bom e a colheita, farta. Chovera na medida certa e o calor não fora abrasador. As condições pareciam ótimas para uma boa festa. A noite não podia ser mais propícia: lua cheia, nenhuma nuvem no céu e muita bebida e comida.

Como era de se esperar, Asdrubaal não fora convidado, mas também não iria, se o fosse. Sua raiva aumentara desde a semana em que des-

---

[33] Aiyê – o mundo.

O Cajado do Camaleão

123

cobrira que o *aladê* era Adjalá e que seus poderes eram extraordinários. Tinha um plano simples em sua cabeça; jogar os colonos cartagineses contra os egbas e ver o que poderia acontecer. Sabia que, no fim da tarde, os homens se reuniam para conversar e beber vinho de palma. Costumavam ficar até perto das oito horas da noite, quando o sono os vencia. Dificilmente ficavam bêbedos, porque não tinham muito dinheiro para gastar em vinho.

Às sete horas da noite, Asdrubaal colocou na sua carroça duas grandes barricas de vinho de palma, a mais forte que conseguira com seu fornecedor egba. Conduziu a carroça até onde estavam os trinta e poucos homens mais rudes, entre eles Etubaal.

– O que o traz aqui, ó sacerdote? – perguntou Etubaal no seu costumeiro tom de deboche.

– Vim embebedá-los – respondeu sério o sacerdote, de modo desconcertante, mostrando as duas barricas de vinho.

Os homens riram, descarregaram as barricas e foram logo se servindo.

– Por que essa generosidade? – perguntou desconfiado Etubaal.

– Hoje é dia de festa.

A resposta de Asdrubaal fora desleixada, como se a festa fosse um acontecimento do qual todos iriam participar.

– Para quem? Para nós é que não é – respondeu um dos homens, descarregando a primeira barrica. Imediatamente, outro foi abrindo-a, enquanto um terceiro segurava os copos para que o vinho fosse servido.

– Ora, não é porque não querem! Os egbas estão festejando sei lá que deus e vocês bem que podiam ir até lá se divertir. O lugar está cheio de belas negras que estão fogosas para conhecerem homens tão viris.

Os demais homens riram. Etubaal ia falar algo, mas Asdrubaal atalhou-o antes que estragasse qualquer coisa, dizendo, enquanto ia servindo os homens:

– Vamos beber e depois iremos lá. Os egbas estão muito mais amigáveis agora. Eles até me convidaram para sua festa.

Com rapidez, Asdrubaal enfiou um copo de vinho na mão de Etubaal,, que, vencido pelo cheiro do vinho, entornou-o de uma única vez. Depois, estalou a língua e, antes que falasse novamente, Asdrubaal deu-lhe um segundo copo, trocando o vazio por um transbordante. Etubaal virou-o de uma única vez, pensando como o vinho dado de graça era mais gostoso do que o pago.

Aturando aqueles homens rudes que ele desprezava, Asdrubaal ficou uma meia hora entre eles, e ainda mandou chamar alguns homens casados que gostavam de farrear de vez em quando. Todos foram bebendo, e o vinho foi ficando ralo. Nesse momento, Asdrubaal falou alto para que todos escutassem:

– Vamos até a festa. Lá tem mais vinho de graça.

Os homens levantaram-se e dirigiram-se à aldeia egba, que distava menos de cem metros. Estavam alegres e riam por qualquer motivo. Asdrubaal os acompanhou até chegar ao templo, quando se desvencilhou da malta e entrou em sua casa.

A festa já tinha começado e as danças e seu ritmo, ora langoroso, ora frenético, propiciavam aos dançarinos plena liberdade de expressão. No centro do vazio em que ficava a aldeia, as mulheres dançavam, enquanto os homens iam formando pequenos grupos onde conversavam e admiravam os volteios e os passos das moças.

Com o seu olhar plácido, Adjalá estava sentado ao lado do pai sem tirar os olhos de Mowo, que, graciosamente, dançava, mostrando sua graça e leveza. Adjalá, subitamente, teve sua atenção atraída por uma discussão entre os egbas. Dois homens, logo seguidos de outros, começaram a discutir alto o suficiente para Adjalá saber que estavam argumentando sobre a excelência de seus candidatos ao trono de Urasange. Outros homens de outros grupos aproximaram-se e entraram na discussão. Adjalá ficou receoso de que aquela discussão descambasse numa briga generalizada; o vinho já estava fazendo seu efeito.

Com crescente preocupação, viu seus piores temores se realizarem e bastou que um mais afoito desse um empurrão num adversário para que mais de sessenta homens se engalfinhassem numa batalha campal, que só não era mais violenta porque ninguém estava armado. Foi nesse momento, para horror de Adjalá, que ele viu chegar a malta de cartagineses e não foi preciso muito poder de dedução para saber que vinham bêbedos e dispostos a se divertirem ao seu modo.

Enquanto a luta entre os guerreiros já estava em seu segundo minuto, os cartagineses entraram na festa já arruinada, indo direto para onde estavam as mulheres, que tinham parado de dançar e observavam a briga entre os guerreiros. A maioria lançou-se sobre as mulheres com ímpeto e volúpia. Alguns ainda chegaram perto delas procurando conversar, mas a maioria, vendo a baderna, se aproveitou do fato e foi logo

O Cajado do Camaleão

125

agarrando as mulheres, procurando tirá-las do local para levá-las para o mato.

Com rapidez, Adjalá refletiu que não podia contar com ninguém de seu povo; os guerreiros estavam lutando e eles nem se deram conta da chegada dos cartagineses. Os que não estavam na pugna eram mais velhos e já tentavam isoladamente proteger as mulheres, sem nenhum sucesso. Nesse momento, ele correu os cento e trinta metros que separavam o local da festa da casa de Elwyd. Lá chegando, encontrou Korc deitado com uma cartaginesa, em pleno ato sexual. Interrompeu-o e disse-lhe em poucas palavras o que estava acontecendo. Korc pulou da cama, vestiu um saiote tipicamente grego, pegou da espada e, olhando para Adjalá, disse-lhe:

– Toma! Você pode precisar do cajado – e jogou-lhe um grosso bastão de madeira da altura de um homem.

Antes de voltar para a aldeia, Korc chamou mais dois vizinhos, que vieram armados, e lhes deu ordem para convocar mais alguns amigos. Em questão de minutos, uma forte milícia armada tinha se constituído e correu para o local da festa. Ao chegarem, os homens notaram que a situação tinha se deteriorado ainda mais. Durante os cinco minutos, se muito, em que Adjalá saíra para buscar ajuda, alguns cartagineses haviam conseguido arrastar algumas mulheres para o mato vizinho e já estavam em pleno processo de estupro. Outros cartagineses estavam lutando contra alguns egbas, e a maioria deles lutava uns contra os outros, enquanto os mais velhos tentavam aos gritos impedir a progressão do distúrbio.

– Pegue trinta homens e separe os egbas, que eu vou com o resto atrás dos que estão atacando as mulheres – ordenou Adjalá a Korc.

Sem discutir, Korc obedeceu e, no fragor do combate, entrou feito um furacão empurrando os guerreiros egbas que ainda lutavam. Korc e seu grupo empurravam violentamente um dos contendores e postavam-se entre os dois. Os egbas paravam de lutar; ao ver a espada na mão dos cartagineses e do boiano, pensavam melhor. Enquanto Korc separava a briga dos guerreiros, Adjalá deu ordens rápidas para os demais ajudantes e eles conseguiram prender, ferir ou matar oito atacantes.

Em menos de dois minutos, a arruaça ficou contida e seu olhar correu por todos os lados à procura de Mowo. Não a vendo, começou a gritar por ela e não obteve nenhuma resposta. Imediatamente, teve a intuição

126 A SAGA DOS CAPELINOS

de que algumas mulheres estavam sendo estupradas no mato vizinho. Gritou por Korc e dez homens, junto com eles, correram para onde provavelmente as mulheres estavam sendo maltratadas.

De fato, rapidamente descobriram vários homens tentando ou já conseguindo estuprá-las. Todos foram mortos por Korc e seus cartagineses. Mas Mowo não estava entre elas. Onde estaria sua amada, desesperou-se Adjalá. Gritou por ela por umas duas vezes, quando a escutou gritando seu nome. Parecia estar distante, mas Adjalá disparou na direção da voz e chegou em segundos onde um homem tentava estuprá-la. Ela conseguira, até aquele momento, manter o homem fora dela, mas havia apanhado bastante, apresentando hematomas e sangue no rosto.

Quando Adjalá chegou gritando, o homem levantou-se num salto e ia partir para atacá-lo, mas o príncipe dos egbas foi mais rápido e, com toda a força que conseguira reunir, deu-lhe uma pancada com o seu cajado no meio da testa. O homem afundou sobre si mesmo, desmaiado. Nesse instante, Korc chegou correndo e levantou a espada para decepar a cabeça do desfalecido. Adjalá impediu-o.

– Não o mate. Tenho um castigo melhor para ele.

– Como quiser, Adjalá, mas não se deixa vivo um cão sarnento como este. Nunca se sabe o que poderá fazer amanhã para se vingar.

Mesmo concordando com a afirmativa de Korc, Adjalá pediu que poupassem Etubaal. Contrafeito, Korc embainhou a espada e, junto com mais dois amigos, levantaram o homem e o arrastaram até a aldeia.

Enquanto isto, Adjalá passou a cuidar de Mowo. Levou-a para o riacho e a banhou, limpando seu rosto e suas costas sujas de terra. Mowo não chorou, mas estava abalada, tremendo, e não conseguia falar. Terminado a limpeza, Adjalá a levou para a aldeia, cobrindo-a com algumas palhas de dendezeiro; estava completamente nua, já que sua tanga fora arrancada por Etubaal.

Quando chegou perto da aldeia, notou uma algazarra anormal. Mandou Mowo para a sua casa, no entanto, ela correu para o pai que estava no meio da turba enfurecida e abraçou-se a ele, contando-lhe o que lhe sucedera. Umatalambo chamou a esposa e mandou que a levassem para casa e lhe dessem atenção. Enquanto isto, Adjalá, assim que chegou à aldeia, viu que Korc e alguns cartagineses estavam rodeados por enfurecidos egbas. Com muita dificuldade, Korc tentava impedir que os egbas trucidassem os agressores aprisionados por ele.

O Cajado do Camaleão   127

Com uma série de gritos de ordem, Adjalá entrou no meio da confusão e mandou que os egbas parassem de atacar os agressores presos. Levantou os dois braços, sendo que um portava o cajado que Korc lhe dera. Quando eles se acalmaram com os gritos e a presença de seu príncipe, ele disse bem alto:

– Já chega. Não haverá mais derramamento de sangue aqui. Hoje é festa de Ajasê e de nossas deusas-mães e já houve muito tumulto por uma única noite.

– Mas foram esses *funfun* miseráveis que atacaram nossas mulheres – gritou um dos egbas.

– Todos estão errados. Aqui ninguém está certo – retrucou Adjalá de imediato e, virando-se para o seu pai, disse: – Começando pelo meu pai, o *oba* Urasange.

Todos o olharam com receio; como ousava falar assim do rei?

– Se tivesse definido o seu sucessor não haveria motivo para brigas e discussões.

Urasange baixou a cabeça; como negar sua tibiez? Com determinação, virou-se para os *ajés*.

– Vocês, *ajés*, representantes dos *eborás* e dos *imolés* entre nós, se conspurcaram, vendendo seu voto para os homens, como se o trono fosse uma simples mercadoria. Pois eu lhes digo que hão de responder aos mesmos *eborás* e *imolés* que tão mal representaram.

– Vocês, guerreiros egbas, estão errados por começarem uma briga sem sentido em plena festa de nossa mãe Ajasê e de suas irmãs deusas.

Ele estava aparentemente calmo, mas seu semblante sério demonstrava sua determinação em resolver todos os problemas sucessórios naquela noite.

– Vocês, forasteiros, estão errados também, porque sempre nos olharam como pessoas simples e atrasadas – afirmou Adjalá, tendo se virado para os cartagineses presentes. – Jamais nos ensinaram sua técnica do ferro, assim como nunca procuraram nos entender e, achando-se superiores, viveram suas vidas como se nós não existíssemos.

Um silêncio incômodo caiu entre todos.

– Mas o maior errado aqui sou eu. Pois vi as coisas se deteriorarem e nada fiz para consertar. Quando meu irmão morreu, lutando contra os kwalis, eu devia ter exigido do meu pai uma definição. Nunca quis ser *oba* de Okeorá, mas, com a morte de Olabissanje, eu sou o verdadeiro herdeiro. Por outro lado, por que os *funfun* têm seu rei e nós temos o nosso? Para que dois reis? A terra é nossa. Estamos nela há muitos anos antes de eles virem e, se eles aqui se instalaram, foi porque nós permitimos ou, seria melhor dizer, eu permiti, pois todos foram contra.

Virando-se para Elwyd, que estava de pé escutando a sua alocução, Adjalá prosseguiu:

– De hoje em diante, só haverá um rei em Okeorá e todos, *funfun* e egbas, prestarão obediência. Faremos um só conselho em que os *funfun* terão direito a falar e o peso de sua decisão será igual ao dos egbas. Não haverá duas Okeorá, mas apenas uma.

– Bem falado, *aladê* Adjalá – respondeu Elwyd, enquanto meneava a cabeça em concordância.

– Desde já, *aladê* Adjalá, eu abro minha forja a qualquer egba que quiser aprender a magia de Govannon – disse Korc, emocionado com o discurso de Adjalá e vendo a aquiescência paterna. – Tomarei inicialmente quatro homens para serem ferreiros e, depois de seis luas, tomarei mais quatro de cada vez.

– Um belo gesto para recomeçarmos bem nossa convivência, que, desta vez, terá que ser harmoniosa – agradeceu Adjalá, com um sorriso.

– Agora, vocês que se deixaram levar pela bebida e atacaram as mulheres egbas como se fossem meretrizes do cais do porto – os agressores entenderam o que Adjalá falara, pois sabiam que ele já estivera em Cartago e conhecia a zona de baixo meretrício que lá existia –, vocês não serão mortos. Serão julgados como vi que fazem em sua terra e sentenciados de acordo com sua lei. Amanhã, com a cabeça mais serena, dois egbas, dois *funfun* e o *oba* de Okeorá irão escutar suas razões e aplicar a justiça conforme vocês a conhecem. Regozijem-se, pois a sentença para o estupro entre os egbas é a morte e sei que, entre vocês, homens de Cartago, é passar um período de suas vidas em trabalhos forçados. Amanhã decidiremos quanto tempo passarão presos.

Um dos poucos que entenderam a sagacidade de Adjalá foi Elwyd, que logo sorriu. O príncipe já estava lavrando a sentença e o fazia antecipadamente para que seus egbas não os sentenciassem à morte. Adjalá sabia que aqueles homens eram importantes para retirar a hematita da montanha, um trabalho insano que os egbas não queriam fazer.

A plateia de homens estava estática, escutando aquele homem que sempre parecera manso, mas que, subitamente, era capaz de decidir as

O Cajado do Camaleão

coisas de um modo autoritário e, ao mesmo tempo, justo. Nessa hora, toda a mística em torno dele passou a funcionar em suas mentes.

– Umatalambo, Inossé e Onduregalambo, vocês três foram designados pelos *ajés* como candidatos a *oba*, quando Urasange vier a falecer – que os *eborás* lhe dêem vida longa. Pois eu, Adjalá de Okeorá, lhes pergunto e quero uma resposta agora. Em que vocês se acham melhor do que eu? Qual o *eborá* ou *imolé* que lhes deu a primazia sobre o destino de Okeorá?

Os três homens permaneceram silenciosos.

– Deixe-me lhes dizer em que vocês acham que são melhores – prosseguiu Adjalá. – Como vocês são notáveis caçadores e guerreiros implacáveis, e disso ninguém duvida, vocês se acham superiores a mim que não sou nem caçador e nem guerreiro. Pois eu lhes respondo que um rei não precisa ser caçador nem guerreiro. Deve ser, antes de tudo, um homem justo que saiba pesar o que é melhor para seu povo, e posso lhes dizer que suas atitudes de jogar seus guerreiros uns contra os outros não é justa nem para com eles nem para com o nosso povo. Eu lhes digo que, por ordem de Olorun, eu sou o *aladê* e, enquanto eu for vivo, assim o serei. Dessa forma, a única forma que vocês têm de pleitear minha vaga é me matando num combate singular. Assim, na frente de todos, eu os desafio para a luta. Aquele que me vencer será o rei de Okeorá.

Um *frisson* passou pela assistência. Isso era totalmente inesperado.

Todos sabiam que Adjalá não era de lutar, e todos os olhares se voltaram para os três pretendentes.

– *Aladê* Adjalá, eu não pretendo lutar contra o homem que salvou a vida de minha adorada filha Mowo. Eu o aceito como *aladê* e, quando nosso *oba* Urasange vier a falecer – que Olorun lhe dê vida longa –, eu o aceitarei como meu *oba* – respondeu imediatamente Umatalambo.

– Pois, caro Umatalambo, eu aceito sua aliança como a de um irmão. Você se sentará comigo no conselho de nossa aldeia.

– Não tenho por que lutar com o *aladê* de minha tribo. Peço aliança e proteção de meu irmão Adjalá – respondeu a seguir Onduregalambo, que não tinha intenção de arriscar sua vida num combate singular com um homem protegido por Arawê.

– Aliança pede e aliança tem. Você se sentará no meu conselho, irmão Onduregalambo.

Naquele instante, ouviu-se um brado. Com uma voz tonitruante, Inossé adiantou-se do meio da turba e, com um olhar furibundo, gritou:

– Pois eu, Inossé, aceito seu desafio. Lutemos até a morte. Quem vencer será declarado o *aladê*.

Como Adjalá previra, Inossé seria o único a lutar pelo cargo. Era o candidato que desde o início tinha menos chances de ganhar, por ser jovem demais. Era óbvio que aceitaria o repto lançado por ele; era a sua única oportunidade de se tornar rei.

– Que seja agora, então. Lute com sua arma, que lutarei com o meu cajado.

Um homem lutar com um cajado que os velhos usavam para se apoiar era motivo de risos. Vários guerreiros riram e fizeram troça do fato.

Providenciaram um porrete para o maçudo Inossé. Abriu-se uma clareira bastante ampla e Adjalá ficou parado, enquanto seu oponente rodopiou o cacete umas duas vezes na mão e se aproximou. Havia um sorriso de maligna satisfação em seu semblante: "como será fácil afundar a cabeça desse *aladê* santarrão", pensou Inossé. Uma vitória fácil, pois o homem nem sequer está se mexendo.

O braço esquerdo de Inossé levantou-se para atacar Adjalá. Estava a apenas dois metros do rapaz. Concentrou toda sua força no braço esquerdo e na perna direita para alavancar o impulso. A pancada saiu com rapidez e precisão, mas Adjalá desviou-se do golpe no último segundo. O homem perdeu o equilíbrio e Adjalá aproveitou para colocar o cajado entre suas pernas e girá-lo levemente. Foi o suficiente para o homem cair. Contudo, rápido como um gato, levantou-se e olhou seu adversário com surpresa. Adjalá fora econômico nos gestos, mas obtivera maior efeito do que podia se imaginar. Inossé já não estava tão confiante de sua fácil vitória, mas agora que estava sob o olhar dos demais, não podia recuar.

Novamente, movimentou-se para tentar surpreender Adjalá com uma finta; pretendendo atacar pela direita, virou-se para a esquerda e desferiu um golpe potente na altura do baço. Adjalá intuiu o golpe e o desviou com o cajado. Seu movimento fora tão suave que dera a impressão aos que assistiam à pugna de que quase não se movimentava. Como estava fincado numa base sólida, era capaz de desviar os mais fortes golpes apenas usando a força de ataque e não necessariamente a sua própria.

– Acaba logo com isso, Adjalá. Pelos *deiwos*, não fica brincando com ele – gritou Korc.

O Cajado do Camaleão
131

Naquele momento, Adjalá pensou que não estava brincando, mas, para acabar com a luta, teria que ferir Inossé, e isso era algo que simplesmente não conseguia, por mais que o momento pedisse.

Inossé sentiu que estava perdendo a face perante seus correligionários e, desta vez, atacou com toda a força de seu corpo. Sua intenção era agarrar-se ao corpo de Adjalá e derrubá-lo e, no chão, asfixiá-lo. Mas Adjalá conhecia esse ataque frontal e desviou-se, mais uma vez colocando o cajado entre as pernas de Inossé, que despencou de modo ridículo. Como seu ataque fora excessivamente precipitado e seu tombo catastrófico, levou mais tempo para levantar-se. Quando tentou fazê-lo, num movimento rápido, Adjalá estava sobre ele com o cajado seguro pelas duas mãos e encostado em sua testa. Bastaria um rápido movimento para que o pesado instrumento o atingisse, ocasionando um sério ferimento. Dentro das regras dos boianos, tal possibilidade de golpe representava a derrota do oponente. Normalmente não se desferia o golpe, pois poderia ser mortal.

– Entregue-se! – ordenou Adjalá.

O homem estava na dúvida se devia ou não reagir. Nesse instante, Korc entrou em cena e colocou a espada no pescoço de Inossé e vociferou.

– Você foi derrotado. Se não se entregar, eu mesmo o matarei, seu cão sarnento. Dê-se por feliz que Adjalá é um príncipe que não quer sujar suas mãos com o sangue de seu súdito, mas eu terei uma imensa satisfação de lhe arrancar a cabeça fora.

Ainda caído no cão, com o bastão de Adjalá a um centímetro de sua testa e a espada do boiano no seu pescoço, Inossé só podia render-se. O que o convenceu, todavia, foi a expressão de pura fúria de Korc; parecia estar esperando apenas sua negativa para matá-lo. Inossé largou o seu porrete e se deitou no chão.

Adjalá retirou o bastão de sua testa e deu-lhe a mão, ajudando-o a levantar-se. Quando o homem ficou de pé, Adjalá o abraçou, falando bem alto para que todos ouvissem.

– Você foi um valoroso oponente e fará parte de meu conselho como meu irmão.

Sem saber como reagir, Inossé, aparvalhado, sacudiu a cabeça em mudo assentimento. Sentia uma vergonha imensa por ter sido tão facilmente batido, mas aquele homem, mesmo assim, o mantinha no conselho da tribo. Sentia ímpetos de esganá-lo, mas, ao perceber seu olhar meigo, não sabia mais como proceder.

Um asfixiante silêncio pairava no ar. Desde o início do combate, nenhuma palavra fora pronunciada, nenhum grito de saudação ou apupo fora dirigido a nenhum dos homens. Apenas um incômodo silêncio. Em cada mente, havia uma torcida muda; a maioria queria a morte de Adjalá – quem pode aturar um homem santo a mostrar-lhes diariamente a sua pequenez? Quando vencera o combate com um mínimo de gestos, ele os surpreendera, mas não os trouxera para seu lado. Ainda preferiam algum dos três candidatos, mesmo que dois tivessem desistido e o terceiro tivesse sido vilmente batido, aliás, com tamanha facilidade, com tanta falta de esforço, que nem parecera um combate.

Pela fria receptividade de seu povo, Adjalá sabia o que se passava em suas mentes. Korc olhou para Adjalá e sentiu nele uma imensa tristeza. Derrotara seus oponentes, mas para tanto tivera que repreender seu pai, os *ajés*, os guerreiros e todos os forasteiros, inclusive ele, Korc. Nessa hora, o boiano sentiu um amor imenso pelo seu amigo. Não era um amor material, mas algo profundo, que brotava como uma nascente do fundo da terra; um respeito e um desejo de reverenciá-lo. Tomado desse impulso, bradou:

– Adjalá, meu rei, abençoe-me – e, assim dizendo, prostrou-se no chão, como era o costume celta quando um druida encontrava-se com um *merlin* ou um druida mais velho e desejava sua bênção especial.

Adjalá espantou-se com o movimento do boiano; nunca ninguém se prostrara à sua frente. Levantou Korc, e este, em retribuição, beijou-lhe as mãos. Imediatamente, Elwyd, entendendo o significado daquele gesto que os egbas não conheciam, mas que facilmente deduziram, adiantou-se e beijou-lhe as mãos.

– Abençoe-me, meu *aladê*.

Se existia uma coisa que constrangia Adjalá eram essas demonstrações, e, de imediato, abraçou o ancião Elwyd, beijando-lhe ambas as faces. Os egbas olharam para aquilo e ficaram estáticos. Como deveriam agir? Subitamente, saindo da multidão, Umatalambo, pai de Mowo, adiantou-se e, repetindo o gesto de Korc, estirou-se no chão aos pés de Adjalá, beijou-lhe os pés, levantou-se e o abraçou comovido. Adjalá não sabia se era um pai a agradecer a vida de sua joia ou um aliado a lhe prestar vassalagem. Adjalá sorriu para Umatalambo e beijou-lhe as duas faces, num gesto de amizade, que não era comum entre os egbas.

Outros vieram e fizeram o mesmo, nem tanto por aceitarem Adjalá como futuro rei, mas por conveniência; é bom estar de bem com o poder.

Mas Adjalá sentiu que sua liderança ainda não fora completamente aceita. Durante anos, fora visto como o preferido de Arawê, mas, por séculos, a aldeia fora governada por caçadores. Não seria da noite para o dia que aceitariam um homem santo.

28

A nova caravana de Elischa chegou pouco mais de duas semanas depois da funesta festa e encontrou uma Okeorá bem diferente. Adjalá colocara três grupos de dois homens armados para patrulhar as ruas da aldeia. Havia negros nas forjas e homens com grossas correntes nos pés escavando a hematita. As idas até as florestas para conseguir madeira para as forjas eram acompanhadas de quinze homens armados com espadas e arcos e flechas. A função era defendê-los de animais selvagens e dos kwalis, que estavam quietos desde que Cathbad e Korc haviam decepado a cabeça de seus chefes guerreiros.

Após descarregar suas coisas, Elischa encontrou-se, no fim do dia, com Korc, na frente da única taverna que existia, e, sentados em tamboretes rudes e malfeitos, trocavam impressões.

– É, meu amigo Elischa, agora quem manda aqui é Adjalá.

– Você está brincando comigo! – exclamou Elischa agradavelmente surpreso.

Korc deu uma gargalhada e deu um tapa carinhoso nas costas do cartaginês, que quase sucumbiu perante a força hercúlea do boiano.

– E que bom rei ele está se saindo!

– Conte-me tudo. Mas antes me deixe abrir esta botija de bom vinho grego e você há de me detalhar tudo.

Korc esperou que Elischa abrisse a garrafa e transbordasse seu copo. O boiano bebeu lentamente como se sorvesse o néctar dos deuses e proferiu um tenebroso conjunto de palavrões em gaulês, elogiando o vinho. Após isso, Korc contou-lhe tudo nos seus mínimos detalhes e terminou, confidenciando, já a meio caminho para uma bebedeira que se prenunciava grotesca:

– Adjalá está para se casar com Mowo. Elischa, meu amigo, a menina é divina. Ela foi esculpida por todos os *imolés*, como eles chamam os *deiwos*. Pela misericórdia divina, se ela não fosse a prometida de meu rei e amigo Adjalá, eu teria o maior prazer em passar o resto da minha vida com ela.

– Você mente, ó boiano. Adjalá se casando? Impossível, o homem fez votos de castidade.

– Depois que você olhar o corpo de Mowo e seu rosto feito do mais puro veneno, você entenderá por que Adjalá sucumbiu à tentação – disse Korc, modelando com as mãos os atributos físicos da moça.

– Korc, você é um mentiroso contumaz, além de ser um gaulês devasso e bêbedo – disse Elischa, rindo a não mais poder. – Aposto todo meu ferro que o pai dele, como é mesmo o nome daquele rei gordo, o obrigou.

– O nome daquele boi é Urasange, porém não manda mais nada. Estou lhe dizendo que Adjalá já é rei de fato e, tem mais, deu uma inesquecível surra num guerreiro e tornou-se o soberano.

Elischa engasgou-se com a bebida. Tossiu, cuspiu uma parte e depois olhou sério para Korc.

– Antes que você me ofenda novamente, ó cartaginês, tenho testemunhas do que estou lhe dizendo. Isso aconteceu na frente de todos os guerreiros. Por Esus, foi uma luta notável, mas também, com um mestre como eu, até uma gazela se transforma num leão.

Elischa escutou a história da luta de Adjalá.

– Louvado Baal Hammon, que me deixou viver até o dia de hoje – afirmou Elischa, após ouvir a detalhada narrativa. Já com a voz enrolada da bebedeira que os dois estavam tomando, complementou: – Se morresse ontem, eu juraria que Adjalá estava mais para um eunuco do que um homem. Você não sabe como isso tudo me faz sentir feliz. Bendito seja seus *deiwos* que lhe deram paciência para ensinar Adjalá a lutar com o cajado. Arma miserável! Uma pancada daquelas na cabeça é bastante para deixar qualquer homem abobado para sempre. – Mudando o tom, perguntou: – E quando é a festa de casamento?

– Dentro de mais ou menos quinze dias, meu amigo; na lua cheia. Adjalá e sua noiva Mowo estão recolhidos para se prepararem para o grande dia. Só há um problema que tenho que resolver. – Elischa expressou dúvida em seu semblante enquanto aguardava que Korc terminasse de beber mais uma talagada enorme de vinho. – Tenho que construir uma casa para os noivos. Querem sua casa no meio do caminho entre nosso pedaço da aldeia e a dos egbas.

– E você sabe construir uma casa, ó gaulês ignorante?

– Não sei, mas aprendo.

– Você está louco, Korc. Vai fazer um casebre que cairá na cabeça de nosso amigo. Eu é que vou fazer a casa. Temos quanto tempo?

– Uns quinze dias, acho eu.

– Dá tempo. Farei uma casa digna de um rei – afirmou Elischa, batendo a mão na perna com decisão.

– E você sabe construir uma casa, ó cartaginês presunçoso?

– E o que um cartaginês não sabe fazer?

A expressão de safardana na cara de Elischa arrancou uma estrepitosa gargalhada do gaulês, que quase caiu do tamborete.

Os dois amigos continuaram rindo, completamente tomados pelo efeito do vinho, enquanto Elischa abria outra botija, arrancando a rolha com sua faca curva, e, ao mesmo tempo, gritando para um dos seus amigos cartagineses que escutavam a conversa.

– Um palácio para Adjalá. Quero um palácio para meu rei em quinze dias.

Já embriagados, riram feito loucos, enquanto Korc bebia diretamente da botija o bom vinho grego que Elischa trouxera de Leptis.

Nos dias que se seguiram, Elischa cumpriu sua parte do acordo e fez uma construção mediterrânea. A casa tinha um salão amplo para reunir o conselho e, na parte traseira da casa, foram feitos quatro quartos, uma sala íntima, que dava para uma ampla parte central descoberta, onde Elischa disse que, assim que desse tempo, fariam um jardim com uma fonte de água. O jardim seria feito, mas a fonte de água nunca foi providenciada.

A festa estava marcada para a lua cheia e Adjalá fora levado para a casa de Agbosu para preparar-se para o casamento. Teria que fazer alguns sacrifícios para Arawê e Ajasê, enquanto a noiva fora recolhida na casa de outro *ajé*, onde estava passando pelos mesmos rituais de limpeza e oferendas.

Adjalá estava preocupado, pois não fizera o pedido diretamente a Mowo, mas ao pai, como mandava o costume. Umatalambo concordou imediatamente e só depois foi falar com Mowo. Para sua surpresa, de forma sisuda, a moça não respondeu negativamente, mas também não disse um taxativo sim.

– É a sua vontade, meu pai?

O pai aquiesceu com um meneio de cabeça e a moça baixou os olhos, levando-o a concluir que havia assentido. Saiu apressado antes que a moça recusasse. Que bom casamento e logo com um rei. Passou-lhe uma dúvida pela cabeça: será que Mowo aceitou mesmo esse casamento? Mas, feliz como estava, não quis sequer pensar na possibilidade de ela refutar tal aliança e foi providenciar a festa.

29

O novo grupo que Elischa trouxe era constituído de gente pobre, que não encontrara oportunidades em Cartago, Leptis e Útica. Nada entendiam de ferro, mas conheciam bem as técnicas agrícolas, qualidade esta pela qual foram trazidos. Adjalá não estava presente na chegada da caravana; estava recolhido na casa de Agbosu, mas, ciente de que eles podiam chegar a qualquer momento, deixara ordens bem definidas.

A primeira era o local onde deveriam cultivar a terra. Fora estabelecido que seria perto do riacho, mas longe do bosquete considerado sagrado pelos *ajés*. Havia nisso uma certa dificuldade, pois era um pouco afastado da aldeia. Assim, as suas novas casas deveriam ser construídas do outro lado do riacho, num descampado, a quatrocentos metros de Okeorá. Isso facilitaria o acesso dos agricultores às suas terras. Finalmente, Adjalá determinara que os recém-chegados deveriam ser imediatamente postos a par das determinações do conselho, ou seja, toda baderna era punida com trabalhos forçados na retirada da hematita, assim como roubos, assassinatos e outros crimes não seriam tolerados.

Como ponto importante para a integração, Adjalá ordenara que os recém-chegados seriam ensinados a falar o gba o mais rápido possível. Quem ficou encarregado de tal atividade foi um grupo de quatro cartagineses que dominava bem a língua. As festas seriam sempre da comunidade, tanto para os *eborás* e *imolés*, como também para os *baals* e *baalets* dos cartagineses.

Mas o que Adjalá fizera absoluta questão é de que os egbas trabalhassem em conjunto com os recém-chegados. Assim, aprenderiam as técnicas tanto do ferro como da agricultura, como o uso do arado e o manejo do gado. Essa fora uma das vantagens da viagem de Adjalá a Cartago,

O Cajado do Camaleão

137

pois entendera que os cartagineses tinham uma técnica superior que podia ser assimilada pelos egbas, melhorando o nível de vida de seu povo.

A festa realizou-se com toda a pompa que as circunstâncias permitiam e até os recém-chegados participaram. Adjalá fez questão, antes de se recolher à casa de Agbosu, de convidar pessoalmente Asdrubaal. Desconfiava de que sua atuação sobre os amotinados fora a responsável pela baderna da última festa para Ajasê, mas preferia tê-lo como amigo a inimigo. O sacerdote cartaginês sentiu-se honrado, mas seu ódio tornara-se uma doença e continuava a imaginar esquemas de como poderia prejudicar Adjalá.

Após a luta contra Inossé, Adjalá fizera uma reunião com os principais cartagineses e egbas, e conseguira formar um conselho. Terminada a primeira reunião, fez sua proposta de casamento a Mowo. Depois do fato, arrependeu-se; deveria ter falado primeiro com ela e obtido sua aquiescência. No entanto, premido pelo tempo e querendo se aproveitar das circunstâncias favoráveis, pulou por cima dessa fase e fez sua proposta diretamente a Umatalambo, que logo a aceitou.

Na noite da festa, Mowo foi trazida em cortejo pelo seu pai e demais familiares homens; as mulheres ficaram apenas assistindo à cerimônia. Adjalá observou que ela vinha séria como convinha a uma noiva, engalanada com flores e miçangas por todo o corpo, mas, como era costume dos egbas, com exceção das partes pudendas que estavam cobertas, vinha nua. Adjalá, que se acostumara em Cartago a ver as pessoas vestidas, sentiu que essa era uma prática boa que tentaria introduzir entre os egbas, e a primeira pessoa a se cobrir seria a sua esposa.

Com toda a alegria do ritual egba, Mowo foi entregue a Adjalá. Agbosu foi o oficiante principal, mas outros *ajés*, e até mesmo Asdrubaal, participaram do casamento. Para gáudio dos presentes, comida e bebida foram servidas a todos. Centenas de carneiros e cabritos foram mortos para atender às necessidades dos convivas. Já o vinho de palma acabou sendo pouco para tanta gente. Adjalá achou melhor assim; evitava as bebedeiras, tão perigosas numa sociedade em que os membros estavam ainda pouco integrados.

No final da festa, Mowo foi levada pelas mulheres para o palácio de Adjalá. Sua mãe e suas irmãs tiraram suas miçangas, lavaram-na com um suco de inhame misturado com água e a deitaram nua no chão, sobre uma pele de carneiro já devidamente tratado.

138   A Saga dos Capelinos

Assim que o processo de preparação da virgem terminou, Adjalá foi levado até sua casa pelas mesmas mulheres que levaram Mowo e, sob cantorias e brincadeiras típicas dos egbas, foi empurrado gentilmente pela mãe de Mowo para dentro de casa.

Um pouco apreensivo, Adjalá entrou em seu quarto segurando uma pequena tocha de fogo que clareava o ambiente. Viu Mowo, completamente nua, aguardando por ele. Assim que entrou, observou sua expressão de tristeza; parecia óbvio que não estava satisfeita com o casamento. Adjalá levantou-a docemente e disse-lhe:

– Vem!

Segurando sua mão, a levou pela casa. Sempre com a tocha, foi-lhe mostrando a casa que Elischa construíra. Ele visitara a casa antes da cerimônia e ficara encantado. Elischa e seus amigos cartagineses haviam proporcionado vários presentes, quase todos de utilidades domésticas, assim como prendas raras para Mowo. Elwyd havia lhe dado de presente uma túnica simples, imaculadamente branca, dizendo que esse símbolo da pureza deveria nortear seu casamento e sua vida.

Num dos quartos, mostrou-lhe uma cama baixa, do tipo em que os cartagineses gostavam de dormir. Era um pouco estreita, mas com jeito dava para dois se aboletarem, bem agarradinhos. Mowo jamais havia visto tal utilidade doméstica, mas escutara falar sobre tal artefato, já que a maioria dos cartagineses usava camas para dormir.

Com crescente satisfação, Adjalá observou que Mowo foi ficando encantada com o tamanho da casa, com os vários cômodos, com os móveis e os utensílios de ferro e de bronze que haviam sido trazidos pelos cartagineses. Adjalá pegou um vestido longo, de um estampado azul-esverdeado, e pediu para que Mowo a vestisse. Ele a ajudou a se trajar. Depois, pegou um colar feito de ouro que Elischa lhe dera e o colocou em seu pescoço. Ainda ajeitou uma prega ou outra do vestido para fazê-lo cair e a levou para frente de um espelho, que fora incrustado na parede; outra novidade que Mowo desconhecia. Ela se assustou com sua imagem refletida no espelho, mas Adjalá a tranquilizou, dizendo-lhe:

– Você sabia que era tão bela assim?

– Quem é a mulher que você diz que é a dona de seu coração? – perguntou-lhe Mowo com uma expressão severa em seu semblante.

– Você acha que eu diria a qualquer mulher que meu *imolé* falou-me que minha esposa terá que ser uma rainha de beleza e inteligência, uma mulher que poderá me aconselhar nos momentos difíceis, que me dará extensa descendência e que será a absoluta dona de meu coração, de meu corpo e de minha alma? Eu não lhe disse que serei seu senhor, assim como ela me possuirá por completo? Pois não foi isso que eu lhe disse?

Mowo meneou a cabeça.

– Você é a minha rainha e desejo somente que você me aceite, pois imagino que você não me ame ainda – disse Adjalá, segurando as duas mãos de Mowo.

Mowo riu e, depois lhe disse, sorrindo, olhando-o nos olhos.

– Bem que minha mãe falou que os homens não conhecem o coração das mulheres.

Os dois se aproximaram e Adjalá segurou-a pelos ombros, enquanto ela colocou suas mãos em sua cintura. Os olhos dos dois pareciam faiscar sob a luz bruxuleante da tocha e, aos poucos, como se tudo se movesse de forma extremamente lenta, aproximaram-se e selaram seu amor com um roçar de lábios, algo tão suave como uma brisa cariciosa. Depois de alguns segundos de enlevo, Adjalá sentiu que Mowo pressionou seus lábios com mais força. Ele, então, seguiu seu ímpeto, beijando-a com mais intensidade, mas, mesmo assim, foi um beijo comedido.

A falta de experiência dos dois não foi empecilho para que Adjalá a conduzisse à entrega. Ele retirou sua túnica e o corpo escultural de sua mulher apareceu por completo. Ele voltou a beijá-la e deixou que o instinto os guiasse. Se não tinham acumulado experiência nessa área da existência humana, tinham doçura e amor de sobejo para superar esse empecilho.

Naquela noite, os dois se conheceram intimamente e ambos dormiram um nos braços do outro em completa entrega. O novo dia os encontraria ainda na mesma posição como se não quisessem que o tempo passasse e quebrasse o encanto daquele momento.

De tão enlevados que estavam, nenhum dos dois puderam ver as negras nuvens se avolumando no horizonte, prenunciando uma tempestade.

30

– Eu não tenho muito mais a fazer aqui – confidenciou Elischa a Sileno, Elwyd e Adjalá. – Partirei junto com Ahmed e esta nova remessa de

140 A SAGA DOS CAPELINOS

ferro. Pode ser que volte aqui um dia, mas meu coração me diz que serei levado para outras aventuras. Sou um homem irrequieto e insatisfeito com o que já fiz, sempre em busca de outras emoções.

Houve um certo mal-estar entre os ouvintes, mas o único que pareceu entendê-lo foi Adjalá, que lhe respondeu:

– De fato, meu amigo, você é daqueles poucos homens que gostam de realizar coisas e, quando elas já estão prontas, seu coração se enche de lassidão e de vontade de novos desafios. Você é um guerreiro que precisa estar sempre combatendo. Vá e seja feliz, e, se um dia você voltar aqui, que seja para nos trazer apenas alegrias.

Naquela noite, Elischa despediu-se de Osebakun, uma egba de rara beleza, sua amante fixa desde a última viagem. Já fazia dois meses que voltara e seu coração só pensava em retornar a Cartago.

– Vou partir amanhã – disse Elischa num tom descuidado.

– Para quê? – perguntou Osebakun, alarmada.

– Ora, as mulheres têm cada pergunta! Meu destino é ganhar o mundo. Fiquei aqui tempo demais.

– O que você procura?

– O que todo mundo procura: a felicidade!

– E você acha que encontrará no seu mundo? Por que não pode ser feliz aqui, perto de mim?

– Você é muito linda, mas tenho negócios para resolver – e, vendo que o assunto se esticava além do que queria, resolveu mentir. Uma mentirinha boba, em seu modo de ver as coisas. – Mas não se preocupe, minha bela. Voltarei em menos de um ano.

– Promete?

Abraçou-a com força e não lhe respondeu; preferiu possuí-la mais uma vez.

Enquanto se deliciava em seus braços, a mulher pensava que, quando ele voltasse, ela o receberia com uma surpresa. Estava grávida e, quiçá, lhe daria um varão, um belo menino que faria Elischa orgulhoso dela.

No outro dia, Elischa viajou para Cartago com Ahmed e uma grande partida de ferro. Sileno preferiu ficar em Okeorá já devidamente casado com suas três mulheres egbas, seus dois filhos mestiços e um terceiro a caminho.

Quando Elischa chegou em Leptis, seu primeiro destino, descarregou um grande carregamento de armas de ferro e recebeu do sufete, além

O Cajado do Camaleão

de um tratamento real, uma quantidade de ouro que o transformara num homem definitivamente rico. O trecho entre Leptis e Cartago, uns bons quinhentos quilômetros, levou ainda uns doze dias no lombo de um balouçante camelo e, finalmente, Elischa entrou em casa. Para sua surpresa, Vulca estava visitando seus associados e o recebeu com satisfação.

Nos dias que se seguiram, Elischa ficou se perguntando o que deveria fazer e discutiu com o pai, o irmão Jahimilk e o próprio Vulca, até que o etrusco lhe fez uma proposta.

– Escute-me, ó Elischa, quando você quis fazer essa aventura na terra dos negros, eu me propus a jogar fora algum dinheiro, confiando mais na minha intuição do que no seu plano. Os deuses me sorriram e me fizeram aumentar ainda mais a minha fortuna, mas, por outro lado, eles me cobraram caro; meus dois filhos homens morreram em combates na Sicília contra os malditos jônios. Preciso, portanto, de um filho e de um sócio em meus negócios. Tenho três filhas, sendo duas casadas com homens ricos da Etrúria. Eles são nobres pretensiosos e preguiçosos, que só pensam em lazer. Eles vêem no comércio honesto uma atividade indigna de seus berços de ouro. A minha terceira filha, a mais nova de todas, é apenas uma moça de dezesseis anos, virgem e prendada, mas que já desponta como uma joia rara. Venha comigo para Populonia. Sejamos sócios em certas empreitadas, as que você achar que são dignas de você, e, se minha filha se agradar de sua aparência e você dela, casarão e me darão uma descendência de homens fortes e destemidos como você.

"Quem em são juízo recusaria tal Convite?", pensou Elischa, e naturalmente aceitou. Partiria para Populonia com Vulca, seu sócio e, quiçá, seu sogro.

O navio de Vulca levou dois meses para aportar em Populonia; visitou vários portos antes de chegar em casa. Nessa viagem, Vulca foi descobrindo que Elischa era muito mais do que imaginara. Em Cirene, compraram estanho por orientação de Elischa e lucraram uma fortuna quando o venderam na Cilícia, na Turquia. Em Tiro, adquiriram tecido púrpuro e lucraram outra fortuna quando venderam tudo em Creta. De negócios em negócios, Vulca foi vendo que seu futuro genro tinha o toque do ouro – tudo em que tocava multiplicava-se com uma velocidade assombrosa.

Em Populonia, Elischa descobriu por que Vulca vivia viajando; sua mulher era bela, mas tinha um gênio de cão. A mulher parecia ladrar o tempo todo e, vez por outra, soltava um guincho, que seria muito engra-

142 A SAGA DOS CAPELINOS

çado se não fosse seguido de pratos e copos que voavam atrás de Vulca, que, por mais que se esquivasse, acabava por ser ferido, mais no seu orgulho próprio do que fisicamente. Elischa teve uma péssima impressão da mulher, mas quando Vulca, após a inusitada e violenta recepção da esposa, o apresentou, ela mudou de comportamento, como se fosse outra pessoa. Tornou-se amável e gentil; o que será que Vulca falou em etrusco que ele não entendera, mas cujo sentido ela imediatamente captara?

A matrona pediu desculpas por seus modos intempestivos e o levou para um dos quartos mais luxuosos que Elischa já vira, rivalizando-se com o do sufete de Leptis. Deu ordens a duas servas para que providenciassem banho e roupas limpas.

Após o banho, que Elischa fez questão de tomar sozinho, ele trocou suas vestimentas por roupas púrpuras de beleza real. Logo a seguir, um servo o levou para o salão onde seria servido o jantar. A esposa de Vulca lhe pareceu ainda mais bela e ele pôde observar seu porte real. Ela era mais alta do que Vulca, levemente magra, um pescoço de gazela, uma cabelo castanho com laivos de branco provenientes da idade madura, olhos castanhos-claros, mas Elischa viu que tinha um queixo severo; era uma mulher de fibra, isso ele logo deduziu.

Depois de se sentar e ser servido de uma aguardente de cevada que achou forte como o fogo do inferno, Elischa trocou algumas palavras com a esposa e com o próprio Vulca, que se aventurava, vez por outra, em dar algum palpite. Passou por uma bateria de perguntas sobre Okeorá, os egbas, o sufete de Leptis e sua vida particular. Vulca sempre a interrompia para dizer que Elischa era um nababo de rico, o que fazia sua esposa abrir um sorriso de felicidade. Após passar por tal interrogatório, a matrona pareceu satisfeita e mandou que os servos trouxessem Adriana.

Quando ela entrou na sala, Elischa olhou-a com atenção. Era uma cópia mais jovem da mãe, mas não parecia ser possuidora da fúria extemporânea materna. Pelo contrário, havia uma certa timidez e mansuetude em seu olhar. Elischa observou sua túnica pregueada de cor salmão que realçava sua tez azeitonada. Não era uma beleza tão intensa quanto a da mãe devia ter sido, contudo era agradável ao olhar. Olhou seus seios – adorava mulher de colo volumoso – e não viu nada muito ostentoso, mas perfeitamente aceitável.

Sorriu para Adriana e viu seus dentes alvos timidamente devolverem o cumprimento. É, pensou, acho que vale a pena arriscar um casamento

O Cajado do Camaleão   143

com ela; parece ser doce, meiga e submissa como deve ser uma boa esposa. Meiga e submissa eram seus pré-requisitos fundamentais para uma boa esposa e ela parecia tê-los de sobejo, além de um dote principesco, que viria junto. Concluiu rapidamente que era um casamento ideal.

31

Enquanto Elischa singrava o Mediterrâneo, o *oba* Urasange, pai de Adjalá, morria calmamente. Numa manhã, suas mulheres estranharam a sua demora em levantar da cama e o encontraram morto, com uma expressão tranquila de quem fora embora como um passarinho, sem sofrimento.

Adjalá foi notificado e chorou copiosamente. Desde que repreendera o pai publicamente, os dois não se falaram mais. Adjalá passara a ser o rei de Okeorá mesmo quando o pai ainda estava vivo e, muitas vezes, houve certo constrangimento, pois Adjalá mandara fazer algo e Urasange já ordenara fazer o contrário. Os mais velhos iam lhe perguntar como deviam agir e a resposta era sempre a mesma:

– Façam o que Adjalá mandar. Ele sabe o que é melhor para nós.

Aos poucos, Urasange se acostumara a ser considerado como o rei que não reinava, mas não tinha raiva do filho. Pelo contrário, passou a ver nele um rei sábio e ficou feliz que fosse seu filho. No entanto, todas as vezes em que Adjalá pedira para visitá-lo, mandava dar alguma desculpa – não queria vê-lo. Tinha certeza de que o filho ia lhe pedir desculpas e não desejava que Adjalá se humilhasse, na sua concepção. O filho tomara o poder de modo natural, portanto, que o exercesse sem constrangimentos. Já velho, Urasange passou a ficar debaixo da grande árvore da aldeia, junto com seus colegas de mesma idade. Ele matava o tempo contando histórias, fantasiando caçadas e jogando um jogo de nozes de cola que lembrava muito a adivinhação.

Com a morte de Urasange, a aldeia passou a ser regida exclusivamente por Adjalá e seu conselho de egbas e cartagineses. E a vida prosseguia pachorrenta.

Certo dia, Elwyd e Agbosu, acompanhado de Awolejê, seu filho, trocavam informações sobre as coisas da natureza. Ervas e banhos não eram totalmente desconhecidos de Elwyd. Os boianos, assim como os demais celtas, tinham banhos de purificação; no entanto, as ervas europeias tinham que ser substituídas por congêneres africanas. Já os egbas tinham mais banhos e ervas que os conhecidos pelos druidas. Elwyd conhecia dúzias de banhos, os quais os mais importantes eram um feito de folhas de carvalho para antes de grandes batalhas; outro, de várias folhas de árvores e ervas, entre eles o sagrado visco, para afastar espíritos malfazejos; e outro, só com ervas, para afastar as doenças da mente, que incluía também o visco e a bétula. Já os egbas conheciam dezenas de banhos e centenas de ervas que serviam para cada propósito e, com o passar do tempo, Elwyd passou a conhecê-los também.

Naquela tarde, foi trazida uma moça em estado catatônico e Elwyd observou que ela não reagia a nada. Agbosu desconhecia essa estranha doença e não sabia como curá-la. Já Elwyd, com sua visão espiritual devidamente ampliada, achou que a mulher estava envolvida por um espírito atordoado. Deduziu que se tratava do espírito da falecida mãe da mulher, que fora atraído por vibrações de uma obsessiva saudade.

Fechando os olhos, Elwyd impôs as mãos sobre a mulher e dirigiu uma prece, num gba agora muito bom, pedindo que os *imolés* e *eborás* o ajudassem a retirar o *egun* de perto da mulher. Fechou os olhos e lhe pareceu ver, dentro de sua cabeça, que um espírito acompanhado de vários guardiões espirituais levavam embora o espírito adormecido da mãe da catatônica mulher. Momentos depois, a mulher acordava de seu transe e recuperava o seu estado de normalidade. Estava depauperada, mas falava e se movimentava com facilidade.

Para melhor revigorar a mulher, Elwyd preparou pratos especiais, mas não os deu para ela. Ofereceu-os aos *eborás*, como costumava fazer com os seus *deiwos*. No mesmo dia em que deu as oferendas aos *eborás*, a mulher ficou perfeitamente bem.

– Você é *alaxé*! – exclamou Agbosu, tomado de viva emoção.

Elwyd entendeu que *ala* significava dono e *axé*, a força, a energia, o *asu*. Agbosu disse-lhe que, a partir daquele momento, ele seria um cozinheiro especial para os *eborás*, mas também uma pessoa que ditava as leis e as curas para as pessoas adoentadas ou necessitadas. Neste caso, as leis não eram de cunho social, mas de ordem comportamental, relativas aos desígnios dos *eborás* e *imolés*.

A história se espalhou por Okeorá e todos passaram a chamá-lo de *alaxé*, o dono da força. Até mesmo os outros *ajés* o chamavam assim e,

O Cajado do Camaleão 145

por várias vezes, vinham lhe perguntar fatos sobre o mundo espiritual, e *alaxé*, como passou a ser chamado Elwyd, ensinava o que sabia, convencendo-os da doutrina das múltiplas vidas. Elwyd sabia que *alaxé* era mais um título do que uma antonomásia. Ele havia se tornado o primeiro *alaxé* dos egbas.

Outrafeita, a filha de um dos chefes guerreiros mais importantes da tribo, que estava convivendo com seu marido cartaginês em Okeorá, caíra gravemente doente. Emagrecera a olhos vistos e, além de uma fraqueza generalizada, apresentava também um nervosismo exacerbado.

Alaxé, o Elwyd dos boianos, que trabalhava em contato permanente com Agbosu, fora consultado e esta nova doença foi detectada. *Alaxé* explicara que ela sofria de uma moléstia que havia enfraquecido as forças vitais do organismo. Na opinião do druida, as forças brancas de seu corpo haviam sido drenadas. A nova forma de viver da negra a havia levado a perder muita energia vital e, com isto, apresentava um quadro difuso de neurastenia.

Consultaram os *eborás*, que apenas disseram que queriam que a moça fosse transformada numa *ajé* e, para tal, o *eborá* da moça desejava ser 'feito'. Por meio do jogo dos *obis*, eles explicaram, grosso modo, o que deveria ser realizado. Elwyd foi quem entendeu mais rapidamente, porque os druidas passavam por uma iniciação parecida com o que o *eborá* desejava.

– O que precisamos é transferir *asu*. Temos que retirar o *axé* das coisas da natureza para que ela receba as medidas certas de branco, vermelho e preto das quais precisa.

– Entendo. E como faremos isso?

– Na minha terra, conseguimos *asu* da natureza, entre outras coisas. Teremos que fazer o mesmo aqui.

– De certa forma, nós também fazemos o mesmo.

– De fato, vocês já o fazem.

– Sim. Mas como faremos nesse caso?

– Primeiro, vamos recolhê-la a um lugar tranquilo para que se retempere. Ela perdeu muito *axé* branco em contato com o novo sistema de vida de Okeorá. Ela estava acostumada a uma vida tranquila entre seus familiares. Depois foi morar com gente estranha, com um ritmo de vida diferente, e não se acostumou aos novos hábitos. Tudo é motivo de preocupação e ela está cheia de receios e temores do desconhecido. Com esta atitude negativa, enfraqueceu-se e temos que repor o que perdeu.

146 A SAGA DOS CAPELINOS

– Sempre disse que os *funfun* nos trariam aborrecimentos.

– Vamos preparar várias comidas com *axé* branco, vermelho e preto – prosseguiu *alaxé*, sem se preocupar com o comentário de Agbosu. – Mas para fixar o *axé* branco é preciso ter o grande amalgamador: o *axé* vermelho. Vamos matar um cabrito e oferecer aos *eborás* para que eles a ajudem.

Agbosu aquiesceu. *Alaxé* queria recolher a moça a um templo por achar que era o local mais apropriado para fazer a cerimônia. Dessa forma, construíram um prédio quadrado, com paredes de cinco metros, aproximadamente, e uma altura de dois metros. O teto era redondo, feito com a palha seca do dendezeiro, formando um conjunto bastante harmonioso. No interior do templo, destinado ao casal Arawê e Ajasê, colocaram várias estátuas em terracota, representação de figuras de ancestrais proeminentes, entre eles Xanponá Ainon, o rei da terra, e Brukung; ambos considerados deuses antigos que originaram a raça.

Quando o templo ficou pronto, sacrificaram oito cabritos para todos os *eborás* e *imolés* a fim de consagrar o lugar. Quando acharam que houve aceitação por parte dos deuses, resolveram recolher a mulher para fazê-la passar por um extenso ritual.

Antes de entrar no templo, a moça foi levada ao riacho pelas mulheres, que lhe deram um banho de ervas para limpá-la dos maus fluidos e a mergulharam na água límpida, retirando o excesso de ervas e eventuais sujeiras. Por iniciativa própria, Agbosu achou por bem matar um galo negro para Exu. Havia assimilado bem o deus do boiano. Vira que tudo correra a contento todas as vezes que fizera inicialmente uma oferenda para esse *deiwos*. Após a oferenda a Exu, conduziu a moça ao interior do templo. Estava quase nua, apenas com uma pequena tanga de palha a lhe cobrir o sexo. Sentou-a num tosco tamborete e pediu aos presentes que se preparassem para o início da cerimônia.

Após amolar bem a faca de ferro, Agbosu cuidadosamente raspou completamente a cabeça da mulher. Como se procurasse por apoio para essa atitude, o *ajé* olhou antes para *alaxé*, e o boiano meneou a cabeça em concordância. Os druidas também tonsuravam a cabeça de várias maneiras: para os altos druidas o topo da cabeça era raspado, iniciando-se da testa até o alto, só restando cabelo a partir de uma linha que ligava as duas orelhas, e uma testa pronunciada lançada para trás.

Assim que iniciou a raspagem da cabeça, Agbosu começou a cantar suas lindas melodias, sendo acompanhado pelas mulheres. Dois homens

O Cajado do Camaleão

tocavam tambores. Um deles usava duas varetas, tirando um som estranho e, ao mesmo tempo, sincopado, enquanto o outro batia com a mão nua. As ajudantes de Agbosu trouxeram várias travessas de cerâmica com inúmeras comidas. Eram alimentos que a própria tribo dos egbas estava acostumada a comer. Ofereceu os pratos de comida aos vários *imolés* e aos ancestrais da moça, enquanto passava os pratos pelo corpo da mulher.

Como se fosse conduzido por uma força comandante, virou-se para uma de suas ajudantes e ordenou-lhe:

– Vá até o riacho e traga um alguidar bem grande cheio de barro molhado.

A mulher saiu e voltou alguns minutos depois com um vaso de cerâmica e uma massa disforme de barro encharcado de água. Manipulou o barro, fez um montículo e depositou-o no fundo do alguidar. Até certo ponto, estava criando um novo ritual; jamais fizera algo parecido. Subitamente, a moça tremeu levemente e os presentes puderam reparar que um espírito a havia tomado.

– É o *egun* de um dos seus ancestrais. É um *imolé* de grande força. Ela será uma poderosa *ajé* – sussurrou Agbosu a Elwyd.

Como entre os celtas o culto ao ancestral incluía a incorporação, seja de um ancestral, seja de um enviado de um *deiwos*, *alaxé* achou tudo muito natural.

– Vejamos o que ele quer – replicou Elwyd baixinho.

– *Babaegun*,[34] o que deseja mais para sua filha?

– O cabrito – respondeu o espírito pela boca da moça.

Ajudado por uma das moças, *alaxé* segurou o cabrito e Agbosu pegou da faca para começar a sacrificar o animal no alguidar com o montículo de barro.

– No *ori*,[35] no *ori* primeiro. Depois no alguidar – ordenou o espírito, falando num tom imperativo.

Os dois entenderam que era para matar o animal sobre a cabeça da moça, e, assim, obedecendo ao comando do ancestral, cortaram a jugular do cabrito, que sangrou abundantemente sobre ela. Depois que bastante sangue havia escorrido sobre a cabeça da mulher, Agbosu deixou que escorresse também sobre o montículo do alguidar.

Neste instante, *alaxé* teve uma das mais nítidas vidências de sua existência. Observou que a moça estava ligada fluidicamente a um espírito

---

[34] Babegun – pai espírito.
[35] Ori – cabeça.

148 A SAGA DOS CAPELINOS

que se apresentava como uma mulher. Imaginara que seria um espírito masculino, mas surpreendeu-se em ver o espírito de uma negra de beleza diáfana, vestida de branco. Em volta da ofertante, estavam três outros espíritos ajudando no complicado processo. *Alaxé* viu quando os ajudantes retiraram do cabrito uma leitosa espuma branca e a misturaram com outros fluidos que iam retirando das comidas. Aos poucos, aquele pacote fluídico foi sendo alterado para que se tornasse uma verdadeira chuva brilhante de gotículas orvalhadas. Esta precipitação fluídica foi aspergida e espalhada sobre o corpo da moça e, aos poucos, foi sendo absorvida pelo seu organismo. À medida que ia penetrando, esse fluido iluminava alguns pontos espalhados pelo corpo da ofertante, fazendo-a parecer mais luminosa e brilhante.

Observou também que os espíritos moldaram uma pequena parte sobre o montículo de barro no alguidar e lhe deram uma forma que se mantinha aparentemente viva. Assim, ligaram o corpo fluídico da mulher ao montículo de barro do alguidar, de maneira que ficassem unidos, energizando-se reciprocamente.

Os espíritos de brilhantes auras apresentavam-se como negros e vestiam roupas de tecidos vaporosos extremamente coloridos. Para surpresa de *alaxé*, ao fim da rápida sessão, o seu guia celta lhe apareceu com todo o esplendor, sorrindo, e parecia perfeitamente entrosado com a falange de trabalhadores de Arawê. Terminado o sacrifício do animal, sua carcaça foi levada embora; o restante da carne seria comido pela família da moça.

Ainda coberta de sangue, a moça foi levada para uma casa contígua e deitada no chão. O espírito que a possuía havia partido assim que terminara o ritual de sacrifício do animal e a sua cabeça raspada estava empapada do sangue seco do animal. Deitou-se e um acachapante sono a venceu, fazendo-a adormecer de imediato.

De madrugada, a mulher acordou, queixando-se de que o sangue seco sobre o seu corpo a estava incomodando, provocando-lhe coceiras. As ajudantes de Agbosu o chamaram e ele resolveu que aquele seria um horário apropriado para lhe dar um banho. Foram todos, inclusive *alaxé*, para o riacho que passava por trás da casa e deram-lhe um banho, esfregando seu corpo com ervas macias, a fim de retirar o sangue grudado na sua pele. Enquanto tomava banho, *alaxé* observou que a mesma equipe de espíritos veio para lhe dar forças adicionais, desta vez retirando da água, das folhas e da terra as energias necessárias. Após a cerimônia, eles voltaram a dormir; o sol estava longe de despontar no horizonte.

No outro dia, *alaxé* e Agbosu conversaram longamente sobre tudo o que acontecera. O boiano contou com riqueza de detalhes tudo o que vira e Agbosu confirmou os fatos com sua intuição. No final da conversa, acharam que o ritual fora tão relevante que precisava ter um fecho apoteótico, e nada mais grandioso naqueles tempos do que uma festa. Resolveram convocar todos da aldeia para comemorar a primeira 'feitura'.

A festividade foi feita com esmero, com comidas e bebidas, especialmente vinho de palma extraído do dendezeiro – *ôpê*. No auge da festa, a mulher foi trazida. Estava um pouco envergonhada, mas, ao chegar perante Agbosu, *alaxé* e Adjalá, estremeceu e recebeu as influências espirituais de seu guia ancestral. Possuída pelo espírito dominante, começou a dançar de forma langorosa ou vibrante, de acordo com as batidas dos oito tambores. Sob a influência de seu ancestral, dançou durante mais de uma hora, sem apresentar sinais de cansaço. Enquanto dançou, todos ficaram parados, olhando e, eventualmente, num corrupio ou num passo mais ousado, batiam palmas e gritavam, encorajando a entidade manifestada na mulher. No final, recolheram a mulher para a casa onde iria permanecer por mais dezesseis dias. Após a partida da moça e de seu ancestral, todos dançaram, comeram e beberam, até altas horas da noite.

– Creio que instituímos algo de grande importância, amigo Agbosu.

– Tão importante que não poderemos manter só para nós. Os demais *ajés* deverão aprender o que fizemos.

A resposta de Agbosu surpreendeu *alaxé*. Conhecia bem seu amigo e sabia que *ajés* não compartilhavam segredos entre si. Concluiu que o maior bem que alguém faz ao ajudar aos outros é iluminar seu próprio espírito.

32

O casamento de Elischa com Adriana foi uma festa monumental. Elischa rapidamente descobriu que Vulca não se tornara rico à toa; era sovina ao extremo. Ele é que teve que arcar com a totalidade das despesas. Vulca e especialmente sua mulher haviam convidado todos os nobres de Populonia e de outras cidades etruscas, inclusive alguns patrícios ro-

150 A Saga dos Capelinos

manos. Mais de seis mil pessoas vieram e a quantidade de vinho, cerveja, sucos variados, carnes, legumes e outros acepipes quase exterminaram a riqueza incipiente de Elischa. A única coisa que Vulca pagou, e assim mesmo contrariado, foi o vestido de noiva da filha.

A primeira noite do casal, na realidade, ficou para o outro dia, pois a festa varou a madrugada e, quando o sol raiou, nem marido nem mulher tinham forças para mais nada. Na segunda noite, num ambiente mais calmo, e já em sua nova residência que dava vista para o azul mar mediterrâneo, o casal finalmente pôde ficar a sós pela primeira vez.

Experiente nos assuntos do sexo, Elischa sabia que devia ser meigo e tranquilo; afinal de contas, sua esposa só tinha dezesseis anos. Deveria introduzi-la nas delícias do amor com paciência e meiguice. Com essa predisposição, preparou-se para a primeira noite do casal. No fundo, tudo era muito estranho. Nunca haviam ficado sozinhos e ele não a vira mais do que duas vezes.

Uma criada veio lhe avisar que a patroa o requisitava na câmara nupcial. Elischa se preparara para o momento. Tomara um cheiroso banho de flores, untara suas partes pudendas com essências finas e escovara suas longas madeixas a ponto de o couro cabeludo ficar dolorido.

Atravessou o longo corredor de sua nova casa e entrou no quarto. Era uma dependência espaçosa em cujas paredes a esposa fizera questão de colocar espelhos. Elischa imaginou que era vaidade feminina e que ela provavelmente gostava de se admirar frente aos inúmeros espelhos.

Assim que entrou, viu Adriana de pé, vestida com uma túnica transparente e os seis archotes acesos no quarto forneciam uma iluminação feérica. Ela se virou e dirigiu-se para ele. Observou as soberbas formas de sua esposa e como seu cabelo louro brilhava sob a luz das tochas fixadas nas paredes. Ela veio languidamente em sua direção e ele apressou o passo para abraçá-la.

Assim que chegaram perto um do outro, Adriana praticamente o assaltou, beijando-lhe os lábios, enfiando sua língua em sua boca de modo abrupto. Estranhou que uma moça tão recatada tomasse tal iniciativa, mas logo o desejo apossou-se dele e não pensou mais nisso.

Com mãos ávidas, Adriana procurou pelo seu sexo e, assim que o encontrou, segurou-o com força. A moça foi empurrando-o, sem muita delicadeza, até o leito. Ele perdeu um pouco o equilíbrio e sentou-se na beira da larga cama. Com sofreguidão, Adriana levantou seu curto saiote

O CAJADO DO CAMALEÃO

151

e olhou por uns instantes seu membro em riste. Sorriu satisfeita e iniciou imediatamente uma felação que deixou Elischa absolutamente deliciado.

Os pensamentos de Elischa, nessa hora, tornaram-se confusos. Como é que uma virgem podia ser tão atirada, tão experiente e... tão safada? De qualquer modo, não era hora de questionar nada. Tentou tomar alguma iniciativa, mas Adriana parecia um furacão descontrolado. Após deleitar-se com a felação, empurrou-o mais para o meio da cama, arrancou sua túnica, quase rasgando-a, e subiu nele. Ajeitou-se sobre o membro entumecido e o cavalgou de modo selvagem, admirando-se nos vários espelhos do quarto. Com a facilidade com que fora penetrada, Elischa teve a certeza de que não se casara com uma virgem. Mas, nesse instante, possuído do mais intenso desejo, não achou que fosse hora de discutir detalhes que lhe pareceram insignificantes.

A noite foi longa e Adriana parecia não chegar jamais ao clímax. Ela mudou várias vezes de posição, fez um pouco de tudo, dava gritinhos de prazer e falava as piores obscenidades, que Elischa só escutara no cais do porto entre estivadores. A mulher praticamente não o deixou dormir e somente quando o sol começou a raiar é que desfaleceu exausta ao seu lado.

Nessa hora, Elischa arrastou-se para fora do leito e dirigiu-se ao terraço, apreciando o raiar do dia. Sua cabeça estava em torvelinho: casara-se com uma mulher experiente e devassa, capaz dos atos mais alucinados em termos de sexo que Elischa já escutara falar, mas nunca vivenciara. A mulher o obrigara a fornicar pelo menos seis vezes naquela noite e ele se perguntava se poderia manter tal nível de exigência todos os dias. Nada parecia satisfazer Adriana, nem o sexo convencional, nem aquilo que poderia ser considerado por Elischa como nem tão normal assim.

Já ouvira falar de certas práticas, mas nunca encontrara uma mulher que fizesse tais coisas com a desenvoltura e experiência de sua esposa. A mulher sempre voltava à carga, exigindo mais e mais. "Uma cadela! Uma louca!" – concluiu Elischa, e isso o assustou. Por outro lado, entendeu o motivo de os pais de Adriana terem sido tão cordatos; queriam se livrar de uma devassa; era óbvio que conheciam bem a filha. Agora não havia mais volta. Ele, um estrangeiro em terras estranhas, não podia devolver a esposa; teria que ficar com ela para sempre.

Com um sorriso triste nos lábios, deduziu que Vulca e a esposa haviam encontrado nele o perfeito idiota.

33

O primeiro filho de Adjalá o havia deixado radiante. Mowo tivera um parto tranquilo e, mesmo sofrendo as dores da delivrança, não foi um trabalho muito demorado. Resolveram de comum acordo chamá-lo de Nijitá. Okeorá estava em festa e todos trouxeram presentes para o novo *aladê*.

Mais uma caravana chegou em Okeorá, desta vez sem cartagineses, apenas com os tuaregues de Ahmed que vieram para levar ferro. Alguns dias após a partida da caravana, Agbosu foi chamado para ver uma pessoa que estava doente. Apresentava febre alta, calafrios, tonteiras que o impediam de andar. Agbosu não conhecia tais sintomas e chamou *alaxé*. Os dois confabularam e acharam que o egba podia estar com uma influência espiritual nefasta de algum espírito. Recomendaram banhos frios no riacho, assim como limpezas com ervas.

Em dois dias, várias outras pessoas apresentaram o mesmo quadro, e o primeiro doente piorou; os banhos de riacho não lhe fizeram nenhum bem. Todos começaram a ter fortes dores lombares, raquialgias, cefaleias intensas, delírios e convulsões. Esse último sintoma foi confundido pelos dois *ajés* como sendo possessão de *egun-ibu*.[36] Mas nenhum de seus remédios caseiros conseguiu vencer o problema, que agora já atingia mais de oito pessoas. No quinto dia, apareceram manchas vermelhas pelo corpo do primeiro doente. A esta altura, todos da aldeia estavam preocupados; já existiam mais de quarenta pessoas com os mesmos sintomas.

Tendo sido convocado às pressas, Adjalá observou o primeiro homem a manifestar o problema. A febre estava alta a ponto de o homem não poder controlar suas frequentes convulsões. Adjalá perguntou à mulher do doente, que já estava começando a ter febre também:

– Ele ajudou a descarregar alguma coisa da última caravana?

– Não, mas ele me disse que um dos homens de Ahmed estava muito doente e ele o ajudou, dando-lhe água numa tigela.

Usando de sua intuição, comentou com os *ajés*:

– Estamos tendo uma epidemia de doença rara.

– É nisso que deu sua ideia de trazer forasteiros.

Sem nada comentar, Adjalá retirou-se para sua casa, tentando encontrar uma solução para a tal doença desconhecida.

---

[36] *Egun-ibu* – espírito das profundezas (trevoso).

No outro dia, as manchas vermelhas evoluíram para vesículas e finalmente, após algumas horas, sobrevieram horríveis e extremamente dolorosas pústulas. A febre aumentou e o homem morreu em agonia. Sua morte foi seguida de várias outras e a aldeia estava assustada. Faziam-se sacrifícios aos *eborás* e aos *imolés*, mas nada parecia aplacar a fúria da epidemia. A varíola tomara conta de Okeorá e, até aqueles dias, era uma doença cuja cura era desconhecida. Atacou brancos e pretos, não escolhendo nem sexo nem idade.

Em face da extrema gravidade da situação, Adjalá solicitou uma sessão especial com os *ajés*, entre eles o *alaxé*, Agbosu e Awolejê. Naquela noite, foram até o bosque sagrado, mataram um galo preto para Exu, chamaram todos os *eborás* e *imoles*, e imploraram ajuda, antes que todos morressem desta doença desconhecida. Após muitas orações, cantorias intermináveis, um espírito foi se materializando como se estivesse saindo de uma bruma. Era um velho negro vestido com uma túnica branca.

Adjalá perguntou seu nome, e ele respondeu que podiam chamá-lo de Xanponá.

– Ó Xanponá, ajude-nos a curar nossa gente – implorou Adjalá, caindo de joelhos.

– Esta doença não tem cura. Mas vocês podem amainar seus efeitos. Usarão uma pasta de ervas que lhes prescreverei – e, virando-se para Agbosu, disse-lhe. – A você, Agbosu, meu mais dileto *ajé*, que me tem servido tão bem, eu o transformarei num *imolé*, mas para tal há um custo. Você está disposto a pagar o preço por isto?

– O senhor é meu mestre. Farei o que desejar – respondeu Agbosu sem titubear.

Assim dizendo, o velho mostrou-lhe uma imagem de uma pessoa completamente coberta por longas tiras de palha da costa. O espírito intuiu a todos que a palha da costa iria ajudar na cura e, principalmente, impedir que a doença se alastrasse.

Após mostrar a imagem de uma pessoa coberta por palha da costa, Xanponá intuiu a Agbosu uma pasta feita de várias ervas. Elas deviam ser colhidas de madrugada, maceradas quando o sol começasse a nascer, secadas no calor do dia à sombra, aplicadas de tardinha, quando estivessem quase secas, e o que sobrasse seria despachado no riacho, quando o sol caísse. As feridas deviam ser lavadas diariamente com água de inhame e as pessoas doentes deviam beber muita água, comer pouco alimento sólido e descansar o máximo.

Seguindo as orientações, Awolejê providenciou um enorme montante de palha da costa e, cada vez que alguém adoecia, mandava vesti-lo com tal roupagem. Além disso, a pasta de ervas maceradas foi feita para passar por todo o corpo dos doentes. Adjalá e Mowo, mesmo grávida do segundo filho, fizeram de tudo para ajudar seu povo, passando a pasta nas feridas, lavando com água de inhame e ajudando as mulheres a recolherem as ervas e macerá-las.

Muitos conseguiam sobreviver, mas, após as pústulas secarem e as feridas cicatrizarem, as pessoas ficaram indelevelmente marcadas para o resto da vida.

A varíola, nas demais localidades, foi mais branda, matando menos pessoas do que em Okeorá e atingindo pouco mais de um terço dos habitantes. No entanto, Agbosu foi atingido em cheio pela doença: teve uma febre extremamente alta, entrou em convulsão, seu coração não resistiu e morreu. Nesse instante de profunda agonia, tornou-se um herói, pois, na interpretação dos egbas, o velho *ajé* havia atraído para si toda a maldição da doença enviada por Xanponá a fim de poupar a aldeia. No extremo sofrimento de sua morte, Agbosu transformou-se num *imolé*.

Quando a varíola atacou e matou muitos egbas e cartagineses, Asdrubaal foi poupado. Escondeu-se em sua casa e não abriu a porta para ninguém. Quando a epidemia passou, saiu à luz do dia, cheio de empáfia, dizendo a todos que passara o tempo rezando e fazendo sacrifícios aos *baals*. Alguns acreditaram nele, mas a maioria não mudou sua opinião sobre o sacerdote; era uma pústula que vivia da miséria alheia.

Foi neste tempo que Asdrubaal aproveitou a fraqueza do povo para pleitear um *moloch*. Em sua opinião, somente um *moloch* de crianças podia apaziguar os *baals*. Sem dúvida, deviam estar enraivecidos com seu povo por não tê-los cultuado da maneira certa. Alguns cartagineses mais devotos e amedrontados acharam a ideia boa. Sim, sacrificar alguns meninos egbas agradaria os *baals*. Asdrubaal conseguiu convencê-los a procurar Adjalá, pois sabia que ele jamais permitira tal evento. Sua recusa iria criar a situação propícia para uma revolta, acreditava Asdrubaal.

Com apreensão crescente, Adjalá escutou a solicitação dos cartagineses conduzidos por Asdrubaal. Deviam entregar cinco crianças egbas para um sacrifício aos deuses, inclusive o menino Nijitá, o *aladê*, o primogênito de

O Cajado do Camaleão   155

Adjalá. Ao ouvir tamanho despropósito, Adjalá respirou fundo, refreando sua indignação. Rápido como um corisco, pensou em retrucar duramente, todavia preferiu conduzir o assunto com sua habitual diplomacia.

– Asdrubaal, explique-me uma coisa. Os seus deuses são de Cartago, não é verdade?

– Sim, sem dúvida.

– Já foram feitos sacrifícios de crianças egbas aos *baals*?

Asdrubaal pensou em dizer que sim, mas a multidão que o acompanhava saberia que estaria mentindo. Premido a responder, afirmou com a voz trêmula:

– Até hoje, não.

– Ah, meu bom Asdrubaal, então é uma temeridade sacrificarmos crianças negras aos *baals*. Podem não gostar de nossa cor e rejeitar o *moloch*, como você o chama. Por Olorun, jamais gostaria de incorrer na cólera dos poderosos *baals* de Cartago.

A populaça concordou com Adjalá; realmente os *baals* podiam rejeitar a prenda e poderiam mandar mais desgraças sobre eles. Sentindo-se enredado pelos argumentos de Adjalá, Asdrubaal perdeu um tempo precioso procurando uma resposta. Tal demora ensejou a Adjalá questioná-lo novamente:

– Ó grande sacerdote, diga-me se, perante os olhos dos poderosos *baals*, ninguém é maior do que você?

Estufando o peito, Asdrubaal sentiu-se envaidecido. Claro que sim. Era um sacerdote e ninguém era maior do que ele perante os *baals* e *baalets*.

– Ah, isso é muito bom. Temos que realmente dar um *moloch* de grande importância para os *baals* de Cartago. Temos que dar a pessoa de maior importância aos seus divinos olhos, não é verdade?

– Sim – respondeu timidamente Asdrubaal, enquanto se perguntava para onde aquele astuto negro o estava conduzindo com aquela prosa fácil e seu cartaginês quase perfeito.

– Está decidido, meu povo, amigos de Cartago, Leptis e Útica, faremos um grande *moloch* a todos os divinos *baals* e *baalets*. Dar-lhe-emos a pessoa de maior importância em Okeorá: Asdrubaal, o seu divino, devotado e leal sacerdote.

Aquelas pessoas podiam ser ignorantes, mas eram sagazes e notaram que Adjalá havia embaralhado Asdrubaal em suas próprias palavras. Deram uma gostosa gargalhada, tão contagiante que até alguns guardas egbas de Adjalá riram também, mesmo sem saber do que se tratava. Asdrubaal retirou-se absolutamente irritado e, mesmo se afastando rapidamente do local, ainda deu para ouvir a voz de Adjalá.

– Povo de Okeorá, vão para a casa e descansem. Enquanto eu for *oba* nesta aldeia, nunca haverá *moloch*s, nem aos deuses de Cartago, nem aos *eborás* e *imolés* dos egbas.

Esta última frase fez o corpo de Adrubal fervilhar de ódio. Com os dentes cerrados de ódio, ele murmurou:

– Então é isso, seu miserável. Você me nega o meu grande dia, mas hei de ter sua cabeça espetada na ponta de uma lança e jogada à fogueira.

Após este evento, a mente de Adrubaal foi possuída por uma obsessão que não o abandonava em momento algum. Passou a imaginar toda sorte de estratagemas para livrar-se de Adjalá. Recluso em sua casa, mal se alimentava e parecia estar mergulhado no mais profundo torpor, enquanto sua imaginação trabalhava febrilmente. O mote de sua existência era se livrar daquele que o impedia de ter seu *moloch*.

Subitamente, veio-lhe uma ideia que, de muito pensar, transformou-se num plano detalhado. O primeiro passo do seu intento seria de trazer um inimigo de Adjalá para o seu lado. Lembrou-se de Inossé e, naquela mesma tarde, foi procurá-lo. Encontrou-o atravessando a aldeia em direção à sua casa e abordou-o com o melhor sorriso que poderia produzir em sua cara de fuinha.

– Por sorte sua perna não infeccionou – afirmou Asdrubaal.

– Como assim? – perguntou o egba com um rosto desconfiado e irritado.

– Depois daquela pancada que ela levou do cajado de Adjalá, era para ter ficado aleijada.

Com o intuito de espicaçá-lo, Asdrubaal falara aquilo com um misto de deboche e falsa preocupação. O homem continuou a andar, sem lhe dar atenção, mas visivelmente irritado.

– O pior deve ser conviver com um homem que o derrotou de maneira tão vergonhosa – instigou Asdrubaal, após notar a raiva que Inossé não conseguia dissimular.

– Vergonhoso? – Inossé parou e encarou Asdrubaal com um olhar furibundo.

– Não me diga que não é vergonhoso levar umas cajadadas como se fosse um cão sarnento.

A expressão melíflua de Asdrubaal, mesclada com uma expressão de deboche, era intolerável para o guerreiro egba. Inossé partiu para atacar Asdrubaal, tamanha a sua raiva.

– Calma, meu amigo, você está atacando o homem errado. Quem você deve matar é Adjalá, que o transformou perante a tribo num derrotado – e vendo que Inossé parara seu ataque, Asdrubaal baixou o tom de voz e disse-lhe, com um olhar maroto: – Eu também detesto Adjalá. Existe muita gente aqui que também não o suporta e, se você quiser, poderemos nos aliar contra esse maldito.

Com o olhar desconfiado, Inossé olhou-o de alto a baixo e foi se retirando, contrafeito.

A terra fora arada e a semente depositada em solo fértil, pensou Asdrubaal. Agora era dar tempo para que Inossé pensasse a respeito. Assim, já corroído de impaciência, Asdrubaal deixou passar alguns dias e foi procurá-lo.

– Então, pensou na minha proposta, grande Inossé?

Falara grande Inossé com deboche e um sorriso de ironia.

– Não abuse de minha paciência, ó *funfun* de merda. Se você continuar com esta história, eu lhe arrebentarei a cara.

– Sua força está mal dirigida, ó grande Inossé.

– Escute aqui, eu não amo Adjalá, mas não levantarei minha mão contra ele.

– Não precisa, basta você me dar informações sobre suas atividades. Haverá um dia em que se encontrará sozinho. Aí, então, meus amigos poderão aplicar a justiça que aquele metido merece.

Após alguns segundos de indecisão, Inossé meneou a cabeça em assentimento e depois baixou a fronte, visivelmente vexado. Adsrubaal aproveitou o ensejo para reforçar a decisão do guerreiro, sussurando-lhe:

– Agora sim, você terá a sua vingança.

34

Korc voltou de uma de suas costumeiras viagens às aldeias vizinhas para comercializar o ferro. Na realidade, já não havia mais necessidade de alimento de fora; os que haviam vindo na segunda caravana de Elischa providenciavam tudo que era necessário. Mas Korc gostava de viajar e não perdia a esperança de encontrar seu desaparecido irmão Cathbad.

– Vocês não vão acreditar no que vou lhes contar – disse Korc a Adjalá e aos demais membros do conselho, que haviam se reunido informalmente ao lado da carroça de Korc. – Cheguei em Nok, onde sempre fui bem recebido, e as mulheres vieram e jogaram as panelas aos meus pés. Disseram que não queriam mais aquelas abominações. Abominações, perguntei, e elas nem se dignaram a me responder. Deram as costas e foram embora. Pois é! Além de não ter vendido nada, ainda voltei com as panelas que havia vendido há mais de dois anos. A maioria estava suja de comida que elas nem sequer lavaram. Dá para entender isso?

Os presentes ficaram boquiabertos. Por que as mulheres de Nok fariam isso?

– E não foi só isso. Fui até mais três aldeias e pareciam que todas estavam de comum acordo. Uma delas me devolveu uma faca que lhe vendera há tanto anos que nem me lembrava mais. O que deu nessas mulheres? Procurei falar com os homens e eles me deram as costas. Fui falar com os reis locais e nem me receberam. Há algo de muito estranho em tudo isso!

– Nós sabemos que você tem mulheres nessas aldeias. O que elas lhe revelaram? – perguntou-lhe Adjalá.

– Outro mistério! As mulheres sumiram, ou não quiseram aparecer. Numa das aldeias, uma delas, que sempre fora louca por mim, simplesmente fugiu de mim como se eu fosse um demônio. Imagine! Logo ela que... Bem!... Ninguém quis me falar nada, mas uma das meninas mais novas confessou que a ordem era não aceitar nada que tivesse ferro.

– Essa é a história mais louca que já ouvi. Se muito me engano, há o dedo dos *ajés* por trás disso – replicou Adjalá. – Só eles teriam tanta força para obrigar as mulheres a devolverem algo tão útil quanto o ferro. O que será que fizemos para eles terem tanta raiva de nós?

Ninguém lhe respondeu.

– Mowo está para dar à luz. Assim que tudo estiver em ordem, viajarei para Nok. Falarei com as pessoas e eles hão de me falar a verdade – determinou Adjalá, após refletir um pouco.

– Não seria uma temeridade viajar sozinho? – perguntou Inossé.

– Irei com uma pequena guarda. Não há nada a temer.

O Cajado do Camaleão

159

– Claro que não. Posso fazer parte de sua guarda? – perguntou Inossé, solícito.

– Como quiser, Inossé. Será um prazer tê-lo na minha companhia. Partiremos assim que minha mulher estiver recuperada do parto.

Na mesma semana, Mowo teve mais um varão e o casal exultante deu-lhe o nome de Elemoxó, em homenagem ao bisavô paterno de Mowo. Dez dias depois, Mowo, completamente restabelecida do esforço da delivrança, viu o seu marido se preparar para viajar com Inossé e três guerreiros.

Naquela manhã, Awolejê veio esbaforido falar com Adjalá.

– Consultei os *eborás* e eles me disseram que você não deve viajar. Há um grave perigo rondando a sua pessoa. No jogo, *Iku*[37] apareceu tantas vezes que me assustei.

– Não há perigo nenhum, Awolejê, mas fico grato pela advertência. Tomarei mais cuidado, mas Inossé e seus três amigos saberão me proteger.

– Não confio nesse homem.

– Não há por que desconfiar dele. Desde o nosso duelo, tem sido leal e cortês. De qualquer modo, ficarei atento.

Numa manhã quente de verão, a pequena escolta partiu de Okeo-rá. Adjalá tentou, por várias vezes, conversar com Inossé e o guerreiro apenas respondia por monossílabos. Seus demais companheiros também pareciam estar imbuídos de um mutismo acachapante. Adjalá, então, preocupou-se, mas procurou raciocinar com clareza e concluiu não haver motivo de alarde; se não estavam com vontade de falar, que ficassem calados então.

Não haviam sequer andado três horas, quando, saídos de uns arbustos, trinta homens os cercaram. Inossé não fez sequer menção de proteger-se. Adjalá assustou-se; vinha tão distraído que nem se deu conta do fato, a não ser quando já estava cercado. Olhou-os com atenção e seu coração gelou de pavor: era Asdrubaal com Etubaal e seus asseclas. Sua primeira preocupação foi com Inossé e seus três amigos, mas logo viu que seus piores temores tinham se realizado.

– Só lhe peço que o mate rápido – disse Inossé, dirigindo-se a Asdrubaal.

– Não se preocupe, meu amigo. Serei misericordioso.

Sem querer presenciar o assassinato de Adjalá, Inossé afastou-se do local, quando escutou o comando de Etubaal.

---

[37] Iku – a morte.

160 A Saga dos Capelinos

– Agora!

Alertado pela ordem, ia se virar quando sentiu uma dor lancinante nas costas. Uma espada o trespassou. Caiu estrebuchando e, já no chão, escutou a voz de Asdrubaal lhe dizendo:

– Negro traidor, você acha que eu ia lhe deixar vivo? Seu idiota!

Antes de morrer, Inossé, arrependido e com vergonha de si mesmo, ainda teve tempo para pensar que merecia morrer da forma como estava morrendo. Um traidor repugnante como ele devia morrer mesmo à traição. Só não deu tempo de ver seus três amigos morrerem igualmente trespassados por espadas.

– Uma morte digna de traidores – bramiu Etubaal. – Agora vamos cuidar deste negro safado – e, cheio de fúria, virou-se para Adjalá.

– Largue o cajado – ordenou-lhe Etubaal, que já sentira a sua potência.

Se fora chegada a sua vez, pensou Adjalá, era preciso morrer lutando. Que morte ridícula, indigna de um rei, se entregasse a sua única arma e implorasse pela sua vida. Segurou o cajado com força. Um dos cartagineses aproximou-se e tentou lhe dar uma estocada com a espada. Adjalá defendeu-se e num movimento rápido tirou-lhe a arma da mão e deu-lhe uma cacetada na testa. O homem caiu para trás como um saco vazio; grotesco e risível, se a situação não fosse de fato grave.

Os cartagineses pararam; ninguém queria entrar no raio de ação do cajado de Adjalá. Etubaal virou-se para um dos homens e ordenou:

– Flecha a perna dele.

O homem mirou sua flecha e atirou. Adjalá tentou esquivar-se, mas a flecha foi mais rápida e entrou na altura de sua coxa direita. A dor foi excruciante e ele levou a mão para o local ferido.

– Agarrem-no – ordenou Etubaal.

Dois homens pularam sobre ele e o subjugaram.

– Você devia ter me matado quando teve a oportunidade. Agora você vai pagar por cada dia que tive que trabalhar naquela montanha infernal. Você vai morrer, mas antes vou lhe fazer sofrer bastante – disse Etubaal ao se aproximar dele, rindo, com uma expressão mordaz.

– Você me negou o meu *moloch*; minha entrada no Paraíso. Mas vou ter meu *moloch* nem que seja a última coisa que faça – afirmou Asdrubaal, também se acercando. – Vou assar seu corpo num fogo lento. Será meu *moloch* aos *baals*, seu negro metido – e, virando-se para os demais, ordenou: – Acendam uma fogueira que vamos assar um negro.

Os homens riram e, quando se viraram para procurar gravetos para fazer o fogo, observaram que estavam cercados por mais de cem negros, que haviam se esgueirado sorrateiramente. Assustaram-se e gritaram, procurando alertar os demais. Uma saraivada de flechas os abateram e, em questões de minutos, o grupo de cartagineses foi chacinado.

Atônito por ver seus companheiros serem ceifados por flechadas certeiras, Asdrubaal apavorou-se. No meio dos gritos, ouviu uma voz inconfundível, absolutamente tenebrosa, que fez seu sangue gelar.

– Não mate o magrelo, meus meninos. Eu o quero vivo.

A rapidez do ataque não deu tempo para que pudessem raciocinar. Adjalá estava seguro por dois homens e também se assustou quando aqueles homens negros desceram com tamanha rapidez sobre eles. Um dos guerreiros negros enfiou uma lança num dos homens que segurava Adjalá, fazendo-o dobrar-se de dor e cair no chão. O outro soltou Adjalá, tentando pegar sua arma, mas logo quatro negros o agarraram e, com umas boas pauladas, trucidaram-no.

Com os olhos tomados de suor e de lágrimas de dor, Adjalá sentia a perna latejar horrivelmente. Quando os homens o soltaram, sem apoio na perna, caiu sentado no chão e viu uma silhueta aproximar-se dele.

– Meu amigo Adjalá, que os *deiwos* sejam louvados. Chegamos a tempo.

Um homem gigantesco o ajudou a levantar-se e, nesse instante, pôde ver claramente de quem se tratava: era Cathbad.

Assim que Adjalá ficou de pé, ajudado por dois negros fortes, Cathbad o beijou nas faces com tamanha força que chegou a machucá-lo. Mas Adjalá não se importou. Nunca tivera tanta felicidade de rever o titã boiano; sem dúvida, os deuses o haviam enviado.

Quando Cathbad viu que Etubaal agonizava no chão, trespassado por uma flecha no estômago, executou-o com um golpe formidável na cabeça que a fendeu.

– Esse não. Não tem *axé* bom.

Com esse comando, Cathbad impediu que dois dos seus kwalis degolassem Etubaal.

Os dois rapazes pararam e mais dois trouxeram Asdrubaal. O sacerdote estava lívido e tinha se urinado de medo. Um kwali lhe dera uma cacetada no ombro, mas não quebrara sua clavícula por pura sorte. Cathbad levantou a espada com a intenção de decepá-lo ao meio e Asdrubaal chegou a fechar os olhos, apertando-os, aguardando o golpe fatal.

162 A SAGA DOS CAPELINOS

– Não o mate, Cathbad. Não o mate, pelo amor aos seus *deiwos*. Não quero seu sangue sobre nós. Sua vida pertence aos seus *baals* e nós não podemos tirá-la.

– Ora, Adjalá, por Gou,[38] não se deixa viver uma víbora como ele. Há de voltar para picá-lo.

– Mande-o embora. Não poderá voltar a Okeorá, sob pena de ser preso, mas não quero seu sangue sobre mim.

Com uma expressão de nojo, Cathbad resolveu não discutir com Adjalá. Esses homens santos não entendem nada da natureza humana, pensou Cathbad. Esse maldito é um perverso e há de voltar para se vingar.

Contrariando a vontade do titã, Asdrubaal foi solto. Cathbad ainda lhe aplicou uma sonora bofetada no rosto que quase o derrubou.

– Saia daqui, seu verme imundo. Se voltar, eu o esganarei com minhas próprias mãos.

Possuído por um pavor que lhe dava forças sobre-humanas, Asdrubaal correu feito um louco. Estava tão apavorado que corria, enquanto se urinava de medo. Ao mesmo tempo, chorava como se fosse uma criança com fome. Quando seu coração estava para sair pela boca e suas pernas já não lhe obedeciam, olhou para trás. Sem sentir, de tão atemorizado que estava, correra mais de quinze minutos e, exausto, caiu ao solo.

Nesse instante, já mais calmo, entendeu a extensão de sua ruína e chorou desconsolado. Perdera tudo. A riqueza que amealhara todos esses anos; um rebanho de cem cabeças de gado bovino, duzentas cabeças de ovinos e caprinos, além de galinhas a perder de conta. Sua casa e templo, suas roupas que mandara a costureira cartaginesa fazer, suas pulseiras de ouro, seu posto de sacerdote; tudo perdido, devido a Adjalá. Tudo pelo qual lutara e trabalhara com tanto esforço estava ficando para trás, e agora estava só, no meio do nada, sem saber para onde ir.

Em sua opinião, fora condenado à morte. Era óbvio que não resistiria muito num planalto cheio de feras, sem saber para onde ir e sem nada para comer, sem nenhuma de suas posses. Possuído do mais negro terror, bradou com todas as suas forças, enquanto esfregava as mãos em puro desespero:

– Ó *baals* de Hart-Hadacht,[39] será que este seu servo merece tamanha provação?

---

[38] Nesse caso, Cathbad referia-se a Govannon, deus celta do ferro.
[39] Hart-Hadacht – 'Cidade nova' em cartaginês – Cartago.

35

Os kwalis cuidaram de Adjalá e o colocaram numa das carroças, junto com a mulher de Cathbad, Layemi, e ela, que já o conhecia de nome, retirou a flecha, pensou sua ferida e mandou que descansasse. Iriam para Okeorá imediatamente.

No caminho de volta e, em poucas palavras, Cathbad lhe contou que, no caminho para Okeorá, levando seus cem kwalis e suas famílias, notou homens brancos se movimentando para emboscarem um grupo de negros. Quando viu que os egbas foram mortos à traição, lançou-se contra eles, seguido de seus guerreiros, sem saber que estaria salvando Adjalá da morte.

Chegaram a Okeorá logo antes de o sol descer. Assim que entraram na aldeia, um tumulto se armou. Todos acorreram para ver o que havia acontecido. Ficaram felizes com a chegada de Cathbad, mas, assim que viram o estado de Adjalá, ficaram consternados. *Alaxé*, o Elwyd dos boianos, exultou ao ver o filho, mas seus olhos se encheram de lágrimas ao ver seu amigo Adjalá em estado tão lastimável. Muitos egbas e alguns cartagineses ficaram preocupados ao ver tantos jovens guerreiros kwalis. Armaram-se contra possíveis ataques, mas Cathbad os tranquilizou. Explicou que eram seus amigos e que foram eles que haviam salvado Adjalá de morte certa.

Ao ver a ferida do marido, Mowo desesperou-se. Levaram Adjalá para dentro de casa e instalaram-no, confortavelmente, em sua cama. Os cuidados que Layemi tivera, fazendo os curativos, evitara uma infecção mais séria. Mas, de acordo com os prognósticos de Awolejê, ainda levaria um bom tempo para Adjalá se recuperar completamente. O importante agora é que a ferida não se infeccionasse; senão teriam que cortar a perna fora.

Mais tarde, Cathbad contou suas aventuras. Começou falando da leoa que ele matara e dos kwalis que o cercaram. Pensou que queriam matá-lo, mas acabou sendo socorrido por eles. Passara aqueles anos na aldeia kwali em parte como convidado e em parte como prisioneiro. Os jovens queriam que ele os ensinasse a lutar, assim como desejavam que ele lhes mostrasse como fabricar o ferro. Cathbad lhes disse que era impossível fazer o ferro sem hematita e, após diversas confusões entre ele, Cathbad e os guerreiros mais velhos, ele foi expulso da aldeia e vieram juntos sua esposa Layemi, seus filhos e vários guerreiros mais jovens que o tinham como líder.

A profecia estava se cumprindo: Cathbad tornara-se rei de um forte grupo de kwalis e agora só faltava ter um reino para se tornar monarca de fato.

36

O medo era uma constante no coração de Asdrubaal. Até onde sua vista alcançava, só via motivo para o mais puro terror. Para onde estava indo? Nem sequer sabia, e os predadores estavam ali, à solta, apenas esperando uma ocasião para devorá-lo.

A noite caiu e, amedrontado, subiu numa árvore; pelo menos contra leões e hienas estaria livre. Todavia, dormir equilibrando-se num galho era o mesmo que ficar acordado.

Quando a manhã sobreveio à noite mal dormida, desceu da árvore e andou, sem saber para onde estava indo. Um desespero se apossara dele e rezava aos seus *baals* para que pudesse chegar numa aldeia e que, de lá, pudessem orientá-lo até Gao. Se chegasse em Karkarchinkat, vizinha de Gao, teria uma chance de voltar para sua adorada Cartago.

No final do segundo dia, sem ter comido nada, apenas umas frutas amargas colhidas de uma árvore e que lhe deram uma dor de barriga colossal, avistou fumaça. Só podia ser uma aldeia – que os *baals* sejam louvados – e acelerou o passo. À medida que chegava perto da aldeia, os cachorros vinham recebê-lo, latindo e tentando mordê-lo. Afastava-os com um pedaço de pau, até que uns homens armados vieram e o cercaram.

– Que aldeia é essa? – perguntou Asdrubaal, já sem forças, falando em gba.

– Shere Koro – respondeu-lhe o guerreiro, segurando uma espada de ferro, mas sem ameaçá-lo. O homem entendia gba, pois era parecida com o biobolo, sua língua natal.

Respirou aliviado e levaram-no para dentro da aldeia. Deram-lhe água e comida. Dormiu pesadamente naquela noite, não sem antes agradecer os seus *baals* por lhe terem salvo a vida.

O Cajado do Camaleão 165

No outro dia, perguntou ao *oba* da aldeia se tinha como o levarem até Gao. O rei disse que era impossível; Gao era muito longe. Porém, em quatro dias haveria um grupo de homens que iria até Kagara, levando gado, e ele poderia ir junto. Asdrubaal não sabia se a aldeia de Kagara o levaria mais perto de Gao, mas o *oba* afirmou que sim.

O grupo de vinte homens aceitou Asdrubaal com desconfiança; não gostavam muito de estrangeiros. Andaram durante seis dias. Seus músculos desacostumados a esforço físico sofreram e, a cada passo que dava, lastimava-se de não ter matado Adjalá. Aquele negro era o culpado de todo o seu infortúnio e nada o faria mudar de ideia sobre o *oba* de Okeorá.

Em Kagara, após ser apresentado ao *ajé* da aldeia, foi imediatamente aprisionado. O *ajé* tivera um sonho premonitório de que um homem branco viria para sua aldeia. Vira que era um homem perverso, acompanhado de uma malta de monstros. Assim que o viu, mandou prendê-lo. Mais uma vez, a vida de Asdrubaal passou a não valer nada, pois, em Kagara, tinham o hábito de sacrificar os inimigos aos seus *eborás*. Tomado do mais negro desespero, assim que soube que seria sacrificado, Asdrubaal riu sarcasticamente de seu destino. Ele, que sempre quisera fazer um *moloch*, finalmente, participaria de um como a oferenda principal.

37

Nos primeiros dias, quando tentou andar, Adjalá sentiu fisgadas de dor na perna. Após alguns meses, o ferimento cicatrizou-se e notou entristecido que sua perna não dobrava completamente. Passou a andar manquitolando levemente.

Na primeira oportunidade em que esteve mais lúcido, cerca de dois dias após chegar em casa, perguntou como estavam as coisas e disseram-lhe que a maioria dos que haviam tentado matá-lo não tinha família. Todavia, alguns dos insidiosos tinham esposa e filhos, que foram vendidos aos tuaregues de Ahmed como escravos. Adjalá ficou profundamente amuado com tal desfecho; sabia que isto representava um sofrimento para aqueles inocentes.

Assim que se sentiu restabelecido e voltou a ganhar peso, Adjalá quis voltar a visitar as aldeias vizinhas para entender o motivo de não quere-

166 A SAGA DOS CAPELINOS

rem o ferro. Obviamente, todos foram contra e, se não fosse pelo fato de não poder locomover-se com facilidade, teria ido sozinho. Quando botava algo na cabeça, tornava-se irremovível. Contudo, acabou cedendo quando viu que nenhum de seus amigos apoiava sua pretensão de voltar a viajar.

— Meu *oba*, em vez de ir, mande um espião — sugeriu Awolejê.

— Que horror, Awolejê! Espionar meus amigos?

— Não irá espioná-los para saber o que fazem ou deixam de fazer. Isso seria uma ignomínia. Irá mandar alguém descobrir o motivo de não quererem usar mais o ferro. É uma situação bem diferente. Pense bem! Será para o bem deles.

Expressando dúvida, Adjalá meneou a cabeça e, antes que pudesse que dizer que não concordava, Awolejê interveio:

— Tenho a pessoa talhada para esta missão. É meu filho Airô.

— Quem? Airô? Eu conheço seu filho?

— Duvido muito. Ele é o tipo de pessoa em que ninguém presta atenção. Contudo, quero alertá-lo de que ele é muito diferente dos demais e por isso consegue passar despercebido.

Isto não tinha a menor lógica, refletiu Adjalá. Se Airô fosse diferente dos demais, teria que chamar atenção.

Sem esperar por nenhuma resposta, Awolejê saiu da reunião e, alguns minutos depois, retornou com um rapaz de vinte anos. Adjalá procurou não demonstrar seu espanto. Airô era um homem baixo, magro, manco de uma perna, com um rosto sério, quase inexpressivo e, para completar sua figura desafortunada, era vesgo. Adjalá perguntou-se como jamais havia visto tal rapaz, já que Okeorá era uma aldeia pequena.

Vendo a dúvida no rosto de Adjalá, Awolejê pediu ao filho que contasse em poucas palavras quem ele era. O moço, com timidez, falou que era ajudante do pai e fazia os serviços mais pesados e menos importantes. Tinha a língua presa e sua figura inspirava piedade. A primeira impressão de Adjalá não foi das melhores.

— Posso lhe garantir que Airô tem tudo para ser bem-aceito em todos os lugares que ele vai. Por ser manco, é um protegido de nosso *eborá* Sapata Ainon e todos os *ajés* hão de lhe dar boa acolhida. Pode ter uma expressão triste, meio abobada, mas isso é ótimo, pois à primeira vista parece meio lerdo das ideias, portanto inofensivo. Contudo, posso lhe assegurar que, de todos os meus filhos, é o mais sagaz.

O Cajado do Camaleão

167

– Por favor, Awolejê, não diga mais nada. Se você está afirmando que é a pessoa certa, eu endosso – respondeu Adjalá, vendo que a descrição que o pai fazia estava deixando o moço embaraçado.

Durante um bom quarto de hora, Awolejê explicou ao filho a missão: Airô deveria se introduzir nas aldeias vizinhas e descobrir o motivo de não quererem usar o ferro. Adjalá explicou que a aceitação do ferro era vital. Só assim é que seu povo poderia progredir. Cabia a Airô descobrir o mistério.

38

Os guerreiros egbas levaram Airô, o filho coxo de Awolejê, até bem perto da aldeia de Nok, que ficava a uns cem quilômetros ao norte de Okeorá. Airô adentrou na aldeia da forma que costumava fazer, manquitolando em seus andrajos. As pessoas o notaram, mas não lhe deram maior importância. Falou com um e com outro até encontrar a casa do principal *ajé*. Dirigiu-se até lá e pediu para falar com ele. Assim que o *ajé* o viu, recebeu-o bem, como previra Awolejê. Solicitou por comida e pousada, o que lhe foi prontamente atendido.

Durante dois dias, ficou hospedado num quarto nos fundos da casa do *ajé*. Aproveitando-se do descanso do *ajé*, depois do almoço, aproximou-se dele.

– De onde você é mesmo? – perguntou o *ajé*, meio sonolento.

– Minha terra é muito longe.

– E você saiu de lá por quê?

– As pessoas sempre me acharam diferente, até que me mandaram embora.

– Que absurdo! Logo um protegido de Sapata Ainon. Por misericórdia, será que eles não sabem louvar um *eborá*?

– Não conheço esse *eborá*.

Era melhor não entrar nessa seara, pensou Airô. Toda discussão sobre *eborás* e *imolés* tornava-se interminável.

– Como tem ignorante neste mundo! Esse deus é muito antigo, não é como os deuses novos que chegaram em Okeorá, uns deuses de alguns *funfun* depravados que fazem magias abomináveis para transformar pedra em ferro. Uma coisa imprestável!

168   A Saga dos Capelinos

– Que deuses são esses? – perguntou Airô, com a expressão mais béocia que seu rosto poderia produzir.

– Sei lá. São vários, mas o pior é um tal de Gou, ao qual têm que se sacrificar crianças para que transforme pedra em ferro. Você já pensou em ter que fazer isto?

– É mesmo? E quem disse isso?

– Ora, todos sabem disso. É óbvio que aquele deus é um *egun-ibu* terrível que consegue, por meio de práticas abomináveis, transformar pedra numa coisa inútil. Por que usar uma faca de ferro se a feita de pedra nos foi dada por Sapata Ainon, por mãe Brukung e por Xaponã, em pessoa? Se o ferro fosse uma coisa natural, teria sido dada pelos *eborás* de nossa tribo, não acha?

– É óbvio, grande *ajé*.

Vendo que tinha um ouvinte atento, o *ajé* fez uma expressão de quem ia contar um segredo, aproximando-se de Airô.

– Contaram-me que houve uma grande revolta no *orun* liderado por este tal de Gou e que uns tais de *irinwô imolé* foram expulsos por Olodumare. Ora, não é preciso muito para ver que tais homens são diabólicos e ficam horas na frente do fogo, derretendo as pedras que retiram da montanha, numa clara heresia contra o poderoso deus Okê.[40] Além disso, soube por fontes fidedignas que mergulham o ferro no sangue de crianças. Ora, tal prática não pode ser boa, já que são artes de *imolés* do mal.

– Que absurdo! Como os homens brancos podem chegar a esse ponto!

– Aliás, não sou o único a achar isto. Todos os *ajés* da região também concordam. Nós avisamos ao povo que não devem usar tais instrumentos. Como é que se pode cozinhar comida sadia numa panela que foi feita com sangue de crianças?

Com uma expressão de desgosto, Airô cuspiu no chão num gesto de nojo.

– E lhe digo mais, foi essa bruxaria que atraiu a peste sobre eles. Saiba, meu jovem, que houve uma grande mortandade provocada pelo *eborá* Sapata Ainon nas terras de Okeorá. Uma doença provocada por ele caiu sobre os homens e mulheres daquele lugar de profanação terrível e praticamente os matou a todos. Os que sobraram ficaram cegos, coxos ou loucos. O *oni*[41] daquele lugar é um negro mancomunado com os *funfun*.

---

[40] Okê – deus da montanha.
[41] Oni – dono (rei).

O Cajado do Camaleão

Ele é cheio de conversas melífluas e, como todo embusteiro, é simpático. Mas não sabe que é um joguete dos maus *imolés*, liderados pelo desprezível Gou.

Subitamente, mudando o tom da conversa, entrou no âmago da questão.

– Os idiotas de Okeorá dizem que Gun é um *eborá* muito velho e poderoso, mas é óbvio que Sapata Ainon, Brukung e os nossos demais *eborás* são muito mais velhos, muito mais poderosos e que não cederemos nosso lugar conquistado há muito tempo para esses *imolés* do mal recém--chegados.

Ah, então é isto, pensou o rapaz. Não se trata de um assunto religioso, e sim de um problema relacionado ao poder. Os *ajés* antigos não querem a chegada do ferro porque o associam ao deus Gou e, como não sabem como cultuá-lo, acham que teriam que ceder o seu lugar aos novos *ajés* que sabem louvá-lo e, consequentemente, fabricar o ferro.

A questão resumia-se a manter o controle sobre as pessoas, de vê-las trazer suas oferendas para os *eborás* antigos e de ter a certeza de que continuariam submissas aos seus desígnios. Os presentes que traziam, especialmente as comidas e os bichos, serviam em parte para os *imolés*, mas a grande maioria era devorada pelos *ajés* e suas famílias. Não precisavam trabalhar como os outros, nem caçar nem plantar.

Sem ser molestado, Airô passou alguns dias na aldeia e conversou com algumas pessoas. Como tinha uma figura digna de pena, sempre encontrava alguém para conversar. Sua aparência de pobre coitado não levantava a suspeita de que pudesse ser um espião. Depois de alguns dias de pesquisa, com perguntas bem formuladas, foi descobrindo que eram as mulheres mais velhas que obedeciam aos *ajés*. Temiam represálias de seus *eborás*, como tinha previsto o ancião. Por outro lado, havia uma geração mais jovem, tanto moças como rapazes, que não se importava muito com essa questão. Algumas jovens que foram obrigadas a devolver as panelas de ferro ou jogá-las fora em rituais de purificação reclamaram que eram mais práticas que as de cerâmica. Nem tanto pelo gosto que davam à comida ou por outras razões ligadas à cozinha, mas por uma razão trivial: não quebravam, enquanto as de cerâmica eram mais frágeis.

Uma pessoa sagaz como Airô não ia se contentar apenas com a aldeia de Nok. Podia já ter a resposta à pergunta de Adjalá, mas queria ter certeza de que essa forma de pensar era comum em toda a região. Como havia uma concentração de pequenas aldeias próximas umas das outras,

170 A Saga dos Capelinos

planejou visitar algumas delas. O agrupamento de aldeias incluía Bwari, Kutofo, Kuchamfa, Samun Dukya, Jemaa, Ankiring, Rafin Masoyi, Chado, Taré, Wamba, Tsauni, Kawu e muitas outras.

Aproveitando um fato fortuito, Airô agarrou-se à oportunidade. Um dos filhos de um chefe guerreiro de Nok ia casar-se com uma das moças de Jemaa. Desse modo, foi feito um grande grupo de homens e mulheres para ir buscar a noiva. Já fazia parte do ritual, pois o casamento seria consumado em Jemaa e depois os nubentes voltariam em grande cortejo para Nok. Airô juntou-se ao cortejo sem que ninguém o questionasse. Essa era uma das suas maiores qualidades como espião: a de se fundir à massa e não ser detectado.

A festa em Jemaa durou quatro dias, período em que o vinho de palma correu solto e a cerimônia agregou pessoas vindas de vários lugares, entre eles a aldeia de Taré. Airô teve dificuldade para questionar os *ajés*, mas, usando de subterfúgios, descobriu o que queria. As aldeias também haviam sido devidamente convencidas pelos *ajés* para não usarem o ferro.

Nisso levantou-se uma questão para seu espírito investigativo. Perguntou-se como é que várias aldeias, com vários *ajés*, com uma população que tinha pouco contato entre si, podia ter experimentado a mesma aversão ao ferro. Isso parecia orquestrado por alguém que espalhara informações contra o metal. Esse tipo de notícia, tão igual, só podia ser obra de uma única pessoa que, por alguma razão, odiava a ideia do ferro.

Aproveitou o retorno de um grupo de pessoas da aldeia de Taré e juntou-se à caravana. Após curta viagem, chegou à aldeia, onde lhe deram comida e dormiu nos fundos da casa de um dos *ajés*. No outro dia, resolveu fazer sua investigação, quando, andando entre as casas, ouviu seu nome ser chamado. Assustou-se e virou-se rápido, dando com um rosto sobejamente conhecido. Era o sobrinho de Agbosu, Azabeuí, o mesmo que fora expulso da casa por não ter se casado com a jovem que deflorara. Neste instante, Airô sentiu seu sangue gelar.

39

– Airô, o que você está fazendo aqui? – perguntou desconfiado Azabeuí, o sobrinho de Agbosu que fora expulso.

O Cajado do Camaleão 171

Com um sorriso de alegria, Airô recuperou-se do susto. Os dois se abraçaram. Enquanto estivera abraçando o primo distante, imaginou que desculpa iria dar.

– Após a morte de meu avô Agbosu, meu pai ficou em seu lugar, e você sabe como ele é insuportável, exigente e implicante. Não aguentei os maus-tratos e saí de casa.

– Fez muito bem. Você me desculpe falar de seu pai, mas ele é mesmo intratável. Além disso, lembro-me bem, vivia lhe cumulando com corveias insuportáveis.

Meneando a cabeça, Airô ia confirmando o que Azabeuí falava, com uma expressão infeliz.

– Tem onde ficar? – perguntou Azabeuí, e vendo Airô menear a cabeça em negativa, arrematou: – Então vai ficar comigo. Saiba que seu primo agora é um grande *ajé*.

– Que primo? – perguntou Airô fazendo cara de idiota.

– Eu, sua toupeira. Vamos até lá em casa.

Abraçou-o e o conduziu com gentileza. Após andar um pouco, chegaram à frente de uma mansão. Azabeuí conduziu-o para o interior e várias mulheres vieram recebê-lo. Vinham solícitas, mas não demonstravam alegria com a chegada do dono.

– Minhas mulheres – disse Azabeuí, dando um tapa carinhoso nas nádegas de uma moça que devia ter pouco mais de quinze anos. – Estou cheio de mulheres e várias estão prenhas. Isso aqui é que é macho – afirmou Azabeuí, sacudindo-se todo como se fosse um pavão. Airô deu um riso de retardado.

Os dias passaram morosamente e Airô viu como Azabeuí recebia as pessoas e fazia seus trabalhos. Normalmente, seu trabalho de magia envolvia os *egun-ibu*, e o feiticeiro não tinha pejo em se envolver em qualquer tipo de solicitação, desde a cura de doentes até o desaparecimento de inimigos dos consulentes. Airô não se preocupava muito com essas atividades, pois de modo geral os *ajés* não levavam muito em conta os aspectos morais. Na sua forma de pensar, estavam fazendo um bem para os consulentes, mesmo que isso implicasse matar o desafeto.

Azabeuí tinha quatro mulheres fixas, mas vivia se envolvendo com outras mulheres, especialmente as consulentes. Tinha um rebanho de quarenta cabras, todas recebidas de seus clientes como pagamento pelos seus préstimos. Tinha também outros utensílios que adquirira mediante

172 A SAGA DOS CAPELINOS

troca, como mesas, cadeiras, portas e janelas com tranca, e várias panelas. Possuía também facas e outros artefatos de ferro fundido. Airô apro-
veitou-se de um momento de tranquilidade para questioná-lo:

– Vejo que você tem muitas coisas de ferro feitas em Okeorá – perguntou
com um ar *blasé*; como se falasse por falar, sem muito interesse na questão.

– Claro. Elas são práticas – respondeu Azabeuí, sem se dar conta da
importância da resposta que Airô procurava.

– Pelo jeito, você não comunga com a ideia dos velhos *ajés* de que o
ferro é uma coisa má.

A gargalhada sinistra de Azabeuí encheu o cômodo e, depois de acalmar-se, disse, com certa empáfia:

– Esses velhos *ajés* são todos uns idiotas. Quando saí de Okeorá, passei
em Nok e fiquei na casa de um dos velhos *ajés*. Ele me perguntou de onde
vim. Quando falei que tinha vindo de Okeorá, ficou curioso por conhecer a magia do ferro. Contei-lhe que era uma magia de um *eborá* chamado Gou e que somente os homens brancos a dominavam. Tinham que
matar crianças para que o ferro fosse banhado em seu sangue e a magia
de Gou desse certo. Você acredita que o velho ficou indignado! Ora,
resolvi contar outras coisas escabrosas a respeito do tal de Gou ou Gun,
nunca soube eaxatamente como chamá-lo. Contei-lhe uma história que
ouvi sobre os *irinwô imolé*, e foi aí que o velho se convenceu de que esse tal
de Gun era um *egun-ibu*. Depois disso, disse-me que não usaria o ferro de
modo algum, já que estava conspurcado com sangue de inocentes.

Acompanhando a gargalhada de Azabeuí, Airô riu a não mais poder.
Num certo instante, Airô perguntou-lhe, ainda rindo:

– Aposto que você contou esta história em vários lugares a vários *ajés*
imbecis.

– Claro. Em todos os lugares em que pude passar e em que tinha au-
diência, contava a mesma história. Por acaso estou mentindo? Não é verdade que usam sangue de animais? Não é verdade que aqueles brancos
têm a mania de queimar crianças vivas? Além do mais, naquela época,
estava com muita raiva de Agbosu e daquele imbecil do Cathbad. Você
sabe que ele me disse que nós, os negros, não temos capacidade de aprender a fazer o ferro?

– Não me diga! Que absurdo!

– Pois é, meu amigo. Naqueles tempos, minha raiva era enorme, pois,
além de ter sido mandado embora pelo meu tio como se fosse um ca-

O Cajado do Camaleão

chorro safado, eles me negaram o conhecimento de como se faz o ferro. Ora, todas as vezes que podia, falava mal daqueles arrogantes *funfun*.

– Fez muito bem, primo Azabeuí, eu também teria feito o mesmo.

Era tudo tão óbvio que Airô chegou a se irritar consigo mesmo. Por que não pensara nisso antes? Tão simples e ao mesmo tempo tão difícil de descobrir. Azabeuí contara a história que os *ajés* queriam escutar e ele apenas confirmou o que eles estavam querendo descobrir.

Agora que Airô já tinha todas as informações de que precisava, tinha que retornar a Okeorá e reportar tudo ao seu pai. Como faria para sair de Taré e chegar a sua casa? Esta era a dúvida que o consumia. Sabia que não seria atacado por pessoas. Todos respeitavam um coxo por ser um protegido de Sapata Ainon, mas os animais ferozes não têm essa percepção das coisas sagradas. Teria que esperar por um grupo de pessoas que fosse até Nok e outro que fosse de lá até Okeorá.

Para seu desespero, Airô teve que ficar com Azabeuí, mas a sua estada não foi de descanso. Pelo contrário, o feiticeiro o usava de todos os modos. O jovem coxo tinha a proteção de Sapata Ainon e, por isto, era obrigado a participar de magias que envolvessem aquele *eborá*. Além disso, tinha que depenar as galinhas, limpá-las, cozinhá-las, retirar os miúdos e cozinhá-los em dendê para oferecê-los aos *eborás*. Dava-lhe em troca comida, um teto para abrigar-se e um tratamento apenas cortês.

Sempre ressabiado, Airô sabia que sua vida dependia dos elogios que endereçava ao *ajé*. Todavia, o que mais o preocupava é que algum dos espíritos que protegiam Azabeuí o intuíssem da sua condição de espião. Se isto acontecesse, sua vida não valeria mais nada.

40

Enquanto Airô estava à procura do motivo da rejeição do ferro, Cathbad cumpriu sua palavra com os kwalis que o seguiram. Ensinou-os a fabricar o ferro, fez espadas especiais para eles – bem mais leves do que a dele – mas não as mergulhou no sangue, por ordem de Elwyd.

Por conta de seus kwalis, passou a sofrer pressão de todos em Okeorá para levá-los para longe. Já haviam tido alguns entreveros sem maiores consequências, mas tudo podia acontecer entre jovens tão exaltados

174 A Saga dos Capelinos

como os egbas e os kwalis. Por sua vez, os rapazes kwalis não se sentiam bem na aldeia e pediram a Cathbad que os levasse para longe.

Após o último incidente entre dois kwalis e três egbas, Adjalá convocou uma reunião de emergência.

– Por mais que eu ame você e seus kwalis, que me salvaram a vida, vocês não podem ficar na aldeia. Os egbas e os kwalis parecem água e azeite; não se misturam de nenhum modo.

– Meus meninos também querem partir. Nos últimos três meses, só temos tido problemas.

– Permita uma sugestão, irmão Cathbad – atalhou Awolejê. – Quando eu era um rapazote, fui com o falecido Olabissanje caçar além do Odo Oyá[42] e lá vimos terras desabitadas, com rios e riachos cortando florestas e descampados, com muitos animais. Você poderia ir com seus kwalis e construir uma aldeia para vocês.

– Awolejê deu uma boa sugestão – complementou Adjalá. – Você pode estar certo de que Okeorá lhe dará todo apoio, além de gado e material para você montar forjas.

– O único problema que antevejo é a travessia do rio – disse o etrusco Sileno, que já fora até as margens do Odo Oyá em outra ocasião.

– Vamos ter que construir balsas para a travessia, pois mulheres, crianças e gado não vão conseguir passar nadando. Aliás, nem mesmo os homens conseguem.

– De fato, quando nós o atravessamos, nos utilizamos de pequenos botes e mesmo assim não foi muito fácil – confirmou Awolejê.

– Eu posso construir balsas para passarem o rio – afirmou Sileno.

– E você sabe fazer isso, ó etrusco metido? – perguntou jocosamente Korc.

– Um homem que construiu um trirreme etrusco pode construir qualquer coisa – retorquiu Sileno sério e Korc meneou a cabeça concordando que um navio de grande porte era um feito impressionante.

– Eu preferia fazer primeiro uma incursão para conhecer o local antes de levar meus meninos para um lugar desconhecido – concluiu Cathbad.

Todos concordaram e ficou estabelecido que Cathbad, Korc, Awolejê e mais alguns kwalis iriam conhecer a região. Alguns dias depois, o grupo se deslocou para a margem do rio. Sileno levou carpinteiros para fabricarem balsas e, de imediato, um bote para que todos pudessem atravessar. Após cruzarem o rio, o grupo embrenhou-se no outro lado da margem.

---

[42] Odo Oya – rio Níger.

41

Durante dois meses, Korc, Cathbad e seu grupo andaram pela região, encontrando florestas densas, morros suaves e bastante água em rios e riachos que vicejavam na região. Num determinado dia, dentro da floresta, viram negros que pareciam se esconder deles. Eram homens simples, completamente nus, e Awolejê os chamou, oferecendo comida e colares de sementes coloridas. Com muita cautela, os nativos saíram da floresta e vieram receber as oferendas. Fizeram boa amizade e notaram que ambas as línguas eram muito parecidas.

Após uma troca de presentes e informações, os nativos os levaram para conhecer sua aldeia. Os visitantes logo notaram que era primitiva e as choças de palha eram baixas e redondas. O lugar abrigava pouco mais de cem pessoas. Cozinhavam em cerâmicas toscas, sobre pequenas fogueiras. Sua alimentação era extremamente deficiente. Viviam de raízes que conseguiam catar na floresta, de caça, que era rara, já que suas armas eram primitivas e pouco eficientes, e de frutas silvestres obtidas sempre em pequenas quantidades.

Como havia água em abundância, Cathbad gostou do local. Agradou-se especialmente de um descampado, onde poderia plantar o inhame, o cará, o arroz-de-guiné, frutas e o dendê. Deste último, tiravam o azeite e o vinho de palma, que os irmãos boianos gostavam de beber, algumas vezes de forma imoderada.

Numa de suas conversas com a tribo local, Cathbad perguntou como se chamavam e, com uma expressão infantil, responderam que não sabiam. Como não tinham contato com outros povos, não viam necessidade de se intitularem. Após certa insistência de Cathbad, um deles disse se chamar o povo da floresta, pois era lá que vivia.

– *Araiye igbô* –[43] repetiu Cathbad.

Os seus kwalis também gostaram do lugar e do povo, especialmente das mulheres. Era visível que havia mais pessoas do sexo feminino do que homens. Korc perguntou aos igbôs se havia outras tribos e, nos dias que se seguiram, eles os levaram para visitar vários grupos de homens simples da floresta. Seus ajuntamentos localizavam-se sempre perto de clareiras e de riachos. Tinham uma criação extremamente incipiente

---

[43] *Araiye igbô* – povo da floresta.

de caprinos e uma agricultura rudimentar, na qual usavam instrumentos de madeira, pedra e ossos para escarafunchar o solo e plantar os talos de inhame.

Os dois irmãos partiram com a promessa de voltar com gente de sua tribo. A aldeia igbô ficava às margens de um rio majestoso e Cathbad convenceu-se de que aquele lugar era ideal; sempre teria água pura por perto.

Marcaram o lugar e, na volta, tiveram o cuidado de não perder nenhuma referência que pudesse orientá-los. Retornaram a Okeorá após terem passado quase três meses pesquisando a região.

Uma semana depois, Cathbad partia com seu grupo de cem guerreiros kwalis, além das mulheres e crianças, gado e muito material. Um grupo de cinquenta cartagineses, etruscos e egbas também os acompanhou para ajudar a montar uma boa aldeia para Cathbad, conforme promessa de Adjalá.

A travessia do rio correu bem, nas grandes balsas que Sileno providenciara, especialmente que construíra um sistema de cordas e roldanas que permitia que quatro fortes bois puxassem as cordas, fazendo a balsa atravessar com rapidez e segurança. Depois disso, o grupo chegou, após uma semana de lenta travessia de florestas e descampados, na aldeia igbô. O clima era bem mais fresco e aprazível do que no planalto do Bauchi de onde tinham vindo. Os kwalis intitularam sua aldeia de Ilobu.

Feliz como uma criança, Cathbad estabeleceu-se em Ilobu e, conforme havia sido previsto pelos druidas à época de seu nascimento, tornou-se monarca, agora com um reino para tornar-se, de fato, um rei.

42

Enquanto Airô estava na casa de Azabeuí, Mowo tinha mais um filho, em quem puseram o nome de Akirê. Agora, Adjalá tinha três filhos varões: Nijitá, Elemoxó e Akirê. Mas, alguns meses depois do nascimento de Akirê, ela ficou novamente grávida. Umatalambo ufanava-se de seu genro; para quem dizia que Adjalá não era um macho completo, estava fazendo um excelente trabalho; já lhe dera três netos em três anos.

O Cajado do Camaleão

177

Costumava brincar dizendo que, se continuassem assim, Adjalá e Mowo iriam povoar o mundo.

Airô precisou esperar por quase um ano para partir para Nok, pois de lá ficava mais perto para chegar até Okeorá. O *oba* de Nok havia morrido de velho e o novo rei, após esperar o prazo de luto, resolveu dar uma grande festa para comemorar sua ascensão ao poder. Azabeuí não fora convidado, mas resolvera ir por conta própria. Airô viu que o momento era propício e conseguiu juntar-se ao extenso grupo, pois uma festa de coroação previa grandes comilanças e muita alegria.

Em Nok, a festa durou quatro dias. No primeiro dia da festa, já com o vinho a embebedá-lo, Azabeuí, sempre se achando o irresistível conquistador, viu uma moça cujos predicados físicos dispensavam elogios. Aproximou-se por trás e agarrou-a, roçando-se lubricamente nela. A mulher tentou se desvencilhar.

– Que isso, homem! Não vê que eu sou casada?

– Ora, traga seu marido que faremos uma farra a três – respondeu-lhe Azabeuí, com uma expressão fescenina.

A mulher ficou indignada e, juntando suas forças, fugiu de seu forte amplexo. Correu para onde estava o marido e contou-lhe tudo, em detalhes. Ao saber do fato, o jovem esposo foi ao encontro de Azabeuí e, antes que ele soubesse o que tinha acontecido, foi apunhalado nas costas com uma faca de sílex. Caiu em extrema agonia, enquanto o agressor aproveitava para esfaqueá-lo mais duas vezes: uma no estômago e outro no baixo ventre, na altura do sexo, arrancando seu membro. Seus gritos de dor não foram escutados por ninguém. Morreria minutos depois, enquanto o agressor saía da cena do crime com tranquilidade.

Ora, Azabeuí não era amado por ninguém de sua aldeia e, por isso, ninguém reclamou de sua morte. Aliás, seus desafetos acharam ótimo o fato de ele ter morrido e continuaram a festa como se nada houvesse acontecido. Acabou sendo sepulto numa cova rasa, no mato, para que não apodrecesse no meio da aldeia.

No último dia da festa, Airô incorporou-se a um grupo de conhecidos de Okeorá que também haviam vindo à festa e retornou à casa paterna após dois anos de ausência.

Quando viu o filho chegar, Awolejê largou tudo, saiu correndo e o abraçou chorando:

– Filho querido, meu tesouro, como senti sua falta!

178 A Saga dos Capelinos

Cobriu-o de beijos no rosto e, pegando suas duas mãos, beijou-as repetidas vezes. Airô ficou tão comovido que desandou a chorar, sem poder falar nenhuma palavra.

– Meu tesouro, você não sabe como me arrependi de enviar você à procura de respostas. Cada dia foi um tormento para meu coração. Eu me perguntava se você estava vivo ou morto. Será que meu Airô estava sendo bem tratado? Nunca mais vou deixá-lo longe de meus olhos.

Usando um tom zangado, continuou:

– Por que demorou tanto? Quase dois anos. Você não teve dó de seu pai?

Sem esperar respostas, Awolejê mudou, agora, para um tom langoroso:

– Você é o mais precioso de todos meus filhos. É aquele que mais amo. Nunca mais fique longe de mim; não suportaria sua perda.

Agarrado ao pai, Airô chorava copiosamente, quando a mãe chegou gritando, fazendo um alarido típico de quem está histericamente feliz. Foi empurrando Awolejê e beijando o filho com tamanha volúpia, que Airô chegou a sentir-se sufocado. Logo depois chegaram duas irmãs e um dos irmãos mais velhos, que também o beijou e disse-lhe, tentando conter as lágrimas:

– Airô, meu irmão querido, nunca mais saia de perto de nós. Quase morremos sentindo sua falta. Você está bem?

Airô jamais havia se sentido tão feliz quanto naquele momento. Antes de empreender a viagem, era tratado normalmente pelos familiares, mas jamais haviam demonstrado tamanho afeto. Sentia-se estimado e só isso valia todos os perigos que correra.

No outro dia, após sua chegada, fez-se uma grande reunião com Adjalá e seus conselheiros para escutarem as descobertas de Airô. O rapaz expôs de modo sucinto o motivo de as pessoas estarem se recusando a usar artefatos de ferro. Contou com modéstia como descobriu a trama e que o causador daquilo tudo fora Azabeuí. Awolejê comentou que aquilo só podia ter sido originário daquele crápula. No entanto, todos ficaram calados quando Airô contou como ele fora morto em Nok.

Após pensar por uns instantes, Adjalá começou a falar:

– Nós temos que incentivar os jovens a usarem o ferro. Pelo que Airô nos disse, eles não se importam tanto com a opinião dos *ajés* mais velhos. Pensei inicialmente em enviar pessoas até essas aldeias para demonstrarem que o ferro é uma boa coisa, mas concluí que seria perda de tempo. Temos é que trazer os jovens para cá.

O Cajado do Camaleão

179

– Mas de que forma? – perguntou Korc.

– Tenho duas propostas. A primeira é que devemos fazer forjas só de negros, que usarão os artefatos de ferro feitos em suas oficinas para vender para o mercado local. Temos, portanto, que ensinar os mais jovens a trabalharem o ferro – e, olhando para *alaxé*, complementou – sem nenhuma magia especial.

O velho druida entendeu e concordou que os jovens deviam ser ensinados sem que lhes fosse ministrada a ideia de mergulhar o ferro em sangue para evitar os mal-entendidos.

– Quando começamos a negociar o ferro na região, era para trocá-lo por comida. No entanto, desde que a nova leva de imigrantes chegou e se dedicou à agricultura, a comida não tem sido problema. Desse modo, por que devemos negociar o ferro com as aldeias que não o querem? Eles não precisam de nós nem nós precisamos mais deles – obtemperou um dos cartagineses.

– O amigo tem razão quanto à comida. No entanto, uma coisa me preocupa: a nossa excessiva dependência de Cartago e de Ahmed. Se algo acontecer com eles, ficaremos em situação difícil. Temos que trabalhar com alternativas viáveis. Aqui existe uma necessidade enorme de utensílios de ferro e devemos estar preparados para atendê-los.

– Com o devido respeito, se ensinarmos aos egbas e aos demais negros da região, eles não precisarão de nós – retorquiu polidamente o cartaginês. – Eles se tornarão auto-suficientes e, se Cartago ou Ahmed tiverem problemas, não será aos egbas que venderemos nosso produto.

– De fato, você tem razão. Contudo, temos a mina de ferro e eles terão sempre que comprar de nós as pedras para fazer o ferro. Poderemos ensinar alguns jovens egbas e, mesmo assim, ainda teremos um mercado enorme a explorar. Há milhares de pequenas aldeias, cada uma com duzentas a trezentas pessoas. Imagine quantas panelas, machados, espadas e facas poderemos vender. Provavelmente, nós teremos mais mercado do que Cartago e a Etrúria juntas. Somos um enorme número de pessoas nesta região. Além disso, temos toda a área de Gao e mais as aldeias situadas ao sul. Nós não sabemos quem mora nessa área, mas com certeza não conhecem o ferro.

O homem se convenceu. Realmente o mercado era gigantesco e muito mais próximo. Não dependeriam de Ahmed. Não que quisessem se livrar dele, mas a vida de um tuaregue é perigosa. Pode estar vivo hoje e

180   A SAGA DOS CAPELINOS

amanhã, morto. Se algo de trágico lhe ocorresse, quem faria a travessia até Cartago?

– Em minha terra, mandamos atletas para a nossa terra de origem, de quatro em quatro anos – disse Oliphas, o cireneu, portanto, um grego.

– Lá, em louvor ao grande Zeus, nosso deus maior, reunimos o que há de melhor em nossa juventude para competir. Há lançamento de dardos, de discos, corridas de todos os tipos e muitos outros jogos. Damos prêmios aos vencedores e, ao melhor atleta da olimpíada, damos um troféu especial: uma réplica do machado duplo de Zeus. Nós podíamos fazer aqui um grande torneio e chamar todos os guerreiros para competirem.

– Isso parece ser uma excelente ideia! – exclamou Adjalá. – Podemos organizar uma grande festa com um torneio para os homens e um concurso para as mulheres. Quando vierem, teremos oportunidade de lhes mostrar como fabricamos o ferro e daremos prendas às mulheres, trazendo-as para nosso lado.

– Nós, os boianos, temos festas semelhantes e nossos guerreiros competem para ver quem é o mais forte – comentou Korc. – As mulheres ficam interessadas nesse tipo de concurso; é uma forma de escolherem um bom marido para gerarem filhos fortes.

– Seria bom se pudéssemos organizar competições para demonstrarmos a utilidade do ferro – acrescentou Adjalá. – Por exemplo, um concurso de arco e flecha. Pelo que sei, nossas flechas com pontas de ferro vão mais longe, não é?

– Mais ou menos – redarguiu Korc, sem querer desdizer o amigo. – Na realidade, o que faz nossas flechas irem mais longe não é a ponta, mas o arco. De qualquer modo, podemos ensinar os demais a fazerem nosso arco e demostrarmos que as pontas de ferro ajudam a penetrar melhor no alvo. Mas eu entendi o que você quer. Eu posso fazer demonstrações de nossas espadas.

– Maravilha! Oliphas parece conhecer bem esse tipo de competição e pode ficar encarregado de organizar os jogos. Será que você poderá ajudá-lo, Korc?

– Claro que sim!

– Eu só tenho uma dúvida – atalhou Sileno. – Numa festa, tem que se ter algo para se comemorar. O que iremos festejar? Algum deus?

– Não, um deus não – interrompeu Awolejê –, porque os adoradores de outros deuses não viriam.

O Cajado do Camaleão   181

Os homens ficaram pensando por alguns segundos.

– Um casamento – disse Umatalambo. – Isso mesmo, um casamento.

– De quem? – perguntou Adjalá.

– Ora, Adjalá, de seu sobrinho Nzaeanzo – respondeu Umatalambo.

– Mas, de suas três noivas, só duas estão em idade de casar.

– Quanto a isso não há problema. Façamos uma grande festa e ele se casa com todas, mas só possuirá as que tiverem idade. Aliás, a outra poderá morar com ele, sem ser sua mulher de fato, até o dia de sua iniciação. Pode estar certo de que o pai e a mãe dela não hão de criar problemas; é uma boca a menos a sustentar – respondeu Awolejê com certo toque de humor.

– Umatalambo não podia ter tido ideia mais feliz – regozijou-se Adjalá. – Ainda não nasceu alguém mais simpático e querido do que Nzaeanzo. O rapaz é a pessoa certa para ir a todas as aldeias e convidar os jovens e *obas* para virem até Okeorá para a festa de seu casamento.

– Poderíamos também fazer uma reunião dos *ajés* – disse *alaxé*. – Na minha terra, os druidas se reúnem de tempos em tempos para discutirem suas magias. Poderíamos fazer o mesmo aqui?

– Duvido que funcione – respondeu Awolejê. – Não sei como funciona sua reunião, mas aqui cada *ajé* faz o que quer.

– Você tem razão. Aliás, nossos *omphalos* só funcionam porque temos um arquidruida que os convoca. Infelizmente, muitos druidas não reconhecem a autoridade de alguns *merlins*, como chamamos nossos arquidruidas, e já houve discussões imbecis a respeito de detalhes insignificantes. Mas não custa nada tentar.

Os homens nada responderam, mas apenas menearam cabeça em dúvidas.

– Convide-os. Os que vierem serão bem recebidos – decidiu Adjalá.

– Tenho certeza de que viriam se tivessem um respeito profundo por um outro *ajé*, alguém que fosse como um *imolé* em vida – comentou Awolejê.

– E como é que alguém consegue ser um deus ainda em vida? – perguntou Sileno.

– De acordo com nossas tradições – explicou Awolejê –, se alguém é capaz de passar por uma enorme provação e vencê-la, ele se torna possuído de um grande *axé* e, como tal, pode se tornar um *imolé* ainda em vida. Infelizmente, a maioria que passa por tal provação sucumbe, tornando-se um *babaegun*.

182 A SAGA DOS CAPELINOS

– Interessante como nossas tradições são similares – disse *alaxé*, o El-wyd dos boianos. – Um ser que consegue passar por um enorme sofrimento, uma prova de imensa coragem, de grande procura pela verdade, vencendo os demônios em medonhas batalhas, pode se tornar um semideus, um ser santificado, um eleito dos *deiwos*. – Após tal comentário, arrematou, dizendo: – Não é preciso dizer que isso é extremamente raro.

– Não nos preocupemos com tais detalhes – disse Adjalá. – Aqui ninguém é um ser santificado por nenhuma prova crucial. Portanto, sendo homens comuns, convidemos os *ajés* para a festa com o intuito de que conheçam o ferro. Quero que vejam que não há nada demais nessa técnica e que somos pessoas de bem, que não matam nem crianças e nem adultos. Quero torná-los nossos amigos. Quero que se divirtam na festa e que bebam e comam bastante. Vamos alegrar seus estômagos que logo o rosto também se tornará feliz.

43

Na mente de Adjalá não podia existir dúvidas; escolhera a pessoa certa. Conhecia seu sobrinho Nzaeanzo desde quando nascera. Tornara-se um belo homem, de uma simpatia irradiante, sagaz como uma raposa, politicamente preparado para ser um líder. Adjalá imaginava que, como fora o mais jovem dos filhos, Nzaeanzo fora mimado por sua mãe e suas irmãs, e com isto desenvolvera uma sensibilidade incomum entre homens. Sabia falar com as mulheres de um modo muito particular, sempre lhes dando uma atenção especial, e com os homens era cativante e os convencia, sem impor, liderando-os com gentileza.

Nzaeanzo recebeu a incumbência de Adjalá com alegria e logo se pôs a organizar sua festa. A primeira coisa que fez foi envolver suas três noivas e até mesmo a menor delas, que só tinha nove anos, foi tratada com especial deferência.

Em companhia de pequena escolta, Nzaeanzo visitou as aldeias vizinhas, assim como os pequenos vilarejos, convidando todos para uma grande festa. Informou que haveria comida e bebida à vontade, jogos para os caçadores – uma novidade – e prendas diversas para as mulheres mais bonitas. Haveria brindes para as que soubessem cozinhar melhor e

O Cajado do Camaleão   183

as que fizessem os mais belos trabalhos manuais. Nzaeanzo também inventou um prêmio para os artesãos que fizessem a mais bela das estátuas de terracota, uma especialidade da região. O falante rapaz encantava a todos com seus modos joviais, mas nunca mencionava o assunto tabu: o ferro.

O rapaz obteve sucesso nos seus convites. Não havia motivo para os moradores das aldeias não comparecerem. Com um tirocínio diplomático todo próprio, também visitou os *ajés* e pediu que fossem para que lhe dessem a bênção. Já que cada aldeia tinha um ou mais *eborás* muito específicos que as outras não tinham, Nzaeanzo queria que esses deuses pudessem abençoar o seu tríplice casamento. Alguns *ajés* estranharam que estivesse se casando com três mulheres ao mesmo tempo, mas Nzaeanzo levara muitas prendas, especialmente belos tecidos feitos pelas cartaginesas. Assim, ao serem presenteados, os *ajés* guardaram suas críticas para si.

Finalmente, após vários meses de preparativos, o dia da festa chegou e, em largos grupos, as pessoas das demais aldeias foram chegando para a festa. Nzaeanzo, como bom anfitrião, fez questão de recebê-los pessoalmente. Adjalá era apresentado e dava as boas-vindas. Os *obas* e *ajés* recebiam uma deferência especial e eram alojados em várias casas que haviam sido construídas especialmente para a ocasião. Normalmente, os *obas* viajavam com sua comitiva de mulheres, filhos e guardas pessoais, e ter sido colocado em local proeminente foi uma ideia de Sileno, que, acostumado com o sofisticado mundo etrusco, sabia como os reis eram vaidosos e gostavam de tratamento personalizado.

Tudo havia sido cuidadosamente preparado para a festividade e Oliphas, o cireneu, tentara seguir os costumes de sua terra natal, a Grécia, e preparara um descampado grande onde se processariam as provas. Por outro lado, Mowo organizara a parte alimentar da festividade e havia comida e bebida em grandes quantidades. Uma das mulheres cartaginesas havia sido uma escrava no palácio real e conhecia a arte de presentear. Dessa forma, ela e várias mulheres cartaginesas, junto com algumas egbas, prepararam várias prendas a serem ofertadas às moças que viessem. Os presentes incluíam braceletes feitos de sementes coloridas e tecidos estampados de modo rudimentar.

A mulher cartaginesa havia feito amizade com Mowo e, certo dia, lhe fez um penteado que logo fez furor, sendo imitado por homens e mulheres. Em poucos anos, toda a região adotaria tais penteados e faria

184 A Saga dos Capelinos

variações do mesmo estilo. Primeiro, a cartaginesa escovou o cabelo de Mowo a ponto de fazê-lo ficar o mais liso possível. Como ela tinha longas tranças, foi um trabalho insano, mas que valeu a pena. Terminada essa primeira operação, a cartaginesa começou a fazer grandes gomos de cabelo, prendendo-os na altura da cabeça. Ele fez um gomo frontal, um gomo em cada lado e dois gomos na parte traseira da cabeça. Tudo convergia para o topo da cabeça onde era preso por broches que a cartaginesa havia trazido de sua terra natal.

Desde que se casara com Adjalá, Mowo andava vestida, cobrindo seu corpo com tecidos cada vez mais bonitos que as cartaginesas fabricavam. Esta moda também pegou como se fosse um rastilho de fogo e todas as mulheres egbas insistiram em ter pelo menos um vestido colorido decente para as ocasiões mais festivas. Adjalá, por sua vez, recebera uma túnica branca de Elwyd, o *alaxé* da tribo, e, assim como instituíra gentilmente que sua esposa andaria vestida, o mesmo procedimento adotou para si. Em pouco tempo, os mais jovens começaram a adotar a moda e até mesmo os mais velhos acharam por bem se vestir convenientemente. Esse novo vestuário teve um impacto sobre a maioria dos visitantes e eles acharam bonito que as mulheres usassem túnicas tão belas e os homens vestissem roupas brancas.

Os egbas haviam aberto um grande espaço ao lado da aldeia para que todos pudessem se acomodar. Naquela noite, com todos presentes, começaram os cantos, as danças e os concursos de beleza feminina. Não seguiam nenhum ritual ou apresentação pessoal e os jurados, em grande número, iam entre as mulheres e os homens, dando presentes e elegendo a mais bela. Não era um desfile de beleza na acepção da palavra – todas ganharam algo, mesmo que fosse uma singela prenda. O que Adjalá desejava é que as mulheres aceitassem os presentes para, felizes, aceitarem a ideia do ferro.

Durante a cantoria, uma disputa saudável e informal entre os vários cantores das tribos e aldeias suscitou viva emoção aos presentes. Cada um cantava uma cantiga, sempre ligada a algum *eborá*, e os que conheciam respondiam à cantiga. Logo depois, quando cessava, outro cantor de outra tribo fazia o mesmo e, desta forma, a noite passou rápido entre músicas, na maioria das vezes desconhecidas pelos presentes, e belas vozes negras que entoavam cantos melodiosos, ritmados e empolgantes.

Okeorá havia se transformado numa babel de línguas, pois se podiam encontrar falantes de inúmeros idiomas. Por sorte, a região inteira falava

O CAJADO DO CAMALEÃO

variações de uma língua básica, o que facilitava o entendimento. Naquela visita, Adjalá pôde ver a variedade de línguas, costumes, hábitos e roupas.

No dia seguinte, foram organizadas competições entre os homens; as mulheres foram levadas para outras paragens para que não assistissem à derrota de seus maridos ou amigos. Não que fosse premeditado que os visitantes fossem perder, mas a presença de suas mulheres poderia acirrar os ânimos dos competidores e inevitáveis brigas poderiam surgir.

Como era de se esperar, nas competições de arco e flecha, os egbas ganharam todas as modalidades, pois os arcos etruscos, parecidos com os dos citas, lançavam as flechas mais longe e de forma mais certeira. Os vencidos queriam saber o motivo de tal fenômeno e os egbas lhes falaram dos arcos, mas também das pontas de ferro.

Os mais jovens queriam ver como eram as forjas diabólicas e os egbas, rindo, levaram-nos a ver suas próprias oficinas e demonstraram que nada havia de tenebroso. Quando perguntaram se eles usavam sangue de crianças, riram, dizendo que isto era história de alguns homens brancos que não queriam ensiná-los a trabalhar o ferro. Explicaram que graças a Adjalá descobriram que não havia nada demais; era apenas uma técnica como outra qualquer.

– E esse tal de Gun? É preciso lhe fazer oferendas para poder fazer o ferro?

– Besteira. Nunca fiz nenhuma oferenda. Dizem que é um deus muito antigo dos homens brancos. Aliás, não é um *imolé* cultuado por todos os homens brancos. Só o *alaxé* e os filhos deles é que o reverenciam.

– Ouvi falar que os filhos do *alaxé* são guerriros temíveis. É isso mesmo?

– Os dois filhos do *alaxé* são grandes guerreiros e lutam muito bem com a espada, mas o mais novo é muito ruim no arco e flecha. Só amarrando o bicho e ele chegando bem perto é que é capaz de acertar, e olhe lá.

Os homens gargalharam.

– Para mim o *imolé* dos *funfun* mais poderoso é Exu – disse um dos anfitriões egbas.

– Quem?

Sobre Exu nada havia se falado, nem bem nem mal, e foi descrito como um homem de pênis gigantesco – o que todo homem deseja ter –, capaz de grandes feitos, especialmente sexuais – outra aspiração do sexo masculino –, poderoso, ouvido e respeitado pelos *eborás* por sua antiguidade e sagacidade – outro atributo anelado por todos.

– Este sim é um *eborá* importante. Ele é quem leva as mensagens a Olorun. Se você precisa de algo, é ele que providencia.

Para que falar mais de um *imolé* com tais predicados?

Um dos rapazes da aldeia de Kuchamfa havia se destacado em todas as atividades esportivas. Corria como um raio, subia os morros como ninguém, foi forte o suficiente para carregar um carneiro por mais de duzentos metros e chegar na frente de vários rivais, e fez uma corrida impecável através de terreno variado, chegando na frente de todos. Só perdeu no arco e flecha, mas nas lutas corpo-a-corpo foi mais uma vez vencedor. No final de quatro dias, todos o louvavam e foi eleito, sem nenhuma dúvida, o melhor dos jogos. Oliphas, o cireneu, que havia dado a ideia de se fazer essa espécie de olimpíada com o intuito de aproximar os jovens, entregou-lhe o prêmio: o *oxé*.[44]

Para este grego da Cireneia, adorador dos deuses do Olimpo, o símbolo máximo daqueles jogos era o machado duplo de Zeus. Havia feito um machado pesado, com quase cinco quilos de ferro fundido. Os negros da região jamais haviam visto tal arma e ela passou a ser considerada um troféu sagrado a ser usado somente pelo vencedor deste grande jogo e relacionada a um grande *imolé*, deus do trovão e dos raios.

Quando o cireneu entregou o *oxé* ao vencedor dos jogos, não deixou de falar que aquela era a arma de um grande deus que morava numa alta montanha. Quando estava furioso, soltava raios que atingiam a terra e destruíam gente, animais e árvores. No entanto, quando tinha amor por um filho, protegia-o e o transformava num semideus, que o cireneu traduziu em gba por *imolé*. Sua descrição de Zeus iria perpetuar-se até encontrar um ser humano que iria assimilar estas características e se tornaria um grande *imolé*.

Com trinta e poucos anos, Adjalá obteve êxito entre os jovens. A juventude via nele um semelhante. O congraçamento entre os jovens foi perfeito, especialmente entre os egbas de Okeorá e os demais. Além do ferro, demonstraram o arado, o machado normal de uma lâmina, espadas, flechas e principalmente as forjas, que nada tinham de demoníacas.

Nzaeanzo veio conversar com Adjalá, num dos intervalos da festa. O rapaz aproveitara um dos raros momentos em que Adjalá estava sozinho para abordá-lo. O *oba* descansava debaixo de sua árvore preferida e bebia um pouco de vinho de palma misturada com água.

---

[44] Oxé – machado de dupla lâmina.

O Cajado do Camaleão   187

– Tio, existe uma situação preocupante – disse Nzaeanzo, com uma expressão crispada.

– Eu sei que você quer se tornar rei, mas sabe que em Okeorá não poderá sê-lo – respondeu Adjalá, sem fitá-lo.

– Meu tio parece ler meus pensamentos.

– Acho que conheço o coração dos homens.

– Estarei errado em ter ambição?

– Esse desejo ardente é saudável e natural. Onde quase todos nós erramos é na execução dos nossos sonhos. Não temos paciência, persistência e planejamento. Queremos tudo para ontem e não medimos esforços para conseguir nosso intento. Passamos por cima de tudo e todos, até conseguirmos o que queremos. Aí, após uma série de crimes, para os quais sempre achamos uma justificativa, e de esmagar quem amamos, alcançamos nosso objetivo e...

– Não conseguimos ser feliz – atalhou o sorridente rapaz.

– Exatamente. Mas o que o preocupa?

– Desde quando os kwalis de Cathbad partiram para além do Odo Oyá que muitos jovens guerreiros têm me procurado e querem partir também. Tenho resistido porque não acho que seja correto.

– E por que não, meu menino?

– Você é o rei e meu tio. A impressão que eu tenho é que o estaria traindo.

– Eu sei que minha liderança é contestada. Sempre foi. Os *funfun* prefeririam que o rei fosse Elischa, mas ele não quis ficar. Os egbas prefeririam que fosse um dos guerreiros.

– Mas não é só isso, meu tio – interrompeu rapidamente Nzaeanzo. – Realmente alguns jovens acham que um guerreiro poderoso daria um rei melhor, esse sempre foi o costume, mas há outro inconveniente. Crescemos além do previsto e há poucas oportunidades em Okeorá para os mais jovens. As melhores terras foram dadas aos *funfun* e tudo aqui é muito seco. Ou nós plantamos perto do riacho ou nada cresce. Abaixo da montanha de ferro, a água se tornou ruim. Tem um gosto horrível por causa das escavações que os *funfun* fazem e, mais acima, é montanha. Não há lugar para os jovens.

– Esse é um fato que tem me preocupado. Qual é a sua sugestão?

Nzaeanzo beijou carinhosamente a mão do tio. Acostumara-se com a bondade dele desde quando era criança e Adjalá o colocava no colo, brincando com ele. Não queria feri-lo, mas agora já fora longe demais para voltar. Adjalá notou que ele não queria ou não podia falar, e lhe disse:

– Meu sobrinho Nzaeanzo, você sempre foi uma luz no meu coração. Conheço-lhe os sentimentos e sei que não faria absolutamente nada para me magoar. Entendo sua relutância e lhe digo o que farei. Reunirei o conselho e levarei a sua petição aos mais velhos. Defenderei a partida dos jovens. – E, dando-se conta de que não sabia o número de pessoas dispostas a partir, ele o questionou: – Afinal, quantos são?

– Uns trezentos.

– Tantos assim!

Isso representava quase a nata da juventude. Junto provavelmente iriam uma ou duas mulheres, além de algumas mulheres mais velhas, viúvas que dependiam de seus filhos para sobreviver. Em suma, conclui Adjalá, por volta de mil egbas iriam embora. Era quase um quarto da tribo. Okeorá sobreviveria a tal êxodo? Mas o rapaz tinha razão. Era melhor que partissem e encontrassem terra arável e água potável do que ficassem e criassem problemas.

– Que seja, então. Falarei com o conselho e decidiremos.

O rapaz agradeceu e afastou-se. Adjalá questionou-se até que ponto fora sábio em trazer os *funfun* para a aldeia. Realmente haviam trazido o ferro e aquilo fora bom, mas também trouxeram estranhos rituais, costumes diferentes, doenças tenebrosas que mataram muitos dos seus e, agora, haviam criado, involuntariamente, uma situação em que perderia a nata de sua juventude.

Levantou os olhos para o céu, observou a imensidão azul e respirou fundo. Lembrou-se do que seu guia Elessin-Orun sempre lhe dizia em momentos de crise: confie em Olorun.

Antes que o assunto esfriasse, naquela mesma noite, Adjalá convocou seus principais conselheiros.

Adjalá historiou a conversa com Nzaeanzo.

– Isso é um absurdo – reagiu furiosamente Umatalambo. – É a mais sórdida traição. Devemos matar Nzaeanzo.

– Por tudo o que lhe é mais sagrado, Umatalambo, acalme-se. Não há traição, pois o rapaz veio conversar comigo antes de agir. E nem pense em matar meu sobrinho preferido. Ele é um rei, foi feito para liderar e posso lhe assegurar que se tornará um grande *imolé* de seu povo.

O Cajado do Camaleão

189

Ainda sob o impacto das palavras de fogo de Umatalambo, Adjalá viu como era fácil se deixar levar. Bastaria que meneasse a cabeça em assentimento e Nzaeanzo teria sido trucidado. Ó terrível destino daqueles que detêm o poder! Como devem ser vigilantes e prudentes, asseverou Adjalá, acalmando seu coração.

– Permita que explique como meu povo se expandiu pelas nossas terras. Todos se voltaram para prestar atenção ao druida *alaxé*.

– Cada vez que uma aldeia chegava a um determinado tamanho e que a terra não nos permitia sustentar todas as bocas, nós convocávamos os jovens e, sob a liderança de alguns guerreiros, eles iam procurar por terras. Assim que encontravam, nós os ajudávamos a construir uma nova aldeia e, desse modo, nosso povo ampliava seu território sem matanças e graves distúrbios.

– Viu, Umatalambo, não é só aqui que existe esta situação – comentou Adjalá.

O guerreiro estava menos enfurecido e perguntou:

– E o que você sugere, *alaxé*?

– Assim como fizemos um plano para ajudar Cathbad e seus kwalis, faremos também para os que desejarem partir com Nzaeanzo.

– E se toda a aldeia quiser partir? – perguntou Umatalambo.

– Você quer partir? – perguntou Adjalá.

– De modo algum. Tenho aqui minha terra e meu povo. Por que partiria?

– E, assim como você, um grande grupo de egbas e *funfun* não irá querer abandonar suas raízes. Os que desejam partir são aqueles que não encontram oportunidade de prosperar. Concordo com eles; devem partir e procurar a felicidade.

– Bom, estamos decididos – interrompeu Korc, ansioso para pôr fim à discussão. – Depois da festa, Umatalambo, eu, Nzaeanzo e alguns guerreiros iremos procurar terra para os meninos.

– Sim, mas em que direção? – perguntou Umatalambo.

– O Odo Oyá é constituído de dois rios que se juntam, não é verdade? – comentou Korc. – Portanto, temos que descer em direção ao sul, atravessar o segundo braço do Odo Oyá[45] e encontrar terra boa por lá.

– Aquilo é território benue – comentou Umatalambo.

– É perigoso? – perguntou *alaxé*, já preocupado em que algo pudesse acontecer ao seu único filho, já que Cathbad estava longe e nunca dava notícia.

---

[45] Trata-se do rio Benue.

190 A SAGA DOS CAPELINOS

– Não sei. Nunca fui – respondeu Umatalambo.

– Por pior que sejam, as tribos de lá não podem ser piores do que os eburões, os arvernos e biturírgios – respondeu Korc, citando algumas tribos gaulesas.

Os homens sorriram da valentia de Korc, mas sabiam que era uma incursão perigosa e que muita coisa poderia acontecer. Korc, no entanto, encarava essa situação como uma forma de diversão que iria tirá-lo de sua maçante rotina das forjas.

Nos dias que se seguiram, ainda durante o festival promovido para mostrar que o ferro não era nenhuma magia demoníaca, Adjalá reuniu--se com os *ajés*, numa tentativa de fazer um *omphalo* de *ajés*.

Na região, numa distância de trezentos quilômetros para o norte, havia cerca de vinte e poucas aldeias maiores, fora uma série de pequenas vilas com clãs dispersos. Cada aldeia maior tinha de três a cinco feiticeiros, sendo que a maioria se detestava, já que eram concorrentes. Assim, nesta extensa área, deveria haver por volta de cem *ajés* das mais variadas procedências. Nem todos eram contra o ferro; muitos deles sequer haviam ouvido falar deste metal e do deus patrono Gou. Nas aldeias maiores e mais próximas de Okeorá é que havia uma resistência à aceitação do metal.

Dos cento e poucos *ajés*, somente oito vieram para a festa. Alguns, porque eram velhos demais para fazer a viagem; outros, porque não queriam se mancomunar com a festa de uma aldeia que cultuava deuses estranhos à sua cultura. Os que vieram desejavam conhecer as estranhas práticas de que haviam ouvido falar e tirar sua própria conclusão.

No segundo dia da festa, enquanto os guerreiros faziam suas competições devidamente coordenadas por Oliphas, Adjalá, *alaxé* e Awolejê convidaram os oito *ajés* e seus seguidores para conversarem um pouco. Dos oito, somente cinco compareceram, e mesmo assim com visível má vontade. Adjalá iniciou agradecendo a presença e os levou para conhecer as forjas dos egbas. Dois se recusaram a entrar, dizendo que era um lugar cheio de maus espíritos, e partiram sem sequer se dar ao trabalho de olhar. Os demais entraram e houve uma rápida demonstração de como o ferro era feito. No entanto, mesmo que não houvesse nenhum sinal de magia ou de estranhos rituais, somente dois ficaram convencidos de que fabricar o ferro não era nada demais.

Na hora do almoço, o número de *ajés* tinha se reduzido a quatro, sendo dois interessados em conhecer mais a respeito do ferro e da magia de Gou, enquanto os outros dois haviam colocado em suas mentes que Adjalá estava mentindo. Após comerem um saboroso cabrito guisado com inhame, Adjalá começou a falar sobre as vantagens do ferro e de como desejavam treinar pessoas de sua aldeia para trabalharem com o metal. Os dois que eram contra manifestaram-se indignados, dizendo que seus *eborás* eram muito mais antigos e que jamais aceitariam oferendas que tivessem sido tocadas pelo ferro. Durante alguns minutos, Adjalá discursou, mostrando que deviam manter suas tradições incólumes e que não havia motivo para mudá-las. O ferro era apenas para aprimorar a agricultura, facilitar a vida doméstica e agilizar as caçadas.

Para os *ajés* que não queriam aceitar o ferro, qualquer atividade envolvia um *eborá* muito antigo que jamais aceitaria o ferro. Ora, a agricultura tinha seu deus e este não queria suas oferendas feitas com ferro. Já as caçadas tinham seu deus e este também não aceitaria o ferro, e assim por diante. Em certo momento, Adjalá parou de responder às interpelações e divergências dos dois *ajés* que eram contra e se calou. Viu que estava batendo sua cabeça contra um muro de pedra. Levantou-se, sorriu e, com um amável convite encerrou a reunião.

– Vamos ver as corridas dos caçadores.

Após a festa, ao fazer uma avaliação dos sucessos e insucessos, Adjalá, no recesso de seu lar, convocou Elessin-Orun, seu guia espiritual, e, após alguns minutos de espera, quando Adjalá sentiu sua presença no quarto, perguntou-lhe sua opinião sobre a reunião que eles haviam tido com os *ajés*.

– Não pense que eles recusam o ferro só porque isto representará a perda de poder ou porque os *eborás* não irão aceitar. Os *eborás* vêem a intenção do coração e o merecimento, e ajudam de acordo com estas duas coisas. Mas, Adjalá, você precisa entender que eles não têm uma religião constituída. Cada aldeia cultua uma série de deuses, alguns totalmente desconhecidos uns dos outros, outros mais amplos, que abrangem uma vasta área. Há deuses que foram invenções de *ajés*, outros que foram espíritos de homens notáveis que, após a morte, os ajudam, enquanto outros que têm um nome num lugar e em outro local são designados de outro modo. Não há uma unidade e nem você conseguirá isto. Dê-se por feliz se conseguir convencer a nova geração a adotar o ferro, as novas formas de plantação e o gado bovino que eles desconheciam.

– Como poderei mudar tudo isso?

192 A SAGA DOS CAPELINOS

– Para que você possa vir a ter uma grande influência sobre toda essa região, é preciso que os homens reconheçam em você um ser de grande poder, de grande *axé*, como eles falam. Se você ainda em vida passar por algum fato notável, algo de extraordinário, então tudo que você falar, tudo que você fizer tornar-se-á sagrado. Caso contrário, você será esquecido e, após a sua morte, o máximo que você será é um espírito ancestral, um *babaegun* de seu clã. Você deseja se tornar um *imolé* em vida? Saiba que para alcançar essa posição terá que passar por uma grande prova de coragem e de inaudito sofrimento.

44

Já se haviam passado mais de oito anos que Elischa partira para viver suas aventuras. Okeorá continuava a produzir ferro. Elwyd tinha cerca de setenta e dois anos. Havia se dedicado continuamente à sua forja e ajudava Awolejê no seu processo de curas aos desvalidos. Korc continuava ajudando o pai e não tinha se casado, mesmo que visitasse suas inúmeras amantes regularmente.

Certa manhã, Korc acordou, saiu e foi até o mato para aliviar a bexiga. Voltou para casa e viu o pai deitado. Não se preocupou com o fato; ultimamente o velho vinha dormindo muito. Acendeu o fogo e começou a cozinhar uma papa de arroz. Quando ficou pronta, misturou com mel para adoçá-la e colocou os dois pratos sobre a tosca mesa. Foi até onde estava o pai e acordou-o. Com muito custo o arrancou da cama. Elwyd, o *alaxé* de Okeorá, praticamente se arrastou com imensa dificuldade até a mesa. Sentou-se no tamborete. Sentiu o cheiro da papa e resmungou qualquer coisa que Korc não entendeu.

Pegou na colher de pau, com as mãos trêmulas conseguiu recolher um pouco de papa e tentou levá-la à boca. A meio caminho, deixou a colher cair. Korc, que estava comendo, assustou-se ao ver o pai escorregar lentamente do tamborete. Largou a sua colher e chegou a tempo de ampará-lo. Levantou-o no colo e, nesse instante, observou como o seu pai estava leve. Ele, que fora um massudo boiano, estava reduzido a ossos a chocalhar e a uma fina pele a cobri-lo. Como sempre andava de túnica, disfarçava a magreza extrema, concluiu o filho, ao colocá-lo na cama.

O Cajado do Camaleão   193

Assim que o ajeitou no leito, informou-lhe que iria buscar Awolejê. O pai levantou a mão como se quisesse falar algo, mas o movimento apenas se iniciou e o braço logo repousou ao lado do corpo. Korc disparou porta afora. Em alguns minutos, retornou correndo, acompanhado de Awolejê e Airô, que vinha mais atrás coxeando.

Assim que Awolejê chegou perto de Elwyd e sentiu seu pulso, viu que nada mais tinha a fazer: o *alaxé* morrera. Tinha um sorriso tranquilo nos lábios, como se estivesse feliz pelos seus últimos momentos. Korc também notou que seu pai tinha ido para o *annoufn*. Ficou no meio do caminho entre a felicidade de saber que o pai morrera sem sofrer e o pesar de tê-lo perdido. Não sabia se ficava penalizado ou contente. Awolejê resolveu seu dilema; chorou como se fosse uma criança de quem tivessem tirado um brinquedo. Com o choro de Awolejê, Korc também liberou sua torrente represada de tristeza.

A aldeia ficou comovida. Poucas eram as pessoas que não tinham passado pelas suas mãos em suas sessões de cura. Jamais cobrara uma galinha que fosse para tratar as pessoas. Era amado e respeitado. Os egbas até esqueciam que era um branco e o consideravam como um deles. Apenas tivera a falta de sorte de nascer com uma cor estranha, na opinião deles. Sob comoção geral, a aldeia fez uma bela cerimônia para enterrar o primeiro *alaxé* de sua tribo.

Alguns meses após a morte de Elwyd, Adjalá reuniu sua tribo para uma grande festa a Arawê. A oportunidade era propícia; as colheitas foram generosas, a chuva caíra na hora certa e na quantidade adequada, e não houve pragas de gafanhotos.

No meio da festa, Adjalá viu Airô se esgueirando timidamente por trás dos homens que apreciavam as danças sensuais das moças casadouras. Nesse instante, seu coração confrangeu-se. Tomou consciência de que fora injusto com um homem que dera tudo de si e nada pedira. Fora ingrato com um homem coxo, com tantos problemas físicos, que, sem nada pedir, arriscou sua vida para descobrir o motivo do repúdio do ferro pelos *ajés* das demais aldeias. Em seu afã de resolver a questão, esquecera--se de Airô, que nunca reclamara de nada, nem comentara seus feitos e suas aventuras. Taciturno e sempre com um sorriso tímido impresso nos lábios, Airô nunca fora reconhecido. Logo ele que era um excepcional *ajé*, um curador a mancheia, um filho maravilhoso que enaltecia o pai, Awolejê, sempre que podia.

194 A SAGA DOS CAPELINOS

Adjalá levantou-se de onde estava e, manquitolando levemente, atravessou o pátio até encontrar-se com Airô. Cumprimentou-o, pegou-o pela mão e o puxou suavemente para o centro do terreiro. Levantou a destra em direção aos homens que batiam os tambores e eles pararam de bater. Todos os olhos se voltaram para os dois coxos.

– Meus amigos, todos vocês se acostumaram a ver no nosso amigo *funfun*, o *alaxé* da tribo. Agora que foi para o *orun*, o cargo está vago. No entanto, não por muito tempo.

Fez uma pequena pausa, e depois prosseguiu:

– Todos conhecem Airô, um dos maiores *ajés* de nossa aldeia. Ele é filho de Awolejê, nosso *djagun*,[46] e este homem de modos simples, de olhar tímido, nunca foi devidamente reconhecido por seu importante trabalho. Graças a ele, à sua astúcia e sua brilhante inteligência é que fomos capazes de descobrir por que os demais *ajés* não apreciavam o ferro. Mas não é só este o grande mérito de Airô. É principalmente devido ao seu poder curador, que tantas vezes ajudou as pessoas que sofriam de doenças, de dores e de problemas físicos. É por este motivo que eu, Adjalá, o indico para ser o novo *alaxé* da nossa nação.

Os olhos de Airô encheram-se rapidamente de lágrimas. Ter sido elogiado em público por Adjalá, o mais doce dos *obas*, o homem que mais admirava depois do próprio pai, foi a consagração de sua vida. Para culminar a sua alegria, Adjalá o promovia a *alaxé*, o segundo posto mais importante depois do *oba*, aquele que é responsável por todos os mistérios, todos os *axés*, todas as magias, aquele que os *eborás* ouvem e respeitam. Chorava como uma criança, abraçado a Adjalá, enquanto a multidão explodia em ovação. Airô seria o novo *alaxé* de Okeorá.

45

Alguns dias após a festa, Korc procurou por Adjalá para lhe comunicar que iria passar um tempo com Cathbad. Sentia falta do irmão e também queria avisá-lo da morte do pai. Adjalá pediu que voltasse logo; seus filhos estavam com idade de aprender a lutar e ele fazia questão de que o

---

46 *Djagun* – cão-de-guerra.

O Cajado do Camaleão 195

boiano ensinasse a arte da esgrima com a espada e as lutas corpo-a-corpo que Korc conhecia como poucos.

– Permanecerei longe por dois anos, no máximo – respondeu-lhe Korc.

Os dois amigos se despediram e Adjalá providenciou uma escolta que o levaria até Ilobu.

Cathbad quase esmagou o irmão com seu forte amplexo. Korc estranhou sua cor amarelada, mas nada comentou. Após ter dito que o pai morrera, o gigante chorou e se maldisse, como se a presença dele ao lado do pai pudesse ter impedido o inevitável. Layemi, cada dia mais bela, foi branda com o marido e o consolou.

Korc foi apresentado a Oniki, o herdeiro de Cathbad, um rapazola de doze anos, que muito o impressionou pela afabilidade e cortesia. Tratava o tio como se fosse um grande herói: Korc descobriria mais tarde que Cathbad inventara tantas histórias a seu respeito que ele não sabia como os kwalis não caíram de joelhos e o endeusaram instantaneamente assim que adentrou a aldeia. Mas Korc conhecia a boca grande do irmão, que, quando não se vangloriava, exaltava tudo que fosse gaulês. Os kwalis seguiam o mesmo caminho de arrogância e destemor, mas agora já não se chamavam desta forma, mas de igbôs.

Cathbad arrumou uma bela casa para o irmão e o apresentou a várias moças novas e casadoiras, mas Korc tinha suas próprias preferências. Gostava de viúvas, dizendo que eram bastante experientes no amor e muito atarefadas para desejar o casamento. Em pouco tempo arrumou várias amantes igbôs, todas viúvas de guerreiros, e o irmão parou de importuná-lo com noivas e pretendentes.

No terceiro dia em que Korc estava em Ilobu, viu chegar uma carroça carregada de pedras. Aproximou-se e logo reconheceu a hematita, a pedra do ferro. Acompanhou a carroça e viu quando pararam na frente de duas forjas, descarregando as pedras. Estranhando o fato, foi procurar Cathbad.

– Vejo que você conseguiu encontrar ferro do lado de cá do rio. De onde é que você o está retirando?

Cathbad não fez segredo e revelou que o ferro que trouxera de Okeorá fora insuficiente. Pensou em comprar a hematita diretamente de Adjalá, mas a sorte lhe sorriu. Durante uma expedição de caçada e de reconhecimento da região, descobriu mais ao norte uma boa jazida de hematita. Deram-lhe o nome de Oyó, mas não fundaram uma aldeia ao lado da mina; não havia pessoas suficientes para montar duas aldeias. Todavia, com o descobrimento do veio de ferro, Cathbad estabeleceu duas forjas em Ilobu. Além de ter se tornado independente em termos de ferro, ainda passou a comercializar o excedente com os nativos igbôs da região. Todavia, Cathbad reportou que era sábio bastante para só vender panelas, facas, pequenos machados e outros utensílios domésticos feito de ferro fundido. Não fabricava nem espadas nem pontas de flechas e lanças para os demais igbôs; com isso não correria o risco de ser atacado com as armas que fabricara.

– É uma jazida grande?

– O bastante para atender toda a região e ainda durar alguns séculos, mas eu só tenho retirado o necessário para minha produção. Não pretendo fazer concorrência a Okeorá.

– Por que não?

– Por vários motivos. O mais importante é que isso atrairia os cartagineses para esta área, e eu detesto essas pessoas. O único de que eu gostava era Elischa, mas ele era uma exceção. O resto é um bando de devassos.

– Você não acha que está sendo muito severo com eles?

– São umas pessoas estranhas, macambúzias, que queimam crianças aos seus estranhos deuses.

– Nós também matamos pessoas em louvor aos nossos deuses e nem por isso você nos considera devassos.

– Acho sim. Aqui eu estabeleci que só mataremos um outro ser humano em legítima defesa, durante uma guerra ou após eu tê-lo julgado no caso de crime de morte.

Korc ficou pensando que o irmão tinha mudado bastante.

– E as cabeças? Você continua cortando? – perguntou Korc de chofre.

– Óbvio! Mas isso é diferente. Cortar a cabeça de um inimigo valoroso é uma honra para ele também, pois é o reconhecimento de que eu o considerei um oponente digno. Vê se eu corto a cabeça de um covarde ou de uma mulher. Claro que não! Só os grandes guerreiros têm bom *asu*.

Korc deu uma gargalhada. O irmão mudara, mas nem tanto assim; no fundo, ainda continuava um bom gaulês.

Foi com pesar que Korc descobriu que o irmão estava doente. Sempre fora um homem desregrado, um bebedor imoderado e por mais admoes-

O Cajado do Camaleão

197

tações que Layemi fizesse não o impediram de beber vinho de palma como se fosse água. Jamais ficava bêbedo, mas a leve tonteira que sentia o fazia se sentir bem. Todavia, ultimamente, estava tendo problemas estranhos. Qualquer comida logo o estufava e a bebida passara a lhe dar dores de cabeça lancinantes a ponto de se isolar em sua casa, colocar um pano molhado sobre a testa e só melhorar após algumas horas de sono.

Assim que Korc descobriu tais sintomas, conversou com Cathbad, mas ele riu e disse que devia ser problema da safra do vinho. O ano que vem seria melhor, dizia, gargalhando. Korc, entretanto, achava que era algo mais sério e, por várias vezes, aconselhou-o a moderar seus hábitos. Logo viu que seus conselhos eram palavras ditas ao vento; Cathbad continuava a beber feito um cavalo e a comer como se fosse a última refeição de sua vida.

Dois anos se passaram e Cathbad estava pior a cada dia. Korc soube por Layemi que ele estava defecando sangue. Vomitava quase tudo que comia e, mesmo assim, teimosamente, continuava a beber como nunca bebera antes. Só que agora, de acordo com o relatório da esposa, passava mal e uma dor de cabeça infernal o prostrava por horas a fio.

Com o coração pesaroso, Korc passou a acompanhar a agonia do irmão sem nada poder fazer. O homem estava disposto a morrer ou, então, achava-se invulnerável. Estava tão amarelo que Korc desconfiou de que seu fígado devia estar a ponto de explodir.

– É isso que você quer, não é? Morrer!

– O que há para um homem fazer quando está doente? Só lhe resta morrer.

– Cuide-se que quem sabe se você não vive para ser avô.

Cathbad deu uma sonora gargalhada e lhe respondeu:

– A quem você quer enganar? A mim que não é, pois eu já estou morto. Você não vê que estou a caminho do *annoufn* a passos largos? E sei disso há muitos anos, pois tenho uma doença no fígado e não há nada que me impeça de morrer.

– Claro que há, você...

– Não diga nada, Korc. Saiba que morro feliz. Tive a vida que desejei. Tornei-me rei, casei-me com a mulher que amava, tive filhos maravilhosos, lutei, matei e agora só me resta morrer. O que um homem pode querer mais?

Korc calou-se.

198   A SAGA DOS CAPELINOS

Dois dias depois, Cathbad morria como sempre vivera: imoderada-
mente. Mas não foi uma morte suave. Levou horas em profunda agonia,
debatendo-se na tentativa de continuar vivo. Quando expirou, Korc, que
estava o tempo todo ao seu lado, chegou a desmaiar de cansaço e consternação.

Abalado com a agonia final de Cathbad, Korc sequer esperou os funerais do irmão. Despediu-se de Layemi, dizendo que o ambiente em Ilobu
o sufocava, e partiu de volta para Okeorá, sabendo que Oniki, o filho de
Cathbad, daria um ótimo rei. Layemi entendeu o desespero do irmão de
seu marido; vira-o se cansar de alertar Cathbad.

Tomou o caminho para Okeorá, ansioso por esquecer a sua tragédia
pessoal. Anelava por uma nova etapa de sua vida.

46

Parecia que Korc sabia que estava chegando em boa hora em Okeorá.
Era dia de festa e bem que seu coração entristecido precisava de alegria.
Adjalá o recebeu como se fosse um irmão e Korc se deu conta de que
tinha por Adjalá um amor imenso, quase tão grande quanto tivera pelos
falecidos pai e irmão. Beijou-o nas faces e o abraçou com tanta força que
Adjalá sentiu falta de ar. Estava tão emocionado que não conseguia falar
nada.

A festa era para louvar um dos *eborás* mais festejados e queridos, mesmo que temido, de Okeorá: Xaponã. Durante as danças, Korc observou
quando vários homens foram possuídos por espíritos e foram levados
até uma das casas, onde vestiram longas palhas de dendezeiro, imitando
o tipo que Xaponã havia prescrito para combater a epidemia que se
abatera sobre Okeorá há muitos anos. Muitos dos dançarinos, vestidos
com as longas palhas, dançavam fazendo os gestos de que estavam sendo
atacados pela varíola, mostrando com os dedos as chagas e rolando no
chão como se estivessem sob o efeito da terrível doença. Korc entendeu
o significado da dança, pois entre os gauleses havia também danças que
imitavam as lutas dos *deiwos* contra os demônios.

Adjalá perguntou-se se todos que estavam 'montados' por espíritos
eram de fato Xaponã manifestados. Elessin-Orun, o seu guia espiritual,

O Cajado do Camaleão

199

respondeu-lhe, por meio da intuição, dizendo que Xaponã, assim como todos os *eborás*, constituíam uma falange de trabalhadores espirituais que levavam seu nome e, por isso, eram vários a se manifestar, muitas vezes, simultaneamente, em lugares distantes uns dos outros. De acordo com a especialização de cada *eborá*, os espíritos daquela falange prestavam assistência aos seus fiéis, sempre sob a égide do merecimento individual.

Korc quase não bebeu nada; lembrava-se de seu irmão que abusara da bebida e que fora prematuramente para o *annoufn* devido aos seus excessos. Alerta, viu quando, por várias vezes, alguns rapazes de forte compleição se engalfinhavam em lutas, que só cessavam quando Mowo intercedia.

– Quem são esses moleques arruaceiros? – perguntou Korc a Adjalá.

– São meus quatro filhos.

A resposta desconcertou Korc. Pigarreou e pensou que ter chamado os filhos de seu melhor amigo de moleques arruaceiros podia ser malvisto pelo *oba*. Mas Adjalá, notando o mal-estar de Korc, bateu no seu ombro, carinhosamente.

– Você tem razão, meu amigo. São mesmo uns moleques arruaceiros e dou graças a Arawê que você voltou.

– Como assim?

– Você é que vai dar um jeito neles. Eu perdi completamente a autoridade sobre eles. Tratei-os de forma tão branda que agora eles mal me obedecem. Mowo ainda tem uma razoável preponderância sobre eles, mas ela não pode estar em todos os lugares ao mesmo tempo.

– Será que eu sou a pessoa certa para isso?

Observou os moços; eram todos muito grandes e fortes. Além disso, se comportavam como se não pudessem se tolerar.

– Eles não se detestam, não – respondeu Adjalá, que parecia ter lido os pensamentos de Korc. – São apenas como cães dominantes de uma matilha. Cada um quer mandar mais do que o outro e, por um sim ou um não, discutem e partem logo para a agressão física. São valentes, destemidos, mas precisam de alguém que saiba orientá-los. Infelizmente não posso ser esta pessoa, pois fisicamente eles são mais fortes do que eu, e palavras, já as gastei todas, e de nada adiantou.

– Vai ter que ser na força bruta.

– Isso mesmo. Eles são todos seus para domesticá-los.

– E se eu não conseguir?

– Esta hipótese jamais me passou pela mente.

Sua atenção desviou-se para observar mais um entrevero que agora envolvia os três mais velhos. O mais novo só não estava metido, porque Mowo o segurava pelo braço. Mesmo preso, o caçula parecia um cão bravio a ladrar de ódio preso por uma corrente de ferro. Dura tarefa!

Dois dias depois, Adjalá convocou Korc a comparecer ao seu palácio. Mowo o esperava.

– Vou apresentá-lo aos meus filhos – disse Mowo, assumindo a missão.

Os dois saíram e foram até a praça central. Havia vários grupos de rapazes ao redor dos filhos de Adjalá. Cada um parecia ter seus adeptos e olharam o boiano quarentão aproximar-se com Mowo. Korc notou que havia um olhar de deboche nos semblantes dos moços. Quem era esse ridículo *funfun* com um capacete com dois chifres de boi na cabeça? Korc vinha engalanado com sua roupa de gaulês, seus culotes de couro, sua camisa de algodão rústico, sua espada na cintura, um capacete que só usava em ocasiões especiais. Essa era uma delas: ou ganhava a confiança dos novos ou por eles seria devorado. Havia uns homens mais velhos que o conheciam bem, o respeitavam e sabiam do que era capaz. Ele os olhou e Umatalambo estava entre eles e lhe sorriu como quem diz: chute o traseiro desses pretensiosos rapazes. Isso lhe deu a confiança de que precisava.

Com uma voz autoritária, Mowo chamou seus filhos e os apresentou a Korc. Akirê, um dos mais jovens, com dezoito anos, absolutamente gigantesco, do tamanho de Cathbad, olhou-o com desdém e dirigiu-se para a mãe.

– O que é que esse anão pode me ensinar que eu já não saiba?

Sacudindo os ombros, Mowo não lhe respondeu e deu as costas. Saiu da praça; não queria ver o treinamento dos filhos.

– Você sabia que é horrível. Parece um albino. Você é defeituoso ou o quê? – disse Akirê com um sorriso irônico, mas ao mesmo tempo um tanto maldoso.

Korc não lhe respondeu.

– Acho que você é surdo também.

– Iremos primeiro aprender a lutar com a espada – disse Korc, fazendo de conta que não escutara os comentários de Akirê.

– Os primeiros movimentos são... – e Korc demonstrou a defesa frontal, a defesa lateral, o ataque frontal, o recuo, o avanço e, quando ia demonstrar mais um ataque, Akirê interrompeu-o.

– Isso parece uma dança de homem que gosta de homem. Você gosta de homem? Hein, *funfun* de merda?

– Já que você sabe tudo, pegue sua espada e venha duelar comigo – respondeu-lhe Korc, com extrema manseutude no olhar.

Era o que Akirê mais desejava. Como Adjalá proibira que os guerreiros usassem espada na aldeia, tiveram que lhe arrumar uma. Quando Korc viu o jeito como manejava a espada, tranquilizou-se; Akirê não tinha prática com a arma.

Como um rinoceronte que ataca um leão, Akirê lançou-se à frente. Korc aparou o golpe, rodou a espada de Akirê e arrancou-a de sua mão com tamanha facilidade que parecia um truque de mágica. Akirê não se deu por vencido. Assim que a arma voou de sua mão, lançou-se como um búfalo à carga, agarrando-se na cintura de Korc. O gaulês não se surpreendeu com tal fúria, mas deixou que fosse agarrado, deu um passo para trás, caindo e levando, no seu tombo calculado, o gigantesco egba, e, rodopiando no ar, deu-lhe um golpe de tal ordem que caiu por cima, com a espada encostada no pescoço do rapaz.

Fora um movimento tão rápido e preciso que os demais rapazes se surpreenderam. Só os mais velhos, que já conheciam Korc, já haviam visto tal golpe, mesmo assim acharam tudo aquilo de uma beleza plástica maravilhosa: que graça, que leveza e que solução bela para um ataque frontal.

Com a espada do boiano no pescoço, Akirê ficou imóvel. Korc levantou-se e deu-lhe a mão.

– Muito bom esse seu ataque, mas você deve ser mais comedido – e, ignorando-o completamente, virou-se para os demais irmãos de Akirê e prosseguiu. – Agora, vamos pegar as espadas e treinar a defesa frontal. Essa é a mais comum.

Sacudindo a poeira de seu corpo, Akirê foi à procura de sua espada e concluiu que aquele demônio branco era muito bom. Não, refletiu, não era somente bom; era excepcional. Esse homem tinha muitas coisas a lhe ensinar. Queria aprender a dar um golpe assim; tornar-se-ia invencível. Entrou na fila dos demais irmãos e aprendeu a aparar um golpe frontal.

Todos os dias, durante várias semanas, o treinamento foi executado com espadas de madeira. Korc chamou mais duzentos jovens que aprenderam os golpes. Até os mais velhos entraram no treinamento, já que Korc nunca os treinara antes. Aprenderam a manejar a espada de madeira, a arremessar a lança sem a ponta de ferro, a lutar com o cajado e o porrete, assim como as lutas corpo-a-corpo. Korc logo viu que tinha um grupo de excepcional qualidade; os egbas aprendiam rapidamente. Eram destros, rápidos e, nas lutas corpo-a-corpo, sua vitalidade sobrepujava uma eventual falta de técnica.

Os rapazes perguntaram quando receberiam espadas de ferro e lanças com pontas metálicas. Korc respondeu que isso só aconteceria quando se tornassem verdadeiramente guerreiros.

– Mas nós somos guerreiros. Estamos aprendendo a lutar – respondeu um deles.

– Lutar é fácil. Qualquer um pode fazê-lo. Difícil é ser um guerreiro. Isso requer disciplina, obediência, controle e, sobretudo, respeito aos demais.

E, aproximando-se de Umatalambo, segurou-o pelo ombro amigavelmente e falou alto para que todos escutassem.

– Vejam meu irmão Umatalambo. O melhor guerreiro de Okeorá. Jamais o viram brigando pelas ruas. Nunca o viram abusando de sua força ou ameaçando quem quer que seja. Esse sim é o exemplo a ser seguido. Um homem que podia ser *oba* de Okeorá, mas que obedece fielmente ao seu amigo e genro Adjalá, o mais puro dos homens do mundo. Vocês querem ser guerreiros? Então não briguem como bandidos. Não ameacem os mais fracos como se fossem seus escravos. Trate todos com respeito e serão considerados guerreiros.

Afastou-se de Umatalambo e aproximou-se de Airô, que gostava de observar o treinamento dos rapazes.

– Esse é outro grande guerreiro. Não que seja capaz de lutar com a espada. A natureza não lhe deu condições para tal. Mas não é à toa que é o *alaxé* de Okeorá. É o único entre todos os presentes que dominou seu íntimo, o mais perigoso de todos os inimigos do homem. Airô é o verdadeiro *ajé*, aquele que transforma a si próprio no mais puro ferro, inquebrável, inquebrantável e irretorquível – e, virando-se para Airô, tomou-lhe a mão e beijou-a. – Sua bênção, meu *merlin*.

Como era um homem de grande simplicidade, Airô não sabia como agir e ficou constrangido com tal demonstração de apreço. Korc dirigiu-se ao centro da praça e, subitamente, vociferou.

– Vocês pensam que são grande coisa. Não são nada. Um bando de garotos metidos a valente. Enquanto não souberem se conduzir com grande dignidade, não passarão de bandidos.

O Cajado do Camaleão
203

Um silêncio caíra sobre a praça central. Mowo o observava e se dizia que Adjalá era um sábio, pois lhes dera o melhor dos mestres; um louco destemido e, ao mesmo tempo, um homem de grande têmpera.

– Formarei quatro grupos e a cada um atribuirei uma missão. Não haverá vencedor, mas poderá haver derrotado.

Assim falando, Korc separou quatro grupos de jovens e os colocou sob o comando dos quatro filhos de Adjalá. A cada um deu uma missão. Explicou que, na realidade, eram quatro missões idênticas, mas que cada grupo começaria por uma delas, para que nem todos fizessem a mesma coisa ao mesmo tempo e, com isso, se embolassem. Quando os jovens escutaram o que tinham que fazer, riram. Muitos menearam a cabeça como se não quisessem fazer o que lhes fora designado.

– Quem não cumprir adequadamente as tarefas não poderá aprender a parte final do meu treinamento, que é o ataque com a espada de ferro, e será eliminado do grupo.

Depois de falar, deu as costas e foi embora.

Os rapazes ficaram conversando e todos concluíram que fariam o que lhes fora incumbido, por mais que fosse extremamente humilhante realizá-lo. Korc dera dezesseis dias para que cumprissem as quatro tarefas, e disse que instituiria vinte e seis olheiros para observar cada etapa de suas missões. Os olheiros podiam eliminar, de imediato, qualquer um que não fizesse a tarefa com dignidade e força de vontade. Podiam até não fazê-la corretamente, já que eram atividades das quais não tinham prática; deviam, no entanto, tentar realizá-la da melhor maneira possível.

Os dezesseis dias se passaram sob o olhar curioso de toda a aldeia. No início, alguns acharam engraçado, mas os olheiros deram ordens de que nenhum dos guerreiros em treinamento deveria ser perturbado e muitos menos ridicularizado.

O primeiro grupo foi obrigado a arar a terra, semeá-la e, em alguns lugares, fazer a colheita. Isso era trabalho de mulher; os homens jamais se dedicaram à agricultura; preferiam caçar. Devido a isso, a venda de produtos agrícolas era atividade estritamente feminina, já que eram elas que vendiam o excedente e o trocavam pelo que necessitavam em casa. O primeiro grupo não gostou deste fatigante trabalho, mas Nijitá, o filho mais velho de Adjalá, os guiou, admoestou os mais lerdos, incentivou-os a obterem o melhor resultado possível.

Enquanto o primeiro grupo tratava da agricultura, o segundo grupo passou a levar água para a casa das pessoas, lavar a roupa, estendê-la e recolhê-la quando estivesse seca e dobrá-la com cuidado, devolvendo cada peça aos seus legítimos donos. Outra atividade exclusivamente feminina. Elemoxó, o segundo filho de Adjalá, incumbiu-se de supervisionar a atividade, mas também colocou suas mãos no serviço junto com os demais de seu grupo.

O terceiro grupo, sob o comando de Akirê, ficou responsável por cuidar de todas as crianças com mais de um ano, desde que já andassem, até os oito anos. Tinham que levá-las até o riacho, banhá-las, secá-las, vesti-las, alimentá-las e brincar com elas. Outra atividade feminina. Akirê, o gigantesco terceiro filho de Adjalá, descobriu que as crianças bem pequenas simplesmente o adoravam e só queriam ir com ele. Com suas mãos gigantescas, ele as tratava com uma doçura que jamais se suspeitaria de um homenzarrão como ele.

O último grupo ficou com Oninrijá, o quarto e último filho de Adjalá. Teve a missão de descascar inhames, debulhar o arroz, acender o fogo e cozinhar, sob a supervisão das mulheres. Elas, no início, reclamaram, mas Mowo explicou o motivo e aceitaram; era uma atividade a menos a fazer.

Quando os primeiros quatro dias se passaram, houve um rodízio de atividades. O primeiro grupo foi fazer o que o segundo tinha feito nos quatro dias anteriores e assim por diante. De quatro em quatro dias, os grupos foram fazendo o que os outros haviam feito. No final de dezesseis dias — o mês egba — todos haviam feito todas as atividades.

Korc os reuniu no décimo-sétimo dia.

— Então, meus meninos, o que é mais fácil, ser um guerreiro ou ser uma mulher?

Todos gritaram uníssonos que era infinitamente mais fácil ser um guerreiro do que ser uma mulher.

— Vocês jamais serão valorosos guerreiros e chefes de guerreiros se não compreenderem as pessoas a quem devem proteger. Somente fazendo o que os demais fazem é que vocês lhes darão valor e não ficarão nem arrogantes nem despóticos com seu próprio trabalho. Ser guerreiro é a mais fácil das atividades. Infelizmente, matar é a parte mais fácil da vida. O verdadeiro valor do guerreiro está em ajudar os seus protegidos a viverem em paz. Lembrem-se sempre disso: em paz.

47

A caçula de Awolejê, Ijumu, sempre lhe fora muito apegada, e ele tinha grandes planos para sua filha. Desde cedo, observara como era bem dotada psiquicamente, com uma intuição aguda, uma facilidade para manipular ervas e comidas, e, principalmente, muita atenção para com os doentes que o procuravam. Queria torná-la uma *ajé*, alguém que pudesse assumir a parte feminina da tribo, pois partos, cuidar de recém--nascidos e de problemas relativos às mulheres, somente outra mulher podia fazê-lo com esmero.

Durante o seu treinamento, que começou ainda criança, observou que ela parecia conversar com alguém.

– Com quem você tanto conversa?

– Com *yami-ajé*.[47] Ela é que me orienta quando eu não sei fazer algo – respondeu Ijumu com um ar *blasé*.

– Sua *yami-ajé*? De quem você está falando? De sua mãe mesmo ou é de outra pessoa?

– Ora, papai, você sabe que mamãe não mexe com essas coisas. Por que ela iria me ensinar o que não sabe e o de que não gosta?

Uma ruga de preocupação vincou o rosto de Awolejê. Será que a menina estava falando com um espírito? Ou seria apenas uma brincadeira infantil? Seria uma ancestral que vinha orientá-la?

Alguns anos depois, quando Ijumu era adolescente, Awolejê recebeu uma mulher toda machucada. Seu corpo estava cheio de hematomas, um dos olhos completamente fechado de tão inchado e suas costas tinham sido vergastadas, com lanhos profundos na pele. Ao perguntar o que fora aquilo, a mulher respondeu laconicamente.

– Um tombo.

Olhou-a com desconfiança. Desde quando um tombo produzia aqueles tipos de hematomas?

– Está bem. Vou lhe passar umas ervas que irão ajudar a diminuir o inchaço.

– Não foi para isso que vim – e, vendo a expressão de incredulidade no rosto dele, ela concluiu: – Quero falar com Ijumu.

---

[47] *yami-ajé* – minha mãe-feiticeira.

206 A SAGA DOS CAPELINOS

Surpreso pela resposta da mulher, Awolejê engasgou e ficou sem fala. Estava sendo trocado por sua filha? Num misto de irritação e curiosidade, chamou Ijumu, e a adolescente de treze anos logo atendeu ao seu chamado. Disse-lhe que a mulher queria falar com ela. Ijumu sorriu-lhe, aguardando que falasse.

Vendo que Awolejê não ia sair do quarto, a mulher aproximou-se de Ijumu e começou a cochichar para que só a moça escutasse. Irritado com tal atitude, Awolejê saiu do cômodo e foi tomar ar no lado de fora da casa. Quando a mulher partiu, após uma meia hora interminável, ele voltou e perguntou à filha o que ela queria.

– Ora, pai, coisas de mulher...

E, assim falando, saiu rapidamente, numa demonstração clara de que não queria responder a mais perguntas que o pai pudesse lhe dirigir. Awolejê engoliu sua raiva e pragejou para si mesmo.

Três dias depois, o marido da mulher que alegara ter levado um tombo estava passando no meio da praça do mercado, quando, acidentalmente, esbarrou em ninguém menos do que Elemoxó. Em vez de pedir desculpas, ou de seguir seu caminho, o homem, que parecia estar possuído de todos os demônios da Terra, virou-se para o rapaz, já um homem forte de dezenove anos, e desferiu-lhe a única ofensa que Elemoxó não poderia tolerar jamais.

– Vê onde anda, *Giyan*.[48]

O sangue subiu à cabeça do jovem e Elemoxó, sem sequer discutir com o homem, avançou sobre ele e lhe aplicou uma vigorosa surra. Quando o homem estava caído, sangrando pelo nariz, boca e supercílio, vociferou:

– Na próxima vez que você me chamar disso, eu o mato.

Pela expressão furibunda, o homem notou que o rapaz não estava brincando.

Todo machucado, arrastou-se para a casa de Awolejê para ver se o *ajé* lhe dava um remédio, uma pasta de ervas ou algo semelhante que abrandasse as dores. Quem o atendeu foi Ijumu, que o fez entrar e cuidou com desvelo do homem. Nessa hora, chegou Awolejê e perguntou o que acontecera.

– Foi um tombo, meu velho – respondeu o homem, e, pela expressão envergonhada, Awolejê deduziu que fora surrado e não queria confessar.

---

[48] *Giyan* – comedor de inhame pilado.

O Cajado do Camaleão

207

– Foi sim, meu pai – interrompeu Ijumu. – Foi o mesmo tombo que a mulher dele teve. Lembra-se? – e, virando-se para o homem, perguntou-lhe, com um sorriso irônico: – Como é mesmo o nome do tombo?

– Giyan – respondeu o homem sussurrando, baixando a cabeça.

Num átimo, Awolejê ligou uma coisa à outra e sorriu. Ijumu, muito docemente, virou-se para o homem e lhe disse:

– Você tem que tomar cuidado para sua mulher não levar mais tombos, ou você também irá cair e se machucar.

O homem fitou-a incrédulo, mas entendeu a mensagem: se continuasse surrando a esposa, também seria punido, de uma forma ou de outra.

– Ijumu, conte-me essa história – perguntou Awolejê, assim que o homem saiu da sala.

– É simples, meu pai. Quando a mulher me falou que foi surrada pelo marido, numa noite em que chegou embriagado em casa, pedi a minha 'mãe-feiticeira' que a protegesse. Não sabia que ia aplicar uma surra idêntica nele.

– Então você manda nesse espírito?

– E alguém manda em espíritos, meu pai? Eles fazem o que querem. O máximo que podemos fazer é pedir e aguardar.

Naquela noite, relembrando o fato, Ijumu ficou se perguntando se a *yami-ajé* utilizara Elemoxó para aplicar um corretivo no homem. Se o havia usado, então Elemoxó era digno de ser um protegido das *yami-ajés*, de acordo com sua lógica.

Adormeceu e sonhou que a *yami-ajé* lhe dizia que colocaria um rei no seu caminho. Um homem que a amaria e cuidaria dela como uma rainha e que se tornaria a mais importante e a maior de todas as mães de água doce.

No outro dia, com uma vaga lembrança do sonho, passou a encarar o jovem Elemoxó com outros olhos. Se antes era apenas um dos filhos de Adjalá, agora era visto como um possível candidato a esposo. Em breve, teria que ser oferecida a alguém, mas já discutira o assunto com o pai, dizendo-lhe que escolheria seu marido e que não tentasse lhe impingir um candidato, com o risco de ele passar vergonha. Awolejê, conhecedor do espírito meigo, mas extremamente decidido, da filha, preferiu esperar que ela lhe dissesse com quem queria se casar a receber uma negativa.

Na primeira festa da aldeia, Ijumu enfeitou-se, colocou seus mais lindos colares de miçangas, seu vestido dourado, adornou o pescoço com joias que o pai lhe dera e foi para festa com uma ideia fixa: conquistar Elemoxó. O rapaz se encontrava com seus amigos e seu companheiro inseparável, Akirê. Quando as danças começaram, Ijumu começou os seus volteios ao som dos tambores *igbins*, que agora eram tocados com os ferros *irus*. Tinha certeza de que era bonita e sensual; de uma sensualidade que não agride, mas que conquista pela sua forma sub-reptícia de atuar no homem. Parecia que não tinha interesse em ninguém, mas sentia os olhos dos homens sobre ela. Dançou languidamente quase em frente de Elemoxó e, sem olhar uma vez sequer para ele, vibrava, repetindo seu nome num sussurro.

Quando a dança terminou, voltou ao seu lugar e estampou no rosto a expressão mais indiferente que uma mulher pode produzir. Logo, sentiu uma mão tocar no seu ombro e virou-se para ver quem a chamava. Foi sem nenhuma surpresa que viu Elemoxó lhe dando o mais encantador dos sorrisos. Sorriu timidamente de volta, baixando os olhos com recato, sentindo que havia fisgado o seu peixe.

Essa história do homem que fora surrado por Giyan correu a aldeia. Todas as mulheres começaram a procurar por Ijumu e, em pouco tempo, não se falava outra coisa. As mulheres acabaram por fazer um culto só delas, tendo Ijumu à frente, para as *yami-ajés* – as minhas mães-feiticeiras. Awolejê, que, no início, não viu isso com bons olhos, após certo tempo, entendeu que era preciso que as mulheres fossem protegidas contra os abusos dos homens. As *yami-ajés* iriam fazer um trabalho de controle sobre a inata brutalidade masculina. Os homens passaram a temê-las, chamando-as de demônios, quando, na realidade, eram apenas as defensoras das mulheres oprimidas pela rudeza masculina. No entanto, Awolejê notou que elas também ajudavam os homens quando essa ajuda se traduzia numa benesse para as suas protegidas.

Os homens, portanto, entenderam que sua brutalidade poderia passar despercebida da justiça dos homens, mas não o seria na desforra das *yami-ajés*. E ai deles; sua vingança era terrível.

48

Os filhos de Adjalá haviam crescido em força e inteligência. Eram quatro varões com diferença de idade de apenas um ano entre eles. Após

O Cajado do Camaleão

209

o quarto filho, Mowo não engravidou mais, mesmo que nada fizesse para se prevenir de novos rebentos, assim como Adjalá continuava a lhe frequentar o leito com constante regularidade, para gáudio dos dois.

Quando Nijitá, o primogênito de Adjalá, já devidamente casado, alcançou a idade de vinte e dois anos, Adjalá, um homem maduro de cinquenta e poucos anos, observou preocupado uma característica de seus filhos. Cada dia mais consternado com eles, ao se reunir com o seu conselho, Awolejê, agora um maduro homem de sessenta anos, notou-lhe o cenho franzido e lhe perguntou:

– Que fisionomia sombria é essa?

Em dúvida se relatava suas preocupações concernentes aos seus filhos, Adjalá ficou inicialmente mudo. Todavia, vendo a expressão bondosa do amigo, abriu seu coração.

– São meus filhos. Acho que gerei quatro reis.

– São mesmos. *Adjagunã*s –[49] atalhou Korc, sempre alegre. – Eu os treinei na arte da guerra e todos são formidáveis. Cada um é melhor do que o outro – e, virando-se para Nijitá, o único dos filhos de Adjalá presente, sorriu. – Seu mais velho é menos impulsivo, sabendo dosar sua energia e é bom ouvinte. Elemoxó é tão impetuoso que se tornará um grande rei, disso não tenho dúvida, mas, se me permite um comentário, tem dois defeitos: é teimoso como o pai – falou sorrindo E, depois, mais sério, complementou: – e também um pouco destemperado. Não sabe aquilatar quando deve recuar ou quando deve atacar. É capaz de enfrentar seis homens de grande envergadura, achando que irá derrotá-los.

– E os outros? – questionou-o Adjalá.

– Akirê é uma versão mais jovem e negra do meu irmão Cathbad – que os *deiwos* o tenham em bom lugar. Trata-se de um homem gigantesco, com força descomunal, rápido e ágil, que manuseia a espada com rara maestria. Tem os mesmos defeitos do meu falecido irmão: é violento e extremamente cruel quando está irritado.

– E o meu caçula, Oninrijá? O que acha dele?

– Um doce de criatura, mas imprevisível. Num dia, pode levar uma ofensa pelo rosto e achar engraçado, e, no outro dia, a mesma ofensa ser motivo de um ataque de fúria. Poderá ser um grande rei quando dominar sua imprevisível irascibilidade.

---

[49] *Adjagunã*s – terríveis guerreiros, literalmente 'cães de guerra terríveis'.

– Este é o meu problema. Tenho quatro reis e só um reinado para legar a eles.

Mesmo sorrindo, Adjalá fizera o comentário expressando uma preocupação profunda: o perigo da luta pelo poder entre irmãos.

– Mas eles se dão bem – respondeu Awolejê. – Pessoalmente tenho um carinho todo especial por Elemoxó.

– Ainda bem, já que ele é seu genro – respondeu brincando Adjalá.

– Até aí tudo bem, mas eu gosto dele, mesmo que não tivesse se casado com Ijumu.

– Temos, além da situação aflitiva dos filhos de Adjalá, um outro problema: o número elevado de pessoas que temos em nossa região – interrompeu Sileno. – Hoje acho que somos mais de cinco mil pessoas. A terra em volta de nossa aldeia não comporta tanta gente e os agricultores são obrigados a andar muito para encontrarem terra arável, o que torna o trabalho deles cansativo e perigoso.

– De fato, Sileno tem razão – conrodou Adjalá. – Nós somos demais. Temos que estimular a partida deles, assim como fizemos com os que quiseram partir com Nzaeanzo.

– A ideia é ótima, mas para onde eles irão? – perguntou Awolejê.

– A terra onde estão os kwalis de Oniki, filho de Cathbad, permite um grande número de gente – comentou Korc. – A terra é dadivosa. Há rios em abundância. O clima é doce e o gado cresce e engorda com facilidade. Há muitas florestas, mas também, descampados. Os animais selvagens não são em número excessivo, portanto, é possível caçá-los ou enxotá-los e não serão um perigo para os habitantes da região.

– E os kwalis de Cathbad? – perguntou Adjalá.

– Há muito que se tornaram amigáveis. Não há mais rancor entre eles e os egbas. Saiba que poderão até nós ajudar, pois conhecem a região como ninguém.

Já decidido a programar um plano de migração, Adjalá ia encerrar a discussão, quando Nijitá, seu filho mais velho, interrompeu-o.

– Assim como temos muita gente em Okeorá, saibam que há muitos jovens nas demais aldeias que estariam dispostos a partir. Elemoxó e Akirê poderiam visitá-los e convidá-los.

– Cuidado! – alertou Adjalá. – Não podemos nos meter no governo dos demais *obas* da região. Não devemos nos intrometer. Seria motivo até mesmo de uma guerra.

O Cajado do Camaleão

211

– Há uma forma de fazê-lo sem entrar em conflito com os *obas* das aldeias – comentou Awolejê. – Está na hora de fazermos mais um festival de guerreiros. Faz quanto tempo que não fazemos um? Três ou quatro anos, não é? Vamos organizar um festival bem bonito e convidar todos eles. Eles adoram essa festa e poderemos falar com os *obas* e convencê-los a liberar seus moços.

– Por que estamos falando disso? – perguntou Umatalambo. – A ideia é apenas levar os guerreiros de Okeorá que estão sobrando. Uns quinhentos, no máximo. Os outros das outras tribos não são nosso problema. É melhor deixá-los quietos.

– Meu avô que me perdoe, mas o problema é mais grave do que vocês estão imaginando – atalhou Nijitá. – Digamos que meu pai me dê o comando da aldeia quando morrer – que Olorun lhe dê longa vida –, mas tenho três irmãos que reconheço que são tão reis como posso vir a ser. Precisamos fornecer um contingente de pessoas aptas para três reis e não apenas um pequeno grupo de cem a cento e cinquenta guerreiros para cada um deles. E se eles tivessem que enfrentar tribos hostis, que, se não existem hoje na terra dos igbôs, podem vir a existir amanhã? Como se saíriam com um grupo reduzido de homens? Quem conhece o futuro?

Vendo que seu raciocínio era complexo e necessitava de mais substância, complementou:

– Assim, eles precisam formar aldeias grandes e fortalecidas como meu tio Korc nos falou que seu povo constrói, com paliçadas de madeira para proteger de ataques de homens e animais. No mínimo, cada aldeia tem que ter dois mil homens, afora as mulheres, crianças e velhos. Desta forma, digo que os demais jovens da região são importantes a fim de que seja formado um contingente grande e poderoso para povoar e manter a terra dos igbôs.

Um silêncio caiu sobre os homens. Eles olharam para Nijitá com admiração. Não é que o moço tinha razão? Que satisfação e honra ter um filho assim, admirou-se Adjalá.

– Nijitá tem razão – afirmou Airô, o *alaxé* da aldeia, com sua língua presa. – É importante aliviar a pressão das demais aldeias. Eu sei que eles têm o mesmo problema que temos aqui. A terra deles também é seca e o tempo tem sido inclemente. Não dá para sustentar tanta gente assim. Já a terra dos igbôs é ideal – e, com uma voz decidida, Airô afirmou: – Façamos um festival.

– Se assim falou o *alaxé* de minha tribo, nada mais tenho a dizer – disse Adjalá, sorrindo. – Façamos um grande festival.

49

Era o terceiro festival que Adjalá patrocinava. As aldeias foram avisadas e, três meses depois, compareceram em peso. Ninguém queria perder a comilança, as bebidas, os jogos, as prendas e as danças que Okeorá oferecia. Mas também os jovens não queriam perder a grande chance de conhecerem outros da mesma idade. Muitos casamentos saíam desses encontros e Akirê e Nijitá não eram casados e ansiavam por encontrar raras belezas que poderiam se tornar esposas, concubinas ou simplesmente amantes para uma noite de prazer. Já os dois filhos casados de Adjalá podiam somar novas esposas, porque a poligamia era regra geral.

Os *obas* também vieram; a fama de festeiro de Adjalá correra a região. Quem é que proporcionava festas tão cheias de comida e bebida como as que ele fazia? E quem não queria quebrar a rotina com uma festa regada a vinho de palma e carne de gado, ainda uma raridade na região? E as prendas? Ah, as prendas que Adjalá ofertava! Iniguáláveis! Joias de ouro para as mais belas e para as esposas dos *obas*, além de braceletes de ferro para os guerreiros. Mas para eles o prêmio máximo era o machado duplo, o *oxé*. Que honra ostentar o *oxé*!

O tempo ajudara, mas, no dia da reunião dos *obas* – mais de quarenta – e seus segundo-em-comando e herdeiros – mais de duzentos –, o tempo resolveu pregar sua costumeira peça. As nuvens se condensaram rapidamente e a chuva parecia que seria torrencial. Se isso acontecesse, o banquete que Adjalá ia oferecer aos convivas ao ar livre ficaria comprometido. Como beber e comer com a chuva a cair inclemente? Adjalá, preocupado, dirigiu um apelo alto, na frente de todos, quando já estavam sentados à mesa.

– Elessin-Orun, meu amigo e meu guia, *imolé* que me conduz, impeça esta chuva que vem em tão má hora. Peça aos *eborás* dos ventos que levem esta borrasca para longe.

Os presentes ouviram os rogos de Adjalá e, subitamente, sentiram uma estranha lufada de vento contrário. Um vento forte começou a empurrar as nuvens para longe. Das grandes nuvens, saíram coriscos que

O Cajado do Camaleão

213

riscaram o céu de um lado a outro e, em menos de cinco minutos, o céu estava limpo e claro. O sol brilhou, clareando o dia. Os homens se entreolharam e comentaram:

– Este homem não é um *oba* qualquer. Os *eborás* atendem aos seus pedidos. Grande é o seu poder!

Quando todos já estavam alegres, sob o efeito do vinho de palma, Adjalá dirigiu-se aos seus pares, os reis da várias aldeias da região.

– Quero apresentar meus filhos Elemoxó e Akirê. Eles estão organizando uma grande expedição na terra além do Odo Oyá. Eles vão construir aldeias naquelas terras e levarão guerreiros, mulheres e filhos.

Os dois gigantescos homens apresentaram-se aos *obas*. Eram soberbos, observava Adjalá. Altos, fortes, com a musculatura estriada, rosto quadrado, másculo, olhos grandes e negros que transpareciam força e determinação; os dois homens de quase dois metros foram imediatamente apreciados pelos *obas* como possíveis genros.

– Meu nome é Elemoxó. Sou o segundo filho de Adjalá e pretendo levar todos os guerreiros que desejarem ir comigo.

Com um sorriso exuberante, Elemoxó falara com franqueza. Adjalá não pôde deixar de admirar que, quando seu filho abria aquele sorriso levemente irônico, ficava com uma expressão de safardana que as mulheres simplesmente adoravam. Os *obas* não perderam este detalhe e gostaram dele; quem não gosta de uma pessoa sorridente que fala com simpatia?

– Eu sou Akirê, terceiro filho de Adjalá. Irei com meu irmão e pretendo fundar uma aldeia perto da dele para mutuamente nos proteger.

Era notável o impacto diferente de Akirê sobre a assistência. Era um pouco mais alto do que Elemoxó, levemente mais robusto, mas sua expressão era severa. Não havia um sorriso a suavizar sua beleza máscula, sua imponência, e transmitia aos homens um respeito temeroso; não seria nada bom tê-lo como inimigo. No entanto, sua fisionomia séria também transmitia segurança; em hipótese alguma podia se supor que fosse capaz de uma traição. Esse era um homem para ser um aliado e, consequentemente, um genro.

Aproveitando o impacto dos seus dois filhos sobre os *obas* reunidos, Adjalá estendeu o convite.

– Gostaria de estender este convite aos seus guerreiros que eventualmente não tem terras suficientes para sustentar a família ou que desejam partir para uma aventura que, tenho certeza, será memorável.

Os *obas* presentes raciocinaram rápido. Como todos tinham muitas mulheres, também tinham muitos filhos homens na idade adulta, e não existia espaço para todos. Nem tanto espaço físico; o planalto era bastante desabitado. O que os preocupava era o espaço político; muitos dos filhos menos importantes na escala social eram ambiciosos e queriam algo mais do que uma choça, uma mulher e um posto subalterno na hierarquia social de sua tribo. Era, portanto, uma magnífica oportunidade de se juntar com o grupo de guerreiros de Elemoxó e Akirê e partirem. Mesmo não se tornando reis, seriam figuras proeminentes na nova sociedade. Tornar-se-iam chefes de primeira linha, enquanto que em suas aldeias de origem seriam, no máximo, subchefes guerreiros.

Por outro lado, todos sabiam que, nesses casos, Okeorá era generosa e oferecia armas, carroças, gado variado e proteção durante os primeiros meses, especialmente por meio dos guerreiros daquele *funfun* chamado Korc.

Os *obas* começaram a discutir o assunto e, durante mais de três horas, trocaram ideias e comprometeram-se a mandar seus filhos e os amigos de seus filhos para acompanharem Elemoxó e Akirê. Por seu lado, os dois irmãos ficaram de visitar as aldeias para conhecer quais os interessados que queriam partir com eles.

No final da longa e animada reunião, quando tudo fora decidido, o céu voltou a se fechar e Adjalá encerrou a rodada de conversações, dizendo:

– Deixemos a água santa que desce do céu cair. Os campos, os nossos amigos animais e as crianças precisam dessa água bendita. Caia água, pois nós os *obas* já falamos tudo o que era preciso dizer.

Os homens mal tiveram tempo de alcançar as choupanas quando a chuva caiu mansamente dos céus. Todos comentavam que Adjalá era um homem de grande poder. Mandou a chuva parar e ela não veio e, quando quis fazê-lo, libertou-a e ela caiu mansamente, sem enxurradas que destruíam aldeias, carregavam o gado e as crianças.

Naquela noite, após a chuva amainar, estava prevista uma festa para comemorar os diversos acordos firmados entre os *obas* da região. Muitas personalidades e chefes de guerreiros foram chamados e os tambores marcaram o contagiante ritmo das danças, enquanto as moças dançavam e os homens batiam palmas, marcando o ritmo.

Para coroar a noite, um dos presentes começou a gritar palavras de elogio a Adjalá, dizendo que Olodumare sempre abençoasse Adjalá. Começara a ser reconhecido como o dono das águas, o dono do *axé* branco.

50

Uma semana depois do festival, chegou a caravana de Ahmed, que vinha duas vezes por ano, para levar as armas e os utensílios de ferro. Adjalá estranhou que Ahmed não viera. Avisaram-no de que o seu segundo-em-comando, um tal de Yasser, desejava falar-lhe.

– Onde está Ahmed? – perguntou Adjalá, após cumprimentar Yasser.

– Os deuses o levaram.

A resposta seca de Yasser desagradou Adjalá. Já o conhecia, mas nunca gostara muito dele. Raramente tirava o véu que lhe cobria o rosto. A única coisa que se podia notar era um par de olhos que Adjalá sempre achara malignos.

– Como Ahmed morreu? – perguntou Korc.

– Não importa. O que quero é pegar as armas e todo o ferro que puder trocar. Quero partir amanhã mesmo.

O homem respondera de forma tão brusca que Korc se irritou.

– Adjalá, há uma coisa que nós não prevemos – disse Korc, lembrando-se de algo importante. Pegou no braço de Adjalá e suavemente o levou um pouco mais distante do tuaregue, para que não escutasse. – Dentro de três meses está previsto que um grande grupo de egbas e os demais rapazes das tribos vizinhas vão partir. Eles irão precisar de muitos utensílios de ferro. Não podemos vender todo o ferro para este tal de Yasser. Iremos sentir falta dele.

– Mas em três meses não dá para fazer bastante coisa?

– Dá. Mas provavelmente não será possível fazer tudo.

– É que não desejo que a caravana volte de mãos vazias. Seria uma temeridade. Não sei como os nossos clientes de Cartago poderão reagir.

– E o que podem fazer? Você acha que vão atravessar o deserto e virem nos incomodar aqui?

– Os cartagineses são pessoas ferozes.

– Então, só para lhe agradar, vamos negociar uma parte do nosso lote e manteremos as espadas, os machados, as facas e outros utensílios para nossos jovens guerreiros.

– Sinto-me melhor assim.

– Deixe que eu trato com esse borra-botas. Adjalá novamente concordou.

216 A Saga dos Capelinos

Não fora para isso que matara Ahmed à traição, Yasser pensou, furioso. Trouxera muitas bugigangas para trocar por ferro, mas a maioria foi recusada pelo boiano. Acabou levando de volta mais da metade dos produtos que trouxera para efetuar as trocas e menos de um terço do que imaginava negociar em armas e utensílios de ferro. Fora um prejuízo considerável e, em sua mente, queria ir à desforra contra aquele louro gigantesco que o empurrara no calor da discussão.

No retorno, passou primeiro em Leptis e vendeu ao novo sufete da cidade tudo o que trouxera; pagava melhor do que os cartagineses. Quando chegou em Cartago, mentiu, dizendo que o rei egba se recusara a lhe vender qualquer coisa, dando alguma desculpa obscura.

Quando Yasser informou que não trouxera ferro de Okeorá e que, se continuasse assim, não faria novas viagens para buscar algo inexistente ou indisponível, todos se assustaram com a falta que tal mercadoria iria fazer. Era preciso suprir a necessidade de ferro, especialmente de armas, já que Cartago estava novamente em guerra contra os gregos.

51

Elemoxó e Akirê visitaram quase todas as aldeias da região e foram bem recebidos pelos *obas,* que já os conheciam. Com seu jeito brejeiro, Elemoxó cativava a todos e, mesmo quando os guerreiros olhavam para o taciturno e taurino Akirê com certo temor e desconfiança, ainda assim sentiam confiança nos dois irmãos. Afinal, eles pensavam, com tal dupla no comando, o que teriam a temer?

Oninrijá, o mais novo dos filhos de Adjalá, com seus dezoito anos ainda incompletos, também quis partir, levando consigo alguns guerreiros. Adjalá lhe disse que ainda era muito jovem e que poderia partir dentro de cinco anos, mas o jovem insistiu tanto que o pai acabou por organizar uma pequena comitiva para visitar as aldeias mais distantes, cuja maioria dos *obas* não vinham até Okeorá por ser muito longe.

Já que andar lhe era penoso, devido ao ferimento da perna, Adjalá partiu aboletado em sua carroça, junto com trinta bons guerreiros que o acompanhavam. Visitaram várias vilas e nesses locais teve boa receptividade, mas os *onis* lhe disseram que havia falta de gente e que ninguém

O Cajado do Camaleão   217

poderia partir. Adjalá lhes deu razão e comprometeu-se em lhes mandar artefatos de ferro. Algumas dessas localidades sequer conheciam o metal.

Já bastante afastado da região, praticamente no nordeste do planalto do Bauchi, às margens do rio Benue, a comitiva de Adjalá chegou à desconhecida aldeia de Yola. Alcançaram-na quase no final da tarde, cansados e ansiosos por comida e descanso. Oninrijá vinha irritado; não conseguira arregimentar uma tropa para partir para a terra dos igbôs junto com os irmãos Elemoxó e Akirê.

Com dificuldade, Adjalá desceu da carroça e foi coxeando até onde o rei local acabara de se sentar num pedaço de tronco que fazia às vezes de cadeira. Oninrijá notou que foram se aglomerando em torno do rei uns cinquenta a sessenta guerreiros. Mas, ao seu lado, estavam quatro homens que deviam ser seus filhos, pois se assemelhavam muito com ele. Não tinham armas de ferro e só portavam cacetes. Não eram nem muito altos e fortes, parecendo desnutridos.

– Salve *oba* de Yola. Sou Adjalá de Okeorá. Venho em paz e peço pernoite em sua aldeia.

– Não tenho lugar para acomodar vocês e nem comida para lhes oferecer. Vão embora e acampem longe de Yola.

– Ora, é costume se dar guarida aos viajantes – afirmou Oninrijá, intervindo de forma rude.

– Pode ser que este seja o costume da sua terra, mas aqui, em Yola, mando eu e lhes digo que não ficarão aqui. Saiam logo e evitem problemas. Para mim, vocês não passam de um bando de vagabundos, acompanhando um velho coxo.

O sangue lhe subiu à cabeça – como ousava chamar seu adorado pai de coxo? – e Oninrijá, num gesto rápido, sacou da espada, deu dois passos em direção ao rei, levantou e desceu a arma com extrema violência. A espada fendeu a cabeça do rei e ele caiu do tronco que estava sentado. Um dos filhos tentou reagir e levantar o cacete que estava em sua mão, mas a espada de Oninrijá o perfurou na barriga. O jovem guerreiro ainda escutou a voz de seu pai para que parasse, mas ele era como um touro em plena carga; nada mais podia detê-lo. Virou-se para o segundo filho e, antes que pudesse matá-lo, cinco dos seus amigos guerreiros caíram sobre os três filhos do *oba* e rapidamente os trucidaram.

Os demais guerreiros de Yola ficaram absolutamente parados. Não fizeram a menor menção de atacar Oninrijá, que, coberto com o sangue respingado do rei e de um dos seus filhos, os olhava com fúria. Subitamente, um dos homens gritou:

– Viva o nosso salvador!

Os gritos de ovação encheram a tarde. Um velho saiu do meio dos guerreiros de Yola e falou com a voz embargada de emoção.

– Louvado seja Olorun que ouviu nossas preces. Mandaram nosso libertador.

Os guerreiros foram se aproximando, sorrindo e logo cercaram Oninrijá, e muitos lhe beijaram a mão e se apresentavam. Em pouco tempo, providenciaram comida, bebida e descobriram que o velho que os saudara era o *ajé* da aldeia. De noite, comendo e bebendo, ele contou que o rei morto era um tirano que os espoliava e seus filhos eram extremamente violentos e maltratava a todos.

– Por que não se revoltaram antes, já que vocês eram maioria? – perguntou Oninrijá.

– Os que tentaram foram mortos – sussurrou o velho no ouvido de Oninrijá. – Temos alguns delatores entre nós que contavam tudo ao rei.

– Você sabe quem são? – perguntou Oninrijá.

– O pior é que todos sabem. São três homens que sempre se venderam a este tirano salafrário. Que Olorun o maldiga para sempre.

Com um gesto autoritário, Oninrijá chamou oito de seus melhores guerreiros e deu-lhes a ordem de prender os três espiões do rei. O velho e mais dois guerreiros de Yola iriam com eles para apontá-los.

Meia hora depois, sob intenso alarido, os três homens vieram arrastados, com uma multidão atrás deles querendo linchá-los. Foram jogados aos pés de Oninrijá.

– São estes homens que se vendiam ao rei?

A população gritou que sim e uns ameaçavam jogar-lhes pedra.

– Basta! – gritou Oninrijá. O silêncio caiu sobre a multidão. – O que querem que se faça com eles?

Novamente os gritos de morte e outras propostas ainda mais tenebrosas de sevícias e torturas foram sugeridas, enquanto os três homens choravam, pedindo clemência.

– Ouçam o que hei de lhes dizer.

Com uma elegância toda própria, Oninrijá levantou-se e, com uma voz forte, falou para todos escutarem.

O Cajado do Camaleão

219

– Se eu matar esses homens, terei que matar suas mulheres e filhos. Matarei também seus cunhados, as mulheres de seus cunhados, os filhos de seus cunhados, seus primos, as mulheres de seus primos e os filhos de seus primos. Não se deixa vivo um inimigo, nem a sua família. É isto que vocês querem? Querem que seus *eguns* fiquem rondando Yola para sempre? Respondam-me agora!

A turba ansiosa por vingança contra os três homens ficou subitamente calada. Este jovem estava certo; não se deixam vivos os parentes de seu inimigo, pois buscarão vingança. Mas ninguém queria que tal morticínio caísse sobre eles.

– Pois lhes digo que esses três homens são fracos e pusilânimes. Aproveitaram-se de uma oportunidade para enriquecer. Que vivam com sua indignidade. Que todos os dias do resto de suas vidas sejam dedicados ao escárnio de seu povo, que sejam vistos como miseráveis e sem serventia. Deixem-nos viver em desonra e degradação ou, então, mande-os embora!

Pela a expressão dos mais velhos e dos chefes dos guerreiros, ele viu que concordavam com seu raciocínio. Pelo menear de cabeças, teve certeza de que tiveram uma boa impressão dele. Os homens foram libertados e saíram do lugar sob apupos.

Com o coração mais tranquilo, Adjalá agradeceu a Olorun, que lhe havia mandado um filho valente, mas que não era um sanguinário sem coração. Um sábio que daria um bom rei, desde que não lhe pisassem nos calos.

No outro dia, pela manhã, o velho *ajé* veio conversar com Oninrijá e Adjalá, acompanhado de seis chefes guerreiros.

– Oninrijá, fizemos uma reunião ontem à noite e queremos que você aceite ser nosso rei.

– Oninrijá terá o maior prazer de aceitar essa grande honra – respondeu Adjalá, antes que Oninrijá pudesse recusá-la. – Por nosso lado, daremos grande apoio a Yola. Mandaremos armas de ferro e vários utensílios que em muito hão de melhorar suas existências. Mandaremos também um grande animal, domesticado, que chamamos de boi, que nós dá leite, manteiga, queijos, além de sua carne. Sua pele bem trabalhada dá um couro excelente com várias utilidades e até seus ossos são úteis.

Os homens, que não conheciam nem o ferro nem o gado, acharam a ideia muito boa e Adjalá mostrou as espadas, as facas, algumas panelas, uma fivela de couro, um saco de couro e eles acharam aquelas novidades maravilhosas. Após discutirem alguns aspectos práticos, ficou estabelecido que Oninrijá voltaria em breve trazendo seus trinta guerreiros, esposas e todos os presentes que Adjalá prometera. Enquanto isso se efetivasse, o *ajé* ficaria incumbido do dia-a-dia da aldeia.

De fato, um mês depois, Oninrijá voltaria e traria mais do que Adjalá prometera: vinha carregado de lindos tecidos que foram presenteados às mulheres, conquistando-as definitivamente. Como sempre dissera Adjalá: quer governar tranquilo, então traga primeiro as mulheres para o seu lado.

52

As andanças de Elemoxó e especialmente de Akirê, que visitara mais aldeias do que seu irmão, trouxeram os frutos desejados. Aliás, tinham imaginado conseguir de dois a três mil guerreiros, e haviam conseguido trazer mais do dobro. Eram sete mil guerreiros com quase dez mil pessoas adicionais que os acompanhavam. Vinham de sessenta e poucas aldeias da região e, por sorte, Korc fora previdente e havia armas, ferramentas, arados, carroças em número suficiente, além de alimentos para todos.

O velho e alquebrado Sileno ainda teve bastante força para juntar seus carpinteiros e fazer mais duas grandes balsas para ajudar a travessia do Odo Oyá. Preparou também botes menores que seriam levados nas carroças para facilitar a travessia de rios menores da região.

Na lua cheia, homens, mulheres, crianças e velhos reuniram-se em Okeorá para partirem para o outro lado do rio. Os kwalis do filho de Cathbad os esperariam do outro lado para ajudá-los na travessia. Elemoxó, que conhecia e se dava bem com o filho de Cathbad, esperava que ele pudesse indicar bons lugares para fundarem suas aldeias. Eram pouco mais de quinze mil pessoas e a ideia era construir pelo menos três aldeias bastante grandes, relativamente perto dos kwalis, para que, no caso de um ataque externo, pudessem se unir contra o inimigo comum.

– Meu pai, estamos de partida.

Os dois homenzarrões, chorando, abraçaram o pai. Mowo era a mais emocionada e preferira não vê-los partir, mesmo que Adjalá tivesse prometido que a levaria para visitar a aldeia de seus meninos, como chamava aqueles enormes negros.

No outro dia, o grande grupo movimentou-se lentamente em direção ao Odo Oyá, levando também quase cinco mil cabeças de gado. Okeorá ficara quase vazia de gado, mas todos estavam felizes que seus filhos pudessem ter um bom começo em terra estranha.

Andaram um dia inteiro e, depois, no outro dia, prosseguiram lentamente, tangendo o gado, enquanto os caçadores partiam para a caça para não só providenciar carne fresca, como também afastar animais perigosos. No final do segundo dia, avistaram o Odo Oyá, que, majestoso, deslizava suavemente em direção ao mar. Os kwalis de Oniki já os esperavam e, por meio de acenos e gestos, os dois grupos se comunicaram. Tudo estava pronto para no outro dia começaram a travessia e uma nova etapa na vida de milhares de pessoas.

53

Por volta do meio-dia do dia seguinte à saída de Elemoxó, Akirê e seu largo contingente de imigrantes, o outro filho de Adjalá, Nijitá, veio correndo e adentrou a casa do pai como um furacão. Sem fôlego, foi logo falando, assim que avistou o pai sentado na sua sala íntima.

– Uns homens brancos estão invadindo Okeorá. Vieram com alguns tuaregues e estão entrando na parte da aldeia dos brancos, revirando tudo e prendendo todos os forjadores.

– Yasser! – exclamou enigmaticamente Adjalá, percebendo que o tuaregue havia envenenado os cartagineses contra Okeorá.

– Quantos guerreiros estão aqui? – perguntou Adjalá levantando-se rapidamente.

– Trezentos, se muito; maioria acompanhou o grupo de Elemoxó e Akirê.

– Leve todos os egbas para o bosquete sagrado. Esconda-os bem. Mande Oxotogi chamar seus irmãos e os guerreiros. Mas não invadam a aldeia. Cerquem-na e vamos ver o que esses cartagineses querem de nós – ordenou Adjalá, enquanto, apressado, saía de sua casa. Encontrou com Mowo entrando em casa e deu-lhe ordem para seguir o filho.

– E você? – perguntou Mowo, apreensiva.

– Eu vou ver o que esses homens querem.

– Mas, pai, isso é uma temeridade. Venha conosco – disse Nijitá.

– Em hipótese alguma! Enquanto eu conversar com eles, vocês terão tempo para fugir e se reagrupar. Não é hora de discutir. Faça o que estou mandando, agora. Leve sua mãe e os demais. Já!

Sob o comando firme do pai, Nijitá arrastou Mowo, que ainda queria tergiversar com o marido, e deu ordens para a imediata evacuação da aldeia.

Manquitolando, Adjalá atravessou a distância que o separava de Taruga, a parte branca de Okeorá, e, à medida que se aproximava, podia ver os soldados cartagineses entrando de casa em casa. Assim que se aproximou, três soldados o cercaram e o ameaçaram com lanças.

– Leve-me ao seu comandante – ordenou Adjalá no melhor fenício que podia falar. Os soldados se espantaram que um negro soubesse sua língua e o escoltaram até o chefe.

Sob a ameaça de lanças, Adjalá foi levado até o comandante e, para sua surpresa, viu ao lado dele ninguém menos do que seu pior inimigo: Asdrubaal. O sacerdote estava envelhecido, mas ainda era possível distingui-lo pelos seus olhos pequenos.

O comandante, de forma grosseira, disse a Adjalá que ele estava destituído de seu cargo, preso e à disposição das novas autoridades de Okeorá. Apresentou-lhe, de forma extremamente displicente, um homem de meia-idade, levemente obeso, que parecia atemorizado com a situação e podia-se notar que viera obrigado: não parecia nada feliz com a situação. Já Asdrubaal, o sacerdote, estava radiante; demonstrava uma alegria malsã, como se houvesse planejado este golpe por longos anos e agora tivesse conseguido seu intento.

– Então, Adjalá, parece que temos assuntos pendentes, não é? – e, virando-se para dois soldados, ordenou, apontando para o que fora há muito tempo o seu templo: – Levem-no para aquela casa.

Arrastaram-no para o interior, expulsaram uma família cartaginesa que se apossara da casa com a ausência de Asdrubaal, e o amarraram numa cadeira. Asdrubaal pediu que acendessem o fogo do lado de fora da casa e procurou por um objeto de metal. Encontrou uma faca e, assim que a fogueira ficou acesa, colocou-a no fogo, aguardando que ficasse bem quente e rubra. Os dois soldados ficaram no interior da casa, tomando conta de Adjalá, que continuava amarrado à cadeira.

O Cajado do Camaleão

Com cuidado, Asdrubaal pegou um pano, enrolou-o no cabo da faca para não se queimar, segurou o ferro em brasa e entrou na casa.

– Quando fui interrompido, eu ia assar um negro. Acho que é deste ponto que devemos continuar.

Mudo de espanto e pavor, Adjalá nada respondeu, mas Asdrubaal notou pela sua expressão que estava com muito medo, o que o encheu de satisfação. O sacerdote aproximou a faca em brasa e encostou-a no braço esquerdo de Adjalá. Ele deu um urro de dor. Asdrubaal chegou a se assustar com o grito e parou por alguns segundos, mas logo se recuperou com vigor redobrado. Aproximou a faca novamente de Adjalá, que se encolheu, esperando novamente a dor lancinante que o ferro em brasa produzia.

– Mas o que está acontecendo aqui?

A voz grave do comandante interrompeu a nova queimadura que Asdrubaal ia produzir em Adjalá. Asdrubaal virou-se e viu Schipibaal, seu obeso irmão a olhá-lo com raiva.

– Você é louco, Asdrubaal? O que é que você quer com este negro?

– Ele me deve muito desde a última vez em que estive aqui.

Com visível desgosto pelo que o irmão estava querendo fazer, Schipibaal ordenou os dois soldados para que soltassem Adjalá.

– Sempre achei você um ser desprezível. Você me dá ânsia de vômito. Aproveitando-se de um pobre coitado, indefeso, para fazer suas ignomínias.

A expressão de raiva e desprezo de Schipibaal não melindrou Asdrubaal.

– Você não pode soltá-lo. Ele é o rei. Mantenha-o preso que o povo o obedecerá. Se ficar solto, poderá fugir e trazer guerreiros de outras tribos.

A pústula não deixava de ter razão, pensou Schipibaal, meneando a cabeça. Virou-se para os dois guardas e ordenou-lhes:

– Mantenham-no preso, mas não deixem ninguém fazer nada contra ele – apontando com a cabeça para o sacerdote.

– Saia, seu canalha. Bem que nossa mãe sempre disse que você era um demônio disfarçado em homem santo.

Com dois safanões, empurrou Asdrubaal para fora e saiu junto com ele.

O sacerdote remoeu um ódio enorme. Cada vez que estava para se vingar de Adjalá aparecia alguém para impedi-lo. "Mas, que ódio", vociferou baixinho, logo agora que ia lhe contar que quase fora morto por uns negros e que isso só não aconteceu porque os *baals* não permitiram; aconteceu tanta desgraça num único dia que o maldito ajé que ia sacrificá-lo mandou libertá-lo com medo de que sua aldeia fosse devastada pelos demônios, como ele classificara os deuses cartagineses que vieram acudi-lo.

Ia lhe relatar como chegara quase morto em Cartago depois de atravessar a pé o deserto numa caravana na qual, por pouco, os tuaregues não o sodomizaram. Ia lhe contar como, de simples intendente da cozinha, transformou-se no tesoureiro do templo de Baal Hamon e como, por meio de perfídias, traições, assassinatos e extorsões, tornara-se o segundo homem mais importante na administração do sufete de Cartago.

Possuído de um ódio incontrolável, Asdrubaal entrou na casa de Adjalá à procura de sua família, mas não havia ninguém. Ficou meditando. Não tinha vindo de tão longe apenas para ser impedido pelo seu próprio irmão, aquele porco gordo, um homem que gostava de se embriagar e ainda se dava o direito de insultá-lo. Ele é que merecia morrer enchendo a sua pança enorme.

– Mas que ideia maravilhosa. Só você, Asdrubaal, podia pensar nisso. Vamos acabar com essa história de um modo completo. Livro-me de dois pelo preço de um.

Feliz com sua ideia, saiu para concretizar seu plano.

Naquela noite, Asdrubaal foi conversar com o chefe dos guardas que iria ficar em Okeorá tomando conta da produção de armas.

– Então é você que irá chefiar a aldeia. Você vai gostar daqui. As negras são muito oferecidas e você vai poder escolher quantas quiser.

– Que negros? Não vi nenhum por aqui. Quando chegamos de manhã, ainda vi alguns, mas eles sumiram – respondeu Phaidimos, um cartaginês mal-encarado, com uma cicatriz na face esquerda que ia até perto do olho, o que lhe dava um aspecto perverso.

– É mesmo! Agora que você falou, é que me dei conta. Isso não é nada bom.

– Besteira! É até melhor. Menos gente para vigiar.

– Você não conhece esses homens. Se fugiram é porque foram buscar ajuda.

– E eu vou ter medo de um bando de negros fujões?

Mesmo preocupado com a falta dos negros de Okeorá, Asdrubaal saiu imediatamente para concretizar seu plano. Aproximou-se de Schipibaal, que estava sentado com seus amigos soldados. Riam de alguma brincadeira tola e Asdrubaal, cheio de sorrisos, perguntou aos homens:

– Já experimentaram o vinho de palma?

Os homens responderam que não. Asdrubaal entregou uma barrica e serviu a bebida a todos os homens e a seu próprio irmão. O vinho foi considerado como palatável. Asdrubaal providenciou mais e Schipibaal tomou o terceiro copo, em seguida, esvaziou o quarto e, pouco depois, não teve pejo de pedir pelo quinto. Asdrubaal, servil como sempre, fornecia mais e mais bebidas, sabendo que o vinho de palma iria fazer seu efeito em muito breve.

Após seis barricas de vinho, uma hora de muita bebida e piadas horrorosas, os homens estavam completamente embriagados. Dos cinco, três levantaram-se e se jogaram dentro da primeira casa que viram e dormiram. Um deles arriou-se onde estava e roncou quase de imediato. Já Schipibaal era um homem acostumado a beber de forma imoderada e seu corpanzil aguentava muito mais vinho do que os demais.

– Último copo, Schipibaal.

O homem quase arrancou o copo da mão do irmão e bebeu tudo de um só gole.

– Mais um?

Meneou a cabeça e Asdrubaal deu-lhe a última dose. Schipibaal bebeu lentamente. Agora estava cheio e bebia por simples farra. Olhou para o irmão e, com a voz enrolada, disse-lhe um último desaforo.

– Adulador safado!

Como se fosse a mais risível das piadas, Asdrubaal soltou uma gargalhada, mesmo sabendo que era de puro ódio e desprezo do irmão. Schipibaal tentou se levantar, mas as pernas falharam e caiu grotescamente sobre si mesmo, como se fosse um saco de farinha de trigo. Nem tentou levantar-se. Fechou os olhos e abriu a boca à procura de ar. Nessa hora, sentiu-se extremamente mal e começou a vomitar. Asdrubaal afastou-se enojado e deixou o irmão caído, no meio de sua própria nojeira, sabendo que agora era questão de tempo para que o veneno que colocara nas últimas duas taças de Schipibaal fizesse efeito.

Nas horas seguintes, Schipibaal vomitou, defecou e tentou chamar por socorro, mas não tinha forças. A dor no baixo-ventre e no estômago era insuportável. Nesse momento, desconfiou que Asdrubaal o havia envenenado. Miserável, pensou, se eu sobreviver, vou esganá-lo com minhas próprias mãos. Estrebuchou por alguns minutos, espumando pela boca e depois expirou, após um urro grotesco.

De manhã, os soldados ficaram apreensivos com a morte do chefe, mas Phaidimos assumiu o comando e Asdrubaal foi falar com ele.

– Precisamos interrogar o rei negro. Ele deve saber onde estão os demais negros.

– Já lhe disse que não tenho preocupação com esses negros – respondeu arrogantemente Phaidimos.

– Pois deveria. Saiba que são guerreiros poderosos. Além disso, a região está cheia deles e, se eles foram buscar ajuda, podem mobilizar cinco mil homens. Você consegue lutar contra tantos homens?

– Por Baal Hadad, tantos assim? Não, nesse caso, não conseguiria lutar contra eles. Só tenho oitocentos homens aqui. O que você sugere?

A resposta assustada de Phaidimos deixou Asdrubaal satisfeito. Agora ninguém o impediria de se livrar daquele negro metido.

– Deixe-me arrancar a verdade dele. Mande os guardas embora e me dê dois homens de confiança e, em questão de horas, saberemos de tudo.

Já meio assustado com a possibilidade de enfrentar tantos negros quanto Asdrubaal falara, Phaidimos concordou. Alguns minutos depois, Asdrubaal viu-se frente a frente com seu oponente, seu inimigo de toda a vida, e não havia mais ninguém para impedi-lo de se vingar.

54

Assim que o pai o mandou embora, obedecendo às ordens paternas, Nijitá chamou o seu melhor corredor, Oxotogi, um rapaz magro, pequeno e lépido, que era capaz de correr por horas a fio, e o enviou para buscar ajuda com Elemoxó e Akirê. O corredor teria que cobrir cerca de cinquenta quilômetros no menor espaço de tempo possível. Uma distância considerável para se correr no meio da selva, com o perigo de atrair feras que liquidariam o jovem em dois tempos.

Oxotogi não era de correr rápido, mesmo que pudesse quando o queria. Tinha um passo cadenciado que, durante horas a fio, não se modificava. Partiu célere e, no final daquela tarde, após seis horas de corrida, chegou ao acampamento quando todos já estavam dormindo.

Não teve pejo de acordar Elemoxó e lhe explicou em rápidas palavras que Nijitá mandara buscá-lo. Elemoxó e Akirê ficaram mortalmente preocupados, mas de nada valeria partirem a esta hora. A escuridão não ia facilitar a andança.

Nunca uma noite demorara tanto a passar. Contudo, de manhã, os homens partiram assim que o sol começou a despontar. Os dois líderes deixaram uma centena de guerreiros para cuidar das mulheres e crianças, sob o comando de Korc, que era muito velho para andar depressa, e partiram rapidamente. No entanto, ninguém corria como Oxotogi e levaram mais tempo para alcançarem Okeorá, chegando à aldeia por volta das quatro horas da tarde. Cercaram a aldeia; eram pouco mais de sete mil guerreiros fatigados, mas ansiosos para saber o que acontecera. Nijitá, que estivera escondido com cerca de mil guerreiros, juntou-se aos irmãos e Elemoxó deu-lhe uma ordem:

– Nijitá, chame um dos *funfun* que moram conosco e diga a ele para falar com os invasores que queremos que entreguem nosso pai vivo.

Rapidamente, dois egbas correram para dentro da aldeia e trouxeram um dos ferreiros cartagineses, que logo explicou que eles também foram molestados. Elemoxó detalhou o que ele devia dizer e mandou-o de volta. O cartaginês voltou correndo e foi falar com Phaidimos. Disse que a aldeia estava cercada por milhares de guerreiros, mas que eles propuseram que, se entregassem Adjalá vivo e fossem embora, nada lhes aconteceria. Phaidimos não era do tipo suicida, e afirmou que sairiam imediatamente.

Deu um toque de ajuntar e os soldados cartagineses prepararam-se para partir. De onde estavam podiam ver a grande quandidade de negros cercando a aldeia: parecia um formigueiro a fervilhar.

Phaidimos correu para onde estava Asdrubaal, entrou na casa e assustou-se com o que viu.

– Pelo amor de todos os *baals*, o que você fez com esse homem?

– Dei-lhe uma lição que ele merecia.

Phaidimos historiou que estavam cercados e que os negros exigiam que lhes entregassem Adjalá e que partissem imediatamente. Asdrubaal pegou de uma faca para matar Adjalá, quando Phaidimos impediu-o.

– Você é louco. Se ele for morto, nós também o seremos. Cubra-o, coloque-o numa carroça e vamos partir. Quando eles pedirem por ele, nós lhes daremos este caco de gente em que você transformou esse pobre infeliz. Vamos ver se, pelo fato de ele estar vivo, eles cumprem sua promessa conosco e nos deixam partir.

228 A Saga dos Capelinos

Absolutamente contrariado em seus desejos, Asdrubaal ia retrucar, mas Phaidimos não lhe deu a menor atenção. Apressadamente, ordenou aos soldados, que obedeceram sem titubear.

Alguns momentos depois, por volta das cinco e meia da tarde, uma longa coluna de soldados cartagineses começou a sair de Okeorá. Comandados por Elemoxó, os guerreiros foram se aproximando deles, cercando-os. A tensão no ar era tão grande que era quase palpável. Podia-se notar que os cartagineses estavam apavorados, mesmo sob os gritos de comando de Phaidimos, que mandava cerrar fileiras como se esperasse um ataque iminente.

Elemoxó adiantou-se, seguido de Akirê e alguns chefes guerreiros egbas, e mandou que a coluna parasse. O intérprete cartaginês ordenou que libertassem Adjalá imediatamente. Liderando a coluna, Phaidimos estava visivelmente assustado. Logo atrás dele, Asdrubaal e um homem coberto com um pano grosseiro estavam sentados sobre uma carroça. O comandante virou-se para dois soldados e ordenou que libertassem o prisioneiro.

Os soldados cartagineses pularam sobre a carroça e, lentamente, ajudaram o andrajoso a descer da carroça. Era notório que estava com grande dificuldade de se locomover. Assim que foi colocado no chão, arriou-se com um gemido. Elemoxó e Akirê correram para o pai, retiraram o pano e levantaram-se com o rosto lívido.

Assim que viu o estado do homem, os olhos de Akirê se encheram de lágrimas. Tremeu como se todos os nervos de seu corpo tivessem se retesado de súbito. Com uma expressão bestial no rosto, ele retirou a espada da bainha e, urrando feito um alucinado, lançou-se sobre os cartagineses.

Elemoxó ainda tentou segurar Akirê, gritando que não fizesse isto, mas nada impediria o gigantesco negro de atacar os cartagineses. A investida de Akirê foi como um estopim para um ataque em massa dos egbas. Caíram sobre os cartagineses, que, apavorados com o número e a ferocidade dos atacantes, tentaram fugir. A maioria nem sequer tentou lutar e foram rapidamente alcançados e mortos no campo de combate. Os que lutaram só atrasaram suas mortes em alguns segundos.

Enquanto isto acontecia com rapidez fulminante, a ponto de tudo terminar em menos de três minutos, a carroça onde estava Asdrubaal parecia estar esquecida. Até aquele instante ninguém se ocupara dele. Asdrubaal, horrorizado e trêmulo de medo, viu quando a tropa de cartagineses desapareceu sob a nuvem negra de guerreiros africanos.

O Cajado do Camaleão   229

Terminada a carnificina, Akirê, coberto com o sangue de suas vítimas, virou-se para o sacerdote e, num salto, subiu sobre a carroça, agarrou Asdrubaal pelo pescoço e o derrubou no chão.

Aos poucos, os homens foram se aproximando para ver quem era o homem sob o pano, ainda caído no chão, gemendo sem parar. Ficaram horrorizados e indignados com o que viam e, revoltados, se voltavam contra o sacerdote, que chorava e implorava, ajoelhado no chão.

Arrastando Asdrubaal por alguns metros até um local sem cadáveres, Akirê vociferou:

– Então você é aquele sacerdote que meu pai deixou viver há mais de vinte anos. Bem que ele devia tê-lo matado, pois não se devem deixar viver cobras peçonhentas. Mas não, meu bondoso pai o perdoou e o mandou ir embora vivo. Para quê? Para sofrer esta iniquidade de sua parte, seu ser vil e desprezível.

Elemoxó chegou na hora em que Akirê estava com uma adaga na garganta de Asdrubaal.

– Não o mate, irmão, não o mate.

Com a voz embargada de emoção, Akirê olhou-o e respondeu-lhe:

– Nem que todos os *eborás* e *imolés* aparecessem em pessoa, todos juntos, e me implorassem de joelhos, deixaria de me vingar desta hiena.

Assim dizendo, apertou a garganta do sacerdote e, quando ele colocou a língua para fora, segurou-a com força e enfiou-lhe a faca, cortando-a. Asdrubaal debateu-se. A sua língua não fora cortada de todo e a dor era insuportável. Mãos de ferro apareceram para segurá-lo, enquanto Akirê acabava de arrancar a língua.

– Cortei sua língua para que você não me amaldiçoe.

Assim falando, pegou uma fina adaga que trazia na cintura e vazou os dois olhos do sacerdote. Com sangue a brotar da boca, Asdrubaal gritava desesperadamente, enquanto os homens que o seguravam, gargalhavam loucamente, possuídos de um ódio horrendo.

– Vazei seus olhos para que você vá para o inferno, e lá não encontre o caminho do renascimento e se perca nos grandes abismos.

Não satisfeito e vendo que Elemoxó afastava-se cabisbaixo, Akirê deixou extravasar seu ódio, e pegou da fina adaga.

– Vou vazar seus ouvidos para que você não ouça a não ser a voz de sua consciência perversa.

Assim falando, varou os dois ouvidos do sacerdote. Não foi fácil, já que ele se debatia. Assim que conseguiu, mandou largar o homem.

– Não mancharei minhas mãos nesse animal. Deixem que morra cego, surdo e mudo.

Os homens obedeceram e um deles ainda lhe deu um corte com a espada na perna esquerda. O sangue brotou aos borbotões, enquanto Asdrubaal urrava de dor, de medo e de ódio. De repente, como se estivesse possuído de um pensamento insano, Akirê retrocedeu, se virou para um dos homens e ordenou.

– Tragam-no.

Os homens voltaram a agarrá-lo e seguiram Akirê para dentro da cidade. Na primeira forjaria, parou.

– Reavivem o fogo.

Os homens se empenharam em acendê-lo e, minutos depois, as brasas crepitavam. Nesta hora, com Asdrubaal a gritar feito um louco, com sangue a sair da perna, da boca, dos ouvidos e dos olhos, Akirê falou a alguns homens.

– Sempre me falaram que este canalha desejou sacrificar crianças inocentes ao seu deus sanguinário. Pois o ofereço a você, deus dos *funfun* – e virando-se para seus guerreiros, ordenou: – Arranquem a roupa dele. Coloquem-no sobre o braseiro e vamos ver como reage.

Quatro homens o seguraram, tiraram a roupa do sacerdote com violência e o colocaram de frente para o braseiro, enquanto seguravam firmemente seus braços e suas pernas. Asdrubaal se debateu como um peixe que fora retirado da água. O fogo começou a torrar seu corpo e o cheiro de carne assada subiu rapidamente, mas nada parecia ofender o sentimento e os sentidos de seus algozes. Estavam tão ensandecidos de ódio que gargalhavam, enquanto viam Asdrubaal sofrendo com enormes queimaduras. Quanto mais gritava, mais pareciam se divertir, enquanto Akirê tornara-se uma máscara de frieza e ódio. Durante mais de dez minutos, Asdrubaal sentiu o gosto de seu próprio remédio; tornara-se o maior presente que seus *baals* podiam querer num *moloch*. Assim que morreu, Akirê ordenou.

– Cortem-no em pedaços e joguem sua carcaça no campo. Não merece ser sepultado. Deixem que os animais comam de sua carne e morram envenenados com sua peçonha.

O Cajado do Camaleão   231

E assim foi feito. Mas, no outro dia, os egbas notaram que nenhum animal havia se aproximado da carcaça para devorá-lo, como se até os carniceiros o rejeitassem.

Ao se afastar de Akirê, Elemoxó foi socorrer Adjalá. Haviam lhe quebrado as duas pernas, os dois braços, amassado os dedos e, pior de tudo, os seus dois olhos tinham sido queimados com ferro em brasa. Além disso, tinha queimaduras por todo o corpo, no sexo, nas costas e no rosto.

Com se fosse uma sagrada relíquia, Adjalá foi levado para sua casa e devidamente tratado. Levou meses para se recuperar e as talas que foram colocadas em suas pernas e braços não operaram milagres. Estava entrevado, quase impossibilitado de se locomover. Durante todo o tempo, foi assistido por sua esposa, seu filho, Nijitá, e vários de seus amigos. Somente sua imensa vontade de viver o fez suportar as excruciantes dores que sentiu. Sua recuperação só foi possível graças aos remédios de Awolejê, as mãos de Airô, que pareciam despejar energias recuperadoras e revitalizantes, e a assistência permanente de sua única e adorada esposa, Mowo.

Meses mais tarde, quando soube o que Akirê havia feito com Asdrubaal, o seu coração se confrangeu com o fato. Detestava Asdrubaal, mas não queria que sua morte tivesse sido tão brutal. Com isto, a fama de Akirê cresceu e todos falavam que era um *adjagunã*, um guerreiro invencível que, quando ofendido, torna o seu ofensor cego, surdo e mudo.

No dia seguinte à carnificina, Nijitá chamou os dois irmãos e lhes disse:

– Sei que querem ficar perto de nosso pai, mas vocês aqui não são úteis. Seu povo os espera às margens do rio. Levem-nos para fundarem suas aldeias. Mandarei notícias todos os meses sobre o estado de nosso pai. Vão e orem aos *eborás* para que salvem nosso pai.

Mesmo contrariados, os dois irmãos partiram com seus guerreiros; as mulheres e crianças os aguardavam às margens do Odo Oyá. Ao chegarem, contaram o que acontecera e todos ficaram consternados com a situação de Adjalá, que estava entre a vida e a morte. Korc, quando soube do ocorrido com seu amigo, além de chorar, arrancou sua roupa, pegou sua faca e cortou seus braços em diversos lugares, sangrando abundantemente. Todos entenderam que era o jeito gaulês de compartilhar a dor do amigo.

Agora tinha que atravessar o Odo Oyá. Todo o processo levou mais tempo que Elemoxó previra e Korc, sempre ao seu lado, o acalmava com palavras de estímulo; o jovem queria se livrar logo dessa etapa. Nenhum acidente aconteceu e, após uma longa semana, o grupo finalmente movimentou-se em direção ao interior.

Oniki, o filho de Cathbad, um mulato de olhos verdes, charmoso e envolvente, os levou até as margens de um rio, julgando ser um local ideal.

– O local é magnífico, irmão Oniki – comentou Elemoxó.

– Tinha certeza de que gostaria. Investiguei pessoalmente as redondezas e só não é melhor do que a posição de minha aldeia.

Dando uma gostosa gargalhada, Oniki acabou levando Elemoxó a rir pela primeira vez desde que seu pai fora martirizado.

– Onde se localiza sua aldeia? – perguntou Elemoxó.

– Meu pai nos instalou perto de um rio largo, aparentemente calmo, mas traiçoeiro; é cheio de correntezas perigosas. Nós chamamos o rio de Oyá Ohun.[50]

– Você chegou a ver também um lugar bom para Akirê?

– Claro, é perto de um outro rio, só que mais caudaloso. Mas, no local mesmo, é plano, não tem enchentes e é propício para se instalar uma boa aldeia. Fica a pouca distância daqui. Vamos lá, amanhã?

Acertados, os três recolheram-se para dormir, satisfeitos com os arranjos.

No outro dia, o pequeno grupo afastou-se para conhecer o outro local. Assim que chegaram, Oniki mostrou o local para Akirê, que abriu um sorriso de puro contentamento e exclamou: – Ogbomoxo.

– Pelo jeito, você gostou – afirmou Oniki.

O gigante grunhiu algo incompreensível, meneando a cabeça.

– Gostou sim – disse Elemoxó, que conhecia os hábitos estranhos de seu irmão.

Os dias que se seguiram foram de atividade incessante. Dividiram o grupo em dois, um para Elemoxó e outro para Akirê. O gigante levou seu grupo para a aldeia que batizara de Ogbomoxo, e logo começou a construí-la.

Por sua vez, Elemoxó iniciou por construir uma grande paliçada para proteger a sua cidade e, seguindo as recomendações de seu tio por afinidade, o boiano Korc, além de murar a aldeia, fez fossos fundos, enchendo-os de água. Korc, que fora com ele, deu-lhe as instruções e ele as seguiu ao pé da letra. Depois de ter completado a proteção de sua aldeia, iniciou a construção de seu palácio, que denotava grandeza, beleza e majestade. Só após dedicar tempo e esforço a isso é que os demais

---

[50] *Oyá Ohun* – mãe doce.

O Cajado do Camaleão

homens construíram suas casas e deixaram um espaço amplo para ser o mercado central; Elemoxó estava seguindo o que Awolejê, o *ajé* principal de Okeorá, lhe recomendara:

— Construa sua cidade num ponto central da região e faça um grande mercado. Cobre pelas mercadorias que entrarem e saírem da cidade, colocando guardas a postos para proteger os comerciantes honestos. Faça isso e sua cidade será procurada por todos os que desejarem trocar seus bens, e você será imensamente rico, vivendo no luxo e tendo todas as mulheres que lhe apetecer. Você será *kabiyesi*[51] e assim o conhecerão. Não é, meu filho e genro Giyan?

Lembrou-se de que saltara na mesma hora quando ouviu o sogro chamá-lo do detestado apelido; odiava ser chamado de comedor de inhame – Giyan. Awolejê ainda brincou com ele, dizendo:

— Eu o conheço desde pequeno como Giyan e sempre o chamarei assim até o dia da minha morte, mesmo que saiba que você não gosta. O que você vai fazer a respeito?

Rir, foi o que ele fez a respeito, mas ninguém mais o chamaria assim, a não ser que não quisesse encurtar em muito seus dias de vida. Com certo desgosto no coração, lembrava-se de quando era apenas um garoto de quatro anos e fizera birra com sua mãe por não querer a papa de inhame que ela teimava em lhe enfiar goela abaixo. A mulher, que sabia ser inflexível quando lhe convinha, obrigou-o a comer três pratos de inhame pilado. Todos riram dele, parentes e amigos, chamando-o de comedor de inhame pilado – *giyan*. Mas, naquela noite, Mowo quase morreu de preocupação quando viu como passou mal; vomitou durante horas e teve uma diarreia terrível. Ficou fraco e por pouco não morreu. Nunca mais lhe deram inhame, mas o maldito apelido pegara. Levou vários anos para se livrar dele, inclusive tendo que usar de certa dose de força física. Odiava até mesmo o som do nome Giyan.

55

Os meses se passaram e Adjalá se restabeleceu, porém ficara cego, andava com dificuldades e suas queimaduras davam uma impressão horrí-

---

[51] *Kabiyesi* – majestade real.

vel e asquerosa a quem as visse. Desde que fora torturado por Asdrubaal que Adjalá, vendo a completa impossibilidade de acompanhar todos os problemas de Okeorá, convocou o conselho e nomeou Nijitá para ser o novo *oba*. Daquele dia em diante, seu filho passou a ser conhecido como Obanijitá, o rei de Okeorá. À medida em que melhorava, Adjalá tornou-se apenas um membro do conselho. Era natural que sua palavra valesse muito, mas era sábio o suficiente em não desdizer o que seu filho ordenava.

Certo dia, Adjalá estava só em seu quarto e na sua escuridão. Sentia-se angustiado; tornara-se um inútil e essa sensação o deixava irrequieto. Havia senso de fracasso em sua alma. Acostumara-se a ser o centro das decisões e procurara ser sábio na sua conduta, mas, agora, estava acabrunhado; sua vida parecia não ter sentido.

– Levante a cabeça, pois uma nova e gloriosa fase de sua vida está prestes a começar.

A emoção de ter escutado a grave e doce voz de Elessin-Orun o tirou de sua depressão.

– Ó meu amigo, você está aqui?

– Sempre estive perto de você, meu mestre – respondeu-lhe a voz em seu interior.

Fora chamado de mestre; devia haver um engano. Não se via como tal, mas Elessin-Orun fora taxativo na designação.

– Contar-lhe-ei uma história que sua memória não consegue se lembrar – disse-lhe Elessin-Orun.

Adjalá endireitou-se na cama, acomodou-se como pôde e ficou atento à voz que trovejava em sua mente.

– Muito antes de você renascer, você já era um grande hierofante, altamente considerado pelo deus de nosso planeta.

Aquela estranha informação pareceu não ter sido uma surpresa para Adjalá; em sua mente, sentia isso desde a adolescência.

– Certo dia, os maiorais que governam esse mundo reuniram-se e decidiram que era hora de trazer o ferro e, consequentemente, a civilização para esta região do globo. Você, que fazia parte do conselho, arquitetou um plano e o pôs em andamento. Porém, como alto mandatário, você se propôs a renascer e passar por este processo. Eu, como um dos seus leais operadores, fui escolhido para protegê-lo e guiá-lo, dentro das normas que você mesmo traçou e que foram aprovadas pelos superiores – e, fa-

O Cajado do Camaleão   235

zendo uma rápida pausa, Elessin-Orun prosseguiu num tom mais jocoso:
– Sei que há de me repreender, pois que protetor é este que o deixa passar por tamanho sofrimento? Todavia, mesmo que tal etapa não tenha sido determinada, nossos superiores acharam por bem deixá-lo entregue à sanha do infeliz Asdrubaal, que foi o tempo todo um mero instrumento na mão de espíritos tenebrosos.

Adjalá procurou mudar o curso da conversa. Não queria lembrar-se de Asdrubaal. Não o odiava, mas recordar trazia à baila o sofrimento pelo qual passara.

– Como é que conseguiram juntar tantas correntes culturais? – perguntou Adjalá.

– Um dos itens mais importantes do seu plano era introduzir o conceito de múltiplas vidas. Sem esse conceito, na sua opinião, a ideia de Olorun torna-se mesquinha e injusta. Para que esse conceito fosse trazido, teríamos que importar povos que já aceitavam a doutrina das múltiplas existências: ou celtas – o que fizemos –, ou povos provenientes da Índia. Era infinitamente mais difícil trazer um mestre indiano e a escolha recaiu num druida especializado em ferro e que pudesse ser também um introdutor da nova crença.

– Elwyd foi, portanto, escolhido por mim?

– Em parte sim, mas a candidatura de Elwyd, Cathbad, Korc e Elischa foi proposta por um grande e poderosíssimo arcanjo, que, aliás, você aceitou de muito bom grado. Esses quatro homens estão unidos desde tempos imemoriais por laços que se originaram no crime e na vilania, mas que foram evoluindo para algo de muito belo e sólido. Esses quatro, especialmente Elischa, já foram de importância capital na evolução da Terra, em épocas remotas. Foram trazidos para esta missão e conseguiram desempenhar-se razoavelmente bem, com exceção dos irmãos boianos, que introduziram certas práticas tenebrosas, e que, pela dureza da Lei, eles mesmos terão que reverter no momento azado.

– Entendo tudo isso muito bem, mas minha dúvida é se eu tinha que passar por todo este sofrimento. Não é tanto pelas dores e a agonia que passei, mas pelo ser inútil em que me tornei.

– Seu sofrimento era previsto, mas, confesso, não era para ter chegado a este ponto. Asdrubaal foi um elemento imprevisto, mas acabou tendo sua utilidade, pois você já deve saber que Deus usa o mal para o bem. Tínhamos imaginado que você poderia sofrer algum atentado de algum dos *ajés* que não aceitaria as mudanças que você e os estrangeiros introduziram, contudo o sofrimento acabou vindo de outro lado, por razões completamente insanas. Olorun é realmente Olodumare, o Senhor supremo dos destinos!

– Que Olorun sempre seja louvado! – exclamou Adjalá, mas voltou a reclamar. – Porém, creio que me tornei um ser estropiado a quem só resta esperar a morte.

– Ó meu amado Adjalá, meu grande hierofante Magver,[52] agora é que vai realmente começar a sua glorificação. Aguarde; o destino bate à sua porta.

Nesse instante, Mowo, a esposa de Adjalá, interrompeu a conversa entre os dois.

– Adjalá, meu amor, desculpe incomodá-lo, mas existe uma mulher que está desesperada e que deseja vê-lo imediatamente.

56

Já haviam se passado três anos que Ijumu partira para a terra dos igbôs, e Awolejê estava com saudades dela e de seu genro Elemoxó. Queria também conhecer seu novo neto e decidiu visitá-los. Cercou-se de três jovens guerreiros que também desejavam conhecer a aldeia de Ejigbô, da qual falavam maravilhas, e empreenderam a jornada em pequena comitiva.

Assim que chegaram à entrada da aldeia, Awolejê ficou estarrecido com suas muralhas e seu fosso de água. Os portões eram guardados por homens armados com longas varas, além de espadas e lanças. As varas eram usadas para afugentar animais mais perigosos. Awolejê estava particularmente feliz naquele dia, e dirigiu-se para os guardas, falando jocosamente.

– Onde está meu amigo Giyan?

Nada podia ser mais ofensivo para aqueles leais guardas do que chamar Elemoxó, o seu maravilhoso *kabiyesi*, de Giyan – comedor de inhame pilado. Os guardas, que não conheciam Awolejê, pois eram originários

---

[52] Para conhecer mais sobre este personagem, leiam A *queda dos anjos*, na parte final, quando Varuna passa por uma grande metamorfose comandada pelo hierofante Magver.

O Cajado do Camaleão 237

de outras aldeias do planalto do Bauchi e haviam migrado junto com os egbas, ficaram revoltados com o velho *ajé* e desceram as varas sobre ele e sua comitiva. Awolejê, para se proteger, puxou de seu facão, assim como os demais amigos de sua comitiva sacaram das espadas. Os guardas retrocederam e também puxaram de suas armas e chamaram seus colegas. Num instante, Awolejê e seus três amigos estavam cercados por oito guerreiros, cada um mais mal-encarado do que o outro. Nesse momento, Awolejê, ao sentir que ia morrer, gritou.

— Parem, sou sogro de Elemoxó. Sou Awolejê, o pai de Ijumu.

— Larguem as armas e os levaremos à presença de *kabiyesi* — ordenou um dos guardas, fazendo sinal aos demais para esperarem.

Cercado de ferozes guerreiros e em número inferior, Awolejê, sem opção, obedeceu. Foram desarmados e levados até onde estava Elemoxó, que, assim que o viu, correu e o abraçou. Nessa hora, os guardas temeram por suas vidas. Elemoxó soube do fato, mandou os guardas embora, repreendendo-os severamente, mas sem infligir-lhes castigo algum.

— Eu lhe peço perdão por este tratamento indigno, mas você vem pedindo essa surra há muitos anos. Já lhe disse que detesto que me chamem de Giyan e, na última vez em que você esteve comigo, disse que me conhecia desde pequeno por este nome e que morreria me chamando assim. De você, aturo tudo, não só porque é meu sogro, mas principalmente por ser meu amigo. Mas, pelo menos, na frente das demais pessoas, não me chame de Giyan.

— Concordo, mas esta afronta deve ser paga com uma festa. Todo ano, nesta data, os habitantes desta aldeia irão municiar-se de varas e farão um combate simulado para que este fato seja sempre lembrado.

Elemoxó viu nisso uma boa ideia. Nada como uma festa diferente para atrair as pessoas da região e gerar ainda mais riqueza para ele. Concordou e selou o pacto com um abraço e um beijo em cada lado da face de seu sogro.

Awolejê ficou algumas semanas com sua filha, que cada dia se tornara mais conhecida por ser aquela que as *yami-ajés* escutavam e atendiam aos seus rogos. Certo dia, Awolejê despediu-se do genro e da filha.

— Devo voltar; o novo festival vai acontecer dentro em breve e minha presença é necessária.

Após falar do novo festival, Elemoxó e sua mulher resolveram ir até Okeorá em grande comitiva, participar da festa. No caminho, passariam na aldeia de Akirê para convidá-lo também. Esse novo festival prenunciava-se grandioso.

57

Haviam se passado quase três anos que Adjalá tinha sido martirizado e, com sessenta e poucos anos, recebeu uma inesperada visita.

– Marido, você não vai adivinhar quem chegou aqui para vê-lo?

– Elischa – respondeu Adjalá, com alegria.

Mowo sorriu. O marido sempre tivera poderes psíquicos, mas parece que, depois da tortura, estes ficaram ainda mais aguçados. Descobrira, sabe se lá por que meio, que Elischa, o cartaginês que descobrira ferro em Okeorá, estava ali. Que surpresa agradável!

– Mande-o entrar.

Elischa já havia sido avisado por Mowo que Adjalá fora terrivelmente brutalizado e que ficara desfigurado, mas, quando o viu, ficou horrorizado e não refreou sua indignação.

– Por El, que lhe fizeram, amado amigo? – abraçou-se a Adjalá e, chorando, disse-lhe num tom raivoso: – Eu devia ter matado Asdrubaal.

– E como você poderia saber?

Elischa nada respondeu. Após os abraços, sentou-se e começaram a conversar. Falaram do passado. Eram dois homens velhos que haviam realizado coisas fascinantes e que tinham muita experiência para trocar. Mowo escutava as aventuras e principalmente as desventuras do amigo do marido, quando interrompeu a conversa.

– Vou buscar uma pessoa que você precisa conhecer.

Os dois continuaram a falar, quando, após alguns minutos, Mowo voltou acompanhada de uma moça de vinte e poucos anos. Elischa admirou seu porte alto, sua pele marrom clara, seu cabelo negro cacheado, seus olhos enormes cor de mel. Era uma mestiça de beleza mediterrânea.

– Elischa, essa moça é sua filha Ijemi – disse Mowo, apresentando a moça a Elischa.

Os dois, Elischa e Ijemi, olharam para Mowo, surpresos.

– Isso mesmo, Ijemi. Este é o seu pai. O famoso Elischa, de quem sua mãe Osebakun tanto falava.

O CAJADO DO CAMALEÃO

239

A mulher olhou Elischa de alto a baixo. Na sua expressão, o cartaginês podia notar que sua primeira avaliação não fora boa. Estava confuso, mas ao escutar o nome de Osebakun, sua amante egba, e vendo o tipo mestiço de Ijemi, deu-se conta de que realmente podia ser pai daquela mulher. Sabia que os anos haviam sido pesados para ele. Seu rosto de homem de sessenta anos estava profundamente vincado, seu cabelo cismara de cair e nada conseguira impedir uma calvície que achava vergonhosa e uma magreza que se apossara dele, resultante de uma doença que o deixara prostrado por muitos anos.

Levantou-se e abraçou a mulher. Ela, por sua vez, não correspondeu ao abraço e, depois que ele a largou, sentou-se junto a Mowo.

– Por El, eu não sabia que Osebakun estava grávida. Ela nunca me falou nada.

– Se ela lhe tivesse contado, você teria ficado? – perguntou incisivamente a moça.

– Não sei, provavelmente não. A minha cabeça naqueles tempos estava focalizada em outras coisas. Eu queria fortuna, bem-estar, reconhecimento, fama e poder. Aqui não teria nada disso. Mas, se soubesse que estava grávida, poderia tê-la levado comigo.

– Não. Você não daria a menor importância. Se você queria fama e poder, minha mãe só iria atrapalhá-lo.

Elischa meneou a cabeça em assentimento, olhando para o chão.

– Você prometeu à minha mãe que voltaria – disse Ijemi, olhando-o com um ar de reprovação. – Cada caravana que chegava, ela saía correndo, louca de felicidade, na esperança de vê-lo, de abraçá-lo e de me mostrar para você. Isso durou toda a minha infância e grande parte de minha adolescência. Ela, aos poucos, foi perdendo a esperança, mas mantinha-se fiel, jamais tendo outro homem, sempre imaginando que você voltaria para ela.

– Você precisa entender, minha filha, que eu não a amava, e nunca disse isso a ela. Nunca lhe dei falsas esperanças.

– Claro, entendo tudo muito bem. Para você, nós negros não passamos de objetos para a realização de seus sonhos, sua vontade de poder e sua loucura. Nós não representamos nada a não ser momentos de prazer e mão de obra barata.

Ao escutar a dura verdade, Elischa baixou a cabeça e pensou que aquela moça, sua filha, o conhecia muito bem. Deixou-a falar e, quando acabou, disse-lhe com um olhar triste.

240   A Saga dos Capelinos

– Verdade, tudo que você diz é verdade, mas saiba que paguei um alto preço para conseguir o que imaginava que seria a minha felicidade. Casei-me com uma moça, filha de Vulca, meu sócio, e, só depois de estar casado, descobri quem realmente era: uma devassa, que não se casou virgem, me traiu até me cobrir de opróbrio, que na sua falsa doçura era uma víbora que jogava meus amigos contra mim, inventando coisas que jamais falei ou fiz, uma mulher de caráter tão baixo, tão vil, que desconfio que meus filhos nem sequer são meus.

A moça o olhou surpreso. Não esperava tal confissão daquele homem.

– Ah, meus filhos, isso é outra história. Uma corja de salafrários que fizeram de tudo para se verem livres de mim e se apossarem de minha fortuna. Tentaram de tudo, desde me envenenar até conspirar para que as autoridades mandassem me prender como louco, numa tentativa de me interditar e se apossar de meu dinheiro. E olha que sempre fui generoso com eles, mas dilapidavam tudo o que lhes dava com maior rapidez do que ganhava, e veja que ganhei muito. Cheguei a ser, certa época, o homem mais rico de Populonia. Como você pode ver, minha filha, colhi o que semeei.

– Tocante. E espera que, me contando essa história, eu me jogue em seus braços e o chame de papai? Pois saiba que o matei em minha mente e no meu coração. Estou conversando com um *egun*, pois só assim pude superar a dor de perder minha mãe, que definhou até a morte, quando se deu conta, finalmente, de que você nunca voltaria.

Assim falando, levantou-se, pediu a bênção a Adjalá e Mowo e saiu, sem sequer olhar para o seu pai.

– Perdoe-me, Elischa. Nunca imaginei que ela reagisse assim – disse-lhe Mowo, assim que a moça partiu.

– Querida irmã, não se desculpe. Estou recebendo tudo o que mereço. Larguei tudo em Populonia nas mãos de meus pretensos filhos e parti. Estou fugindo das autoridades etruscas e cartaginesas há cerca de dois anos. A minha vinda para cá foi um périplo de grandes perigos. Mas estava determinado a vir até Okeorá, para rever meus amigos e meu irmão Adjalá, mesmo sem saber o que lhe sucedera. Aqui foi o único lugar em que fui de fato feliz, mas, na época, era bastante estúpido para não reconhecer esse fato. Mas não vim de mãos abanando; trouxe muito ouro. Pretendo usá-lo para desenvolver a região. O que daqui tirei irei restituir em dobro ou mais.

O Cajado do Camaleão
241

– Só precisamos de sua amizade – respondeu-lhe Adjalá.

Os dois ficaram conversando sobre os filhos de Adjalá até que Elischa lembrou-se dos boianos e perguntou por eles. Adjalá contou da morte de Elwyd e de Cathbad e disse que Korc estava vivo, morando em Ilobu, com seu sobrinho Oniki.

– E ele está bem?

– Continua o mesmo. O tempo não passou para ele. Tem amantes de que não consegue mais dar conta, continua ensinando os kwalis e os guerreiros de Elemoxó e Akirê a lutarem, mas tudo isso tem um preço, como você gosta de falar.

– Ah?

– Contra a minha vontade e minhas ordens, ensinou os guerreiros a decepar a cabeça dos inimigos para adquirir o *axé* do morto, e soube que já fez um ou dois sacrifícios humanos como os de sua tribo costumavam fazer. Uma coisa terrível!

– Vivemos num mundo cruel, Adjalá. Nunca hei de me esquecer daquele *moloch* a que assistimos em Cartago. Uma monstruosidade, meu amigo! Quando isso terá fim?

– Quando o homem entender que somos todos filhos do mesmo Olorun. Quando entenderem que a cor, o sexo, a posição social são apenas coisas passageiras, pois o rico de hoje poderá ter sido o pobre de ontem, assim como o poderoso de hoje, poderá vir a ser o escravo de amanhã.

– Sabe que passei a acreditar nessas coisas, meu amigo. Tenho certeza de que voltarei negro numa próxima vida, pois acho que devo tudo de bom a sua raça e, se houve coisas ruins na minha vida, as devo à minha própria gente, os *funfun*, como vocês os chamam.

– E o que pretende fazer agora?

– Conquistar minha filha.

– Aproveite para conquistar também seus dois netos; são de uma beleza rara, tanto no corpo como no espírito – complementou Mowo.

Os olhos de Elischa brilharam, mas subitamente perguntou a Adjalá.

– Falei demais de mim. Quero saber de Okeorá. Como vai nossa aldeia?

– Você chegou na hora certa. A semana que vem teremos o nosso segundo festival. É uma festa nova, mas tenho certeza de que você gostará.

– Um novo festival? Isso é bom. Nada como uma festa para alegrar um coração cansado. Festejaremos o quê?

242   A Saga dos Capelinos

– Será uma surpresa, meu amigo, uma agradável surpresa.

Está bem, pensou Elischa, meneando a cabeça em assentimento; gostava de surpresas.

Assim que se viu a sós com Mowo, na parte externa da casa, no grande terreiro, Elischa foi logo lhe perguntando:

– Minha irmã Mowo, como é que, de fato, está meu amigo Adjalá?

– Agora, está ótimo. Aliás, não poderia estar melhor, considerando que aquele maldito o aleijou, o cegou e o marcou a ferro. Mas, no início, assim que se recuperou dos ferimentos, estava muito triste. Temi pela sua sanidade.

– Como assim?

– Ficava horas a fio sem nada falar, sem se mexer. Acho que se acostumou a não se movimentar muito, já que tudo nele doía. Mas, graças a Olorun, um dia, saiu dessa depressão, e tudo aconteceu por um motivo fortuito, ou pelo menos assim nós julgamos. Como foi um fato maravilhoso, provavelmente, deve ter sido Olorun ou os *eborás* e *imolés* que articularam para que isso acontecesse.

Pela expressão de interesse, Elischa demonstrou querer saber de todos os detalhes desse fato. Dirigiram-se à grande árvore da aldeia, sentaram-se debaixo de suas ramas e Elischa escutou o relato de Mowo.

Tudo começou certa tarde, há mais de dois anos, quando uma mulher chegou à sua casa desesperada. Chorava e era até difícil para Mowo entender o que ela falava. Após acalmá-la, a desesperada mulher disse que queria falar com Adjalá. Mowo lhe disse que era impossível, mas ela insistiu tanto que Mowo foi falar com o marido.

– Como é que vou atender a essa mulher todo desfigurado? Ela há de se assustar comigo.

– Mas todos sabem que você foi gravemente ferido. Ela há de compreender.

– De modo algum vou escandalizar a infeliz com minhas feridas.

– E se eu cobrir você com um pano?

– É melhor. Pelo menos ela não há de ficar embaraçada com a minha aparência.

Mowo entrou num dos quartos e trouxe um largo pano branco, o único que achou, e cobriu o marido inteiramente, já que havia feridas nos braços, nas pernas e nas demais partes do corpo. Após ajeitar bem o grande pano branco sobre o marido, Mowo deixou a mulher entrar para falar-lhe.

O Cajado do Camaleão   243

A mulher entrou no quarto e viu aquele vulto todo coberto de um pano branco. Olhou em dúvida para Mowo e ela acenou com a cabeça, confirmando que era de fato Adjalá. A mulher, esfregando as mãos, num esforço para se controlar do choro convulsivo de que fora acometida, contou o motivo de seu desespero.

– Meu pai, estou desesperada. Estou sangrando há vários dias. Procurei os *ajés* e ninguém conseguiu me ajudar. Foi assim que minha mãe morreu. Sangrou até a morte, com dores horríveis aqui – relatou, apontando o baixo-ventre. – Ajude-me, meu pai. Não posso morrer ainda; meus filhos são pequenos e dependem de mim.

A mulher jogou-se no chão, abraçou-se às pernas de Adjalá e desandou a chorar ainda mais. Adjalá passou a mão em sua cabeça e a acariciou, falando-lhe palavras de estímulo e brandura. Subitamente, ele parou de acariciá-la e assentou sua mão no topo de sua cabeça. Mowo pensou que estivesse em transe e, mais tarde, tentou confirmar o fato com o marido. Não, não estava em transe, dissera ele, mas estava rezando para o seu guia Elessin-Orun. Sempre que fizera maravilhas, ele rezava para seu ancestral, e algo de fantástico acontecia. No entanto, revelou à esposa, nunca abusara de seus poderes, acreditando que aquele espírito era tão belo e majestoso que devia viver no *orun* e, por isso, não queria incomodá-lo com solicitações descabidas. Fizera muitas curas até aquela época, mas nunca em quantidade que permitisse que sua fama se espalhasse pela região.

Mowo contou a Elischa que Adjalá lhe confidenciou depois que, subitamente, uma luz se fez em sua cabeça e ele passou a enxergar como se tivesse uma vista perfeita. Não, disse-lhe o marido, mais do que isso: podia ver dentro das pessoas, como se a visão dele tivesse se ampliado a um ponto extraordinário.

Viu o corpo da mulher e vários pontos escuros no seu baixo-ventre. Continuou orando e, após alguns minutos, virou-se para Mowo e disse-lhe:

– Mowo, faça-me o favor de trazer uma bandeja com água.

Mowo disse que nem sequer discutiu e saiu da sala apressadamente para providenciar o que Adjalá requisitara. Em instantes, voltou com uma bacia cheia de água, andando com dificuldade, enquanto a água balançava de um lado para outro. Adjalá empurrou gentilmente a moça para frente e pediu para Mowo colocar a bacia em seu colo. A moça ficou em pé, enquanto Mowo ajeitava a bacia, um pouco grande para ficar

244   A SAGA DOS CAPELINOS

no colo de Adjalá. Com medo de que a bacia virasse e a água se perdesse, ela o ajudou a segurar a bacia, ajoelhando-se ao lado do marido.

Adjalá solicitou que a moça levantasse sua roupa. Ela obedeceu prontamente e levantou o longo vestido. Por baixo estava nua e seu ventre estava levemente proeminente. Adjalá molhou as mãos na bacia e esticou as mãos para frente. A moça entendeu que queria passar as mãos em seu ventre e adiantou-se, facilitando a sua tarefa. Adjalá sentiu a pele macia da moça e lavou o local durante alguns minutos. A moça fechou os olhos e parecia rezar. Mowo ajeitou-se umas duas vezes; sua posição era incômoda. Terminada a operação, o pano branco de Adjalá estava molhado na parte de baixo, mas ele não pareceu se incomodar.

– Volte para casa, minha filha, e descanse. Amanhã, você voltará para que eu veja se melhorou.

A moça beijou sua mão, não se importando que estava muito queimada e um dos dedos havia encolhido devido às queimaduras. Saiu soluçando, mas Mowo observou, por um leve sorriso em seus lábios, que parecia esperançosa.

– E ela ficou boa? – perguntou Elischa.

– Sim, meu amigo. Ela veio no outro dia, e no terceiro dia, e o sangramento cessou e ela ficou completamente restabelecida.

Elischa, que já vira Adjalá fazer um dos seus milagres, não se espantou com nada daquilo, mas parece que Mowo tinha mais coisas para lhe contar.

– A mulher espalhou aos quatro cantos sua cura e, alguns dias depois, outras pessoas começaram a aparecer. Agora Adjalá, não tendo que se ocupar dos assuntos de Okeorá, podia dedicar tempo ao seu dom. Em menos de um mês, outras pessoas da redondeza vieram e formaram longas filas para que Adjalá as atendesse. Num desses dias, um homem, um poderoso *ajé* de outra aldeia, veio trazido por seus filhos e filhas. Estava entrevado; suas pernas não lhe obedeciam. Adjalá, sempre envolto no seu pano branco para não chocar as pessoas, lavou suas pernas e, subitamente, o homem, que não se movimentava há um ano, voltou a andar. Esse *ajé*, muito conhecido de todos da região, chorou, beijou as mãos de Adjalá e, subitamente, tomado de fervor religioso, começou a chamar Adjalá de Obatalá.

– Obatalá? – questionou Elischa, que, mesmo falando bem o gba, não entendera a palavra composta e devidamente contraída.

O Cajado do Camaleão

245

– Sim. Obatalá significa rei do pano branco. Imagino que, como Adjalá se cobria com um pano branco, ele, no afã de agradar, ou por outra razão qualquer, intitulou-o de rei do pano branco.

– Mas que lindo! É um nome de grande beleza poética, não acha?

– Eu também gosto muito, e pelo jeito todos também, pois o novo nome pegou como fogo na savana seca. Hoje vêm centenas de pessoas por dia para vê-lo e o chamam de Obatalá.

Aproveitando-se de uma pausa que Mowo fizera em sua narrativa, Elischa comentou:

– O que mais me espanta em Adjalá é a sua adaptabilidade. Quando era o *aladê* da tribo, nunca o vi falar mal de seu irmão e nem de seu pai. Quando se tornou o *oba*, sempre conseguiu manter a tradição da tribo, mas incentivou as novidades que achava que seriam boas para seu povo. Se não fosse por ele, jamais o ferro teria ingressado nesta região. E agora que foi martirizado, não se abateu e encontrou uma atividade para sua vida: ser útil aos necessitados, sendo ele mesmo o mais necessitado de todos.

– Ninguém tem maior poder de adaptação do que ele. Meu marido é um camaleão.

Que figura linda! Realmente só o camaleão é capaz de se adaptar a todas as situações e, ao mesmo tempo, manter intacta sua integridade.

Outro nome que os homens da região passaram a chamá-lo era que Adjalá era o *ori* – a cabeça – que *xaxarô* – reflete (pensa) – *nla* – grande. Em menos de um ano, Adjalá passou a ser conhecido também como Orixanlá.

Mudando de assunto, Elischa lembrou-se de que não vira ninguém à procura de Adjalá. Perguntou, então, o motivo de não existir uma longa fila de doentes.

– O povo começou a abusar dele, vindo diariamente. Então estabeleci que, em cada quatro dias, ele atenderia o povo em três, e hoje é o quarto dia, o dia de Obatalá descansar. Espere para ver amanhã. É uma loucura! Meu filho Obanijitá destaca vários guardas para controlar a fila e a aldeia lucra muito com essa vinda. As mulheres cozinham quitutes e os vendem aos visitantes, que muitas vezes passam dois dias até serem atendidos.

– E continua usando a bacia de água?

– O tempo todo. Mas, agora, nós colocamos uma mesa ao seu lado e temos várias moças que ficam trazendo água para encher continuamente a vasilha.

246 A SAGA DOS CAPELINOS

– E essa tal festa? – perguntou Elischa, abrindo um sorriso e levantando as sobrancelhas num estímulo para que Mowo lhe contasse tudo. No entanto, o sol começava a se esconder atrás das colinas e Mowo preocupou-se com o adiantado da hora.

– Ah, meu amigo, isso é outra história que lhe contarei mais tarde. Deixe-me ver a comida do meu marido – e, de repente, virou-se para Elischa e perguntou-lhe de chofre. – Quer jantar conosco?

– Nada me daria maior satisfação. Você me contará que festa é essa durante o jantar.

58

Era a noite do novo festival. Os homens haviam preparado um descampado ao lado da aldeia, perto do riacho. Elischa veio com Sileno. O antigo etrusco, agora inteiramente adaptado ao ritmo de vida egba, estava com suas mulheres, rodeado de filhos e filhas. Sileno, como membro do conselho, tinha um lugar proeminente e colocou-se perto de um tablado que ficava a uns trinta centímetros acima do solo, tendo sido construído por seus carpinteiros. Acima do tablado quadrado de dois metros, mandara fazer uma cobertura na qual se esticara um tecido branco.

As pessoas foram se aglomerando e procuravam falar o mínimo possível e, de preferência, cochichando; sentia-se no ar uma religiosa compenetração. Os que vieram por motivos de doença foram aglomerados num lugar, perto do riacho, do lado esquerdo do tablado. Já, do lado oposto, os *obas* e seus dignitários foram instalados. Muitos trouxeram seus assentos e majestosamente sentavam-se circundados de sua corte de chefes guerreiros, esposas e filhos. Para frente do tablado, os *ajés* e seus seguidores foram direcionados, de tal forma que havia uma grande área central livre. Bem no centro desse espaço, outro palanque fora colocado, só que menor. Devia ter no máximo um metro quadrado e ficava também a pouco mais de dez centímetros do chão. Esse estrado tinha uma grande bacia de ferro, que orgulhosamente Sileno dissera a Elischa que fora confeccionada por ele. Tinha quase um metro de diâmetro e fora pintada de branco, tanto pelo lado de dentro como de fora. Elischa imaginou que devia ser bem pesada; precisaram de três homens para carregá-la.

O Cajado do Camaleão

Elemoxó, Akirê e Oniki chegaram com sua *entourage* e se postaram ao lado do tablado. Elischa, que já os tinha visto mais cedo, cumprimentou-os com um leve aceno de mão, e todos devolveram o cumprimento, especialmente Oniki, que passara a conhecê-lo naquele dia, mas que sempre ouvira o pai falar do famoso cartaginês que descobrira ferro em Okeorá.

O local estava cheio e circundado de várias tochas que iluminavam profusamente o lugar da cerimônia. Elischa notou uma grande mudança no vestuário dos egbas. Quando chegara há quase quarenta anos, só se cobriam com peles de animais, mas agora andavam todos de branco, tanto os homens como a maioria das mulheres. Algumas das senhoras tinham roupas coloridas, mas, naquela noite, todas haviam se vestido de branco. Usavam penteados muito elaborados e um grande número de joias de rara beleza.

Elischa e os demais não precisaram esperar muito. Em menos de dez minutos, quando a lua despontou completamente acima das colinas, um cortejo foi visto saindo da casa de Adjalá. O público presente logo se manifestou com um murmúrio de contentamento. Elischa podia escutar várias pessoas, falando: Orixanlá, Orinxalá. Ele, que já se inteirara da história do amigo, sorriu feliz.

Obanijitá, o filho de Adjalá e rei de fato de Okeorá, vinha na frente do cortejo, vestido com uma túnica branca e um turbante impecavelmente branco na cabeça. Carregava uma jarra de cerâmica cor de terracota. Um passo atrás, ladeando Obanijitá, vinham oito tocadores de tambor *igbin* batendo em seus instrumentos com a mão nua. Logo atrás deles vinha uma série de oito crianças, todas vestidas de branco, com turbantes brancos, cada uma carregando um pote branco. Não havia colares de miçangas em nenhum dos presentes. Nada de colorido quebrava a bela monotonia do branco. Atrás das crianças, um cortejo de mulheres acompanhava Mowo. A seguir vinha Adjalá, sentado numa cadeira carregada por quatro homens fortes, que o levavam sem grandes esforços. Cobrindo sua cabeça, um homen de impressionante altura carregava uma espécie de guarda-sol, também branco, que protegia Adjalá, que vinha completamente envolto em um pano branco. Finalizando o cortejo, vinha Airô, o *alaxé* da tribo, seu pai Awolejê e um grupo mulheres auxiliares de *ajés*. Cada uma trazia um prato de comida, onde se podia observar o milhete como o principal ingrediente das comidas. Quando

248 A SAGA DOS CAPELINOS

passaram por Elischa, ele notou que havia outros ingredientes também, entre eles, um camaleão – símbolo de Oxalá – e vários caramujos, sem suas cascas, todos devidamente sacrificados, que estavam dispostos sobre uma das travessas.

O cortejo, assim que saiu da casa de Adjalá, entoou uma cantiga lenta, acompanhada do toque suave dos tambores. Assim que se iniciou a cantoria, todo o público, que estava há menos de cem metros da casa de Adjalá, começou a cantar junto com eles. Era um hino a Olorun, um dos raros, já que o grande Deus não era cultuado normalmente. Nessa hora, com mais de mil vozes cantando a bela e lânguida melodia, Elischa sentiu um arrepio no corpo e ficou com os olhos cheio de lágrimas, tão tomado que estava pela emoção.

O cortejo adentrou o espaço vazio, circundou o centro por duas vezes e, depois, se dirigiu para o tablado, onde, com grande cuidado, colocaram Adjalá. Mowo foi a única a ficar ao lado dele, debaixo do pano branco que os cobria. Nessa hora, a cantiga parou e, com sua voz grave e melodiosa, Awolejê entoou outra melodia, já um pouco mais rápida. Somente uns poucos a conheciam e Elischa notou que era um canto para Exu, solicitando a proteção desse *imolé*, que fora incorporado ao panteão de deuses. Ainda era um deus estranho, já que Elischa notou que vários *ajés* do outro lado de Adjalá tocavam o chão, como se pedissem proteção, mas também numa clara alusão de que o temiam.

Terminado esse canto, Obanijitá dirigiu-se ao centro do espaço vazio onde repousava a grande bacia que Sileno fabricara e despejou o conteúdo da jarra de terracota, a única coisa colorida até aquele momento na festa. Elischa pôde observar um líquido esbranquiçado que parecia muito com leite. Quando Obanijitá terminou a sua rápida operação, retornou à sua posição, entregando a jarra a um dos guerreiros que a levou embora. À medida que Obanijitá vencia os poucos metros que o separavam da bacia depositada no centro e do tablado, um cortejo de dezesseis mulheres vindo do riacho trouxe jarras cheias de água. Vinham cantando uma melodia conhecida de todos, louvando o poder dos *eborás* das águas.

Dirigiram-se inicialmente ao tablado, ajoelhavam-se uma a uma em frente a Adjalá, que recebia informações sussurradas de Mowo e levantava as duas mãos, abençoando a água que a moça trouxera diretamente do riacho. Terminada a bênção, as moças dirigiam-se ao centro, ajoelhavam-se e lentamente despejavam o conteúdo de sua jarra na bacia. Assim

O Cajado do Camaleão

que a última das dezesseis moças terminou sua parte, a bacia ficou quase transbordante de água.

O ritual, calmo, majestoso, cuja música enchia o local, suavemente marcado pelos oito tambores, deixara Elischa enlevado. Nunca soube dizer se de fato viu ou se foi uma mera impressão, mas, quando olhou para a bacia, parecia que milhares de minúsculas partículas de luz dançavam sobre as águas.

Nesse instante, Airô, o *alaxé*, adiantou-se, manquitolando; trazia nos braços uma travessa coberta por um pano branco. Ajoelhou-se com dificuldade perante Adjalá, que, mais uma vez, levantou os braços num gesto de bênção. Nessa hora, os tambores começaram a marcar um ritmo mais vivo, porém cadenciado. Airô levantou-se, após a bênção de Adjalá, e, sempre com dificuldade, aproximou-se da bacia, retirou o pano e Elischa viu que a bandeja estava cheia de flores brancas. Com cuidado quase santo, depositou as flores sobre a água, que passaram a flutuar graciosamente. Elischa estava muito longe para precisar o número de flores, mas deduziu que deviam ser também dezesseis. No momento em que Airô depositou da primeira até a última flor, outra cantiga em louvor a outro *eborá* foi cantada, agora por um dos homens postados à frente dos tambores que haviam se localizado do lado direito e esquerdo do tablado.

Quando as flores começaram a boiar sobre a água, Elischa, sempre preso por aquela visão de luzes, passou a ver como se pequenos jatos de luz se elevassem, saídos da bacia, subissem e retornassem sobre todos os presentes. No início, fascinado por aquele jogo de luz, Elischa pensou que estivesse tendo uma alucinação, mas não a combateu; era tão bela que queria que se prolongasse indefinidamente. Mas, pouco a pouco, à medida que novas cantigas foram sendo entoadas, parecia que estava vendo seres vestidos de luzes brilhantes circundando a bacia. A luz era tão forte que tinha dificuldade em observar, mas como tudo aquilo era novidade para ele, sustentou o olhar.

Sim, pensou ele, os *imolés* de fato existiam. Ele os estava vendo. Outros homens também deviam ter visto tais espíritos em outras ocasiões e por isso os chamavam de *imolés* – luz brilhante. Ele mesmo não observava que lágrimas desciam no seu rosto como se fossem torrentes. Sua atenção estava tão focalizada no que via que mais nada parecia existir.

Agora que ele via os *imolés* em volta da bacia, os jatos de luzes que saíam do centro da mesma eram mais intensos. Eles subiam a uns trinta metros e retornavam sobre todos como se fossem uma chuva de luzes e minúsculos fogos fátuos. Elischa sentiu seu corpo ser banhado por essa chuva de luzes. A sensação de que estava sendo penetrado pelas luzes aumentou ainda mais sua emoção. A sensação de que também era imortal e de que sua jornada na Terra era apenas um breve instante dentro da grandeza do universo o fez ficar emocionado. Não lhe passou pela mente que podia estar fazendo uma triste figura, chorando como uma criança; podia ver que até os grandes guerreiros, chefes de muitos, também choravam. Era um choro tão puro, tão singelo, que Elischa nem se deu o trabalho de tentar contê-lo. Estava tão absorto pela sua visão que não queria perder um detalhe sequer.

Nesse instante, a música mudou novamente, agora para um ritmo mais rápido, mas ninguém dançava; todos estavam batendo palmas e cantando juntos. Era uma louvação aos *eborás* e, durante mais de meia hora, cantaram-se inúmeras músicas para os deuses não só de Okeorá como das aldeias vizinhas. Elischa começou a notar que, além das gotículas de luz constantemente aspergidas sobre o ambiente, também podia ver outras figuras diáfanas que levitavam por sobre todos. Uma ou outra forma nebulosa feita de luz parava perto de um dos doentes e o envolvia com sua radiação. As pessoas atingidas por essa emanação entravam num transe lento e gradual, como se a luz invadisse da mesma maneira como a água entra lentamente para dentro da terra seca.

Após aquela meia hora de louvação a todos os *eborás* e *imolés*, Adjalá levantou os braços e a música parou de tocar. Nesse instante, Mowo foi retirando o grande pano branco que o cobria. Elischa parou para observá-lo. Por baixo do pano branco, apareceu Adjalá enrolado numa outra túnica branca que se prendia apenas por um ombro. O público o observou cuidadosamente. Suas queimaduras, seu rosto desfigurado e seus dedos quase todos encarquilhados não criaram escândalo; todos

O Cajado do Camaleão

pareciam já conhecê-lo. Adjalá retirou a parte superior da túnica, ficou com o torso nu e, depois, se ajeitou na cadeira. As oito crianças que vieram no cortejo inicial subiram no tablado após terem recebido um sinal de Mowo. Vinham trazendo um pequeno pote branco e, com cuidado quase santificado, elas passaram uma pasta branca sobre o corpo de Adjalá, especialmente sobre as partes queimadas, como se quisessem dizer que todo ferimento que o homem possa vir a ter encontrará a cura pelo *axé* branco, o *axé* sagrado da pureza e da santificação.

Quando terminaram de pintar Adjalá, as crianças voltaram-se para Mowo, que se ajoelhou perante os infantes e também foi devidamente pintada. Essa cerimônia prosseguiu em todas as partes, pois, nesse momento, centenas de crianças, de idade variando dos seis aos dez anos, entraram correndo e foram pintando a todos da mesma forma como as outras haviam feito com Adjalá.

Todos receberam a pintura de pequenos traços brancos, que, em suas peles negras, contrastava de forma bela. Elischa viu quando uma linda menina dirigiu-se diretamente a ele. Ajoelhou-se e, com os olhos úmidos, deixou-se pintar. Quando terminou de receber sua pintura, o que fez de forma contrita e séria, a menina deu-lhe um beijo na face e lhe disse:

– Sua bênção, meu avô.

Ao ter falado isso, Elischa olhou-a surpreso e notou que era levemente marrom e seus olhos – sim, seus olhos – eram idênticos aos de sua falecida mãe, a esposa de Gisgo. A linda menina afastou-se e Elischa teve a certeza nessa hora de que sua filha o havia perdoado. Sem dúvida, Mowo deve tê-la convencido da honestidade de suas intenções.

Quando todos haviam sido pintados, Adjalá levantou-se com grande dificuldade e foi logo ajudado por seus três filhos presentes. Com passos vacilantes, muito encurvado, Adjalá saiu de cima do tablado e dirigiu-se até a bacia central. No meio do caminho, tropeçou e só não caiu por estar amparado por seus filhos. Nessa hora, alguém se alarmou com a possibilidade da queda e gritou: *eta, babá*,[53] e vários repetiram o aviso, que acabou por se tornar uma saudação ao velho Orixanlá.

---

[53] *Etá, babá* – saudação a Oxalá: significa 'cuidado, papai'.

252   A SAGA DOS CAPELINOS

Ao chegar à bacia, Adjalá passou a mão direita na água e a levou até a testa, e lavou lentamente a cabeça. Terminado este ato, a cantiga voltou a ser entoada e, desta vez, era um hino a Orixanlá, o Obatalá, o *imolé* em vida. Diziam que recebera o *axé* de se tornar 'a grande cabeça que pensa' por ter vencido o mal usando apenas a força de seu espírito, sem precisar usar de violência: sua grande força era o seu ori.

Nesse instante, Elischa surpreendeu-se com uma miríade de luzes fortes que se concentraram sobre os *ajés*. As luzes foram se individualizando e envolvendo todos os *ajés*. Elischa entendeu que eram os *imolés* que se apossavam dos feiticeiros, daqueles que sempre haviam recusado os conselhos de Adjalá. Os *ajés* tremelicaram suavemente, quase imperceptíveis aos olhos menos acostumados, e, tomados de um suave fervor, com rostos que expressavam um encantamento nunca visto, aproximaram-se de Orinxalá. Envolveram-no e um deles, mais forte e mais jovem, tomou-o nos ombros e, como se fosse uma montaria, carregou-o sem esforço. Todos os *ajés* possuídos de seus *imolés* andaram num cortejo triunfal em volta das Águas de Oxalá, dando oito voltas em torno da bacia, numa reverência que jamais os *ajés* haviam feito a nenhum ser vivo.

Após essa demonstração de aceitação explícita de que Orinxalá tornara-se o maior de todos os *imolés*, os *ajés* voltaram ao seu lugar, tendo antes levado Adjalá ao seu posto no tablado. Nessa hora, Mowo, com os olhos marejados de lágrimas, voltou a cobrir seu marido com o pano branco. Adjalá voltava a ser Obatalá.

Outra cantiga, agora mais rápida, foi puxada pelo *ogã*[54] principal e todos foram se dirigindo para a bacia central para fazer o mesmo que Adjalá fizera. Os *obas*, depois os *ajés* e, finalmente, os doentes. Nessa hora, Elischa voltou a ver que as luzes brilhantes atuavam sobre as pessoas, dando-lhes bênçãos especiais. No outro dia, Elischa saberia que várias pessoas que chegaram doentes foram curadas.

Quando o último doente passou a mão na bacia já quase vazia de água, o *ogã* puxou a última cantiga, e Adjalá foi novamente carregado para fora, em direção à sua casa, sob os gritos de

---

[54] Ogã – puxador de cantigas.

Orixanlá, Orixanlá, Obatalá, Obatalá. Elischa observou que, com a saída de Adjalá, os demais não foram embora; foram servidas as comidas que as moças haviam trazido no início da cerimônia. Um pouco de comida foi colocada em pedaços de folha de bananeira e os presentes, num ato de profunda contrição, comeram com a mão, pedindo força para continuarem sua existência sob a paz de Orixanlá.

Elischa também comeu e, neste instante, considerou-se o homem mais feliz do mundo. Fora invadido por uma sensação de paz que apaziguara sua torturada alma. Porém, o maior prazer que tivera fora presenciar a aceitação completa de Adjalá pelo seu povo. Esta fora a maior vitória de Oxalá, a cabeça que pensa grande.

Coleção Completa da "Saga dos Capelinos"

Pesquisas históricas demonstram que, num curto período de 50 anos, surgiram, numa única região, invenções como o arado, a roda, as embarcações, e ciências, como a matemática, a astronomia, a navegação e a agricultura. Que fatos poderiam explicar tamanho progresso em tão pouco tempo?

Leia "A Saga dos Capelinos" e conheça a verdadeira história da humanidade.

H
HERESIS

Esta edição foi impressa em novembro de 2016 pela Art Printer, São Paulo, SP, para o Instituto Lachâtre, sendo tiradas três mil cópias, todas em formato fechado 155x225mm e com mancha de 115x180mm. Os papéis utilizados foram o Off-set 75g/m^2 para o miolo e o Cartão Supremo Triplex 300g/m^2 para a capa. O texto foi composto em Baskerville 10,5/12,85, os títulos foram compostos Baskerville 24/28,8. A revisão textual é de Cristina da Costa Pereira e a programação visual da capa de Andrei Polessi.